清风徐来 润无声

一位高中语文教师的教育行与思

徐庆捷 — 著

辽宁大学出版社
Liaoning University Press

图书在版编目（CIP）数据

清风徐来润无声：一位高中语文教师的教育行与思/
徐庆捷著. —沈阳：辽宁大学出版社，2021.11
（名师名校名校长书系）
ISBN 978-7-5698-0453-9

Ⅰ.①清…　Ⅱ.①徐…　Ⅲ.①中学语文课－教学研究
－高中　Ⅳ.①G633.302

中国版本图书馆 CIP 数据核字（2021）第 143260 号

清风徐来润无声：一位高中语文教师的教育行与思
QINGFENG XULAI RUN WUSHENG：YIWEI GAOZHONG YUWEN JIAOSHI DE JIAOYU XING YU SI

出　版　者：辽宁大学出版社有限责任公司
　　　　　　（地址：沈阳市皇姑区崇山中路 66 号　　邮政编码：110036）
印　刷　者：北京米乐印刷有限公司
发　行　者：辽宁大学出版社有限责任公司
幅面尺寸：170mm×240mm
印　　张：16.25
字　　数：280 千字
出版时间：2021 年 11 月第 1 版
印刷时间：2021 年 11 月第 1 次印刷
责任编辑：李珊珊
封面设计：徐澄玥
责任校对：李姝梦

书　　号：ISBN 978-7-5698-0453-9
定　　价：45.00 元

联系电话：024-86864613
邮购热线：024-86830665
网　　址：http://press.lnu.edu.cn
电子邮件：lnupress@vip.163.com

目录

第一篇　铸魂引航

党建引领···2

让每一枚党支部齿轮都能高效运转 ····································· 2

党建引领，促进学校蓬勃发展 ··· 5

党建引领在中小学立德树人过程中的路径与策略研究 ········· 10

以党建品牌创建为突破，党员成为推动学校发展的引导者 ····· 16

立德引路···**20**

珍惜自己 ··· 20

真正的美丽就在今天 ·· 23

用心去承递爱校精神 ·· 25

把美好留给母校，让回忆成为自豪 ·································· 27

进入高三，你准备好了吗？ ·· 29

弘扬五四精神，做勇于担当的十二中人 ···························· 31

弘扬五四精神，做敢于预见自己未来的十二中人 ················ 33

青春是用来奋斗的，不是用来"任性"的 ························· 35

第二篇　语文人生

读，语文教学"鲜活"的开始 ··· 40

合理运用课堂教学语言，激发学生学习语文的兴趣 ············· 47

基于核心素养的高考散文阅读备考策略探究 ················ 51

基于核心素养的高考散文阅读命题趋势探究 ················ 60

新高考视域下的信息性文本阅读的命题趋向研究 ·············· 66

信息技术在高中语文课堂教学中的实践与探索 ·············· 76

语文教师做好班主任工作优势之管见 ··················· 83

第三篇　教学研究

大音希声，大象无形 ························· 88

呼唤有智慧的教育，培养有个性的学生 ··············· 90

在学习中进步，在反思中提升 ··················· 94

研究、合作、扎实 ························· 98

你的选择决定你的命运 ······················ 105

教学目标是教学的灵魂 ······················ 109

习惯性拖堂，拖掉的是什么 ···················· 118

新课标视域下组本研修的路径与策略探究 ·············· 123

教学修行路上，贵在有"我" ···················· 133

第四篇　教育思考

学校德育工作序列化的探索 ···················· 142

立足校园主阵地，探讨教育干预新举 ················ 147

行走在教师专业发展的路上 ···················· 150

不要做"牧羊犬"式的班主任 ··················· 158

爱在有"情"天 ·························· 162

成就你的学生，精彩你的人生 ··················· 166

加强有效教育，提高学校德育的实效性 ··············· 170

教育的本质属性决定了教育者必须是学习者 ············· 173

真我与自我 ·················· 178

正视自己，找回自己 ·················· 181

爱心感化比体罚更有效 ·················· 184

失去了责任担当，我们的孩子将走向哪里？ ·················· 187

带着光荣和梦想并肩奋勇前行 ·················· 189

第五篇　同行共进

关注教师的职业精神，塑造仁爱之师 ·················· 204

给追求一个智慧 ·················· 209

遵循规律，提高德育的实效性，实现学生全面而有个性的发展 ········· 215

教学因研究性学习而精彩 ·················· 223

第六篇　生活悟语

心中那盏油灯 ·················· 232

面朝大海，书香沁心 ·················· 234

世情恶衰歇，万事随转烛 ·················· 237

如何生活 ·················· 239

走过"百天"，你们将"长大" ·················· 241

成都行记之汶川映秀 ·················· 243

垂　柳 ·················· 245

眺　望 ·················· 247

玩　雨 ·················· 249

咫尺，却天涯 ·················· 250

铸魂引航

1

党建引领

让每一枚党支部齿轮都能高效运转

——《中国共产党支部工作条例（试行）》学习体会

党支部是党的基础组织，只有每个党支部组织力提升了，政治功能强化了，充分发挥星星之火的力量澎湃的主体作用，党的执政根基才能坚如磐石。2018年10月28日，中共中央印发《中国共产党支部工作条例（试行）》（以下简称《条例》），对基层党支部建设、运行管理进行了细致安排，提出了明确要求和标准。制定和实施《条例》是推动全面从严治党向基层延伸的重要举措，为新时代党支部建设提供了基本遵循，有利于进一步发挥党支部的战斗堡垒作用。

一、学《条例》，不忘初心，筑牢理想信念之基

根深方能叶茂，本固才会枝荣。我们党拥有450多万个基层组织、8900多名党员，一名党员一面旗，一个支部一堡垒。我们党的工作重心在基层，执政基础在基层，活力源泉在基层。如果将我们党比作一台巨大的、正在运转的精密机器，那么党支部就是这台机器中的一枚枚齿轮。每一枚党支部齿轮都不可或缺，每一枚齿轮时刻关乎整部机器的效率，而《条例》就是让这些齿轮正常工作的总枢纽，对加强全面从严治党具有十分重要的意义。

"求木之长者，必固其根本；欲流之远者，必浚其泉源"，《条例》是中央第一次专门针对支部建设而制定的党内法规，有效地解决了新时代基层

党组织做什么、怎么做、达到什么标准的问题，让加强党支部建设有了更为清晰的"路线图""任务表""说明书"，进一步将规范化、制度化水平推向了新高度。

《条例》是我们建设好党支部、筑牢理想信念之基的总开关。当前，高中教育正处在积极面对高考改革的内涵特色发展关键时期，而党组织的政治保障能不能成为学校发展的最大优势，关键是党支部能不能发挥好基础性作用。我校党总支高度重视理性信念教育，从践行群众路线到倡导"三严三实"，从推动"两学一做"到开展"不忘初心、牢记使命"主题教育；学校党建开展"三引三有"品牌创建，"立德树人，立教圆梦"师德建设，以党员的名义承诺、践诺、评诺的活动。这些学习教育正是通过党支部"接地气"的活动载体入眼入耳入脑，内化于心，外显于行，党员干部进一步坚定了"四个自信"、增强了"四个意识"，筑牢信仰之基、补足精神之钙、把稳思想之舵，推动学校发展不断取得新的成绩，保证了新时代党的组织路线的贯彻落实。

二、懂《条例》，严抓党建，铸强基层战斗堡垒

习近平总书记指出："党支部要充分发挥战斗堡垒作用，像吸铁石一样把群众紧紧凝聚在一起。"《条例》推动支部建设全覆盖、全渗透，让党组织的力量时刻在百姓身边；推动支部体系的完善，把支部建设放在突出地位，规范党建行为，明确党建标准，能够带动党员充分发挥自身的主体作用；推动基层支部工作扎实深入开展，规定了不同领域支部结合实际，分别承担各自不同的重点任务，化虚为实，让老百姓具体可感党建过程，真实分享党建成果。应该说，《条例》的印发正是顺应了时代的要求，继承了党的优良传统，是新时代建设好党支部、加强党的作风建设的"牛鼻子"，是新时代党支部建设的理论指导和行动指南。

学习贯彻《条例》既是一项严肃的政治任务，也是一项政治责任。让党在基层的"神经末梢"成为引领党员和群众的"神经中枢"，更重要的是要让广大人民群众共享党建的成果，让群众拥护支持党建的深入开展，让党员主动融入党建实践，促使党的政治领导力、思想引领力、群众组织力、社会号召力在基层落地生根。我校党总支注重加强阵地建设，高标准建设党员活动室、新时代党员群众讲习所，率先开设了"党建走在胜利路上"公众号，

充分发挥新媒体作用引领党员学习《条例》。坚持了党组织在意识形态工作的领导权与话语权，既引领思潮，又凝聚共识，让党建工作深入人心。

三、用《条例》，勇于担当，打造示范引领先锋队伍

治国必先治党，治党务必从严。《条例》坚持把"严"的标准贯彻在支部，把力量沉到基层，把重点放在支部，以经常性的督导将"严"的标准贯彻到"末梢神经"，有力增强党支部的创造力、凝聚力、战斗力，造就忠诚干净担当的党员干部队伍，确保党的事业后继有人。

学会弄通是基础，精通的目的全在于运用。要把《条例》贯穿支部组织设置、组织生活、工作机制等全过程和各方面，把党支部工作与业务工作有机地融合起来，把发挥对党员的教育、管理、监督作用渗透到业务工作的方方面面，健全把骨干教师培养成党员、把党员教师培养成教学管理骨干的"双培养"机制，使各项任务的完成都有党员的身影和奉献，确保业务工作取得的每一项进展都凝聚着党支部的保障和努力。我校党建与校情紧密结合，与教育教学紧密结合，与教师专业化发展紧密结合，扎实推进"三引三有"党建活动。品牌建设彰显了党员教师的带头作用，从而突出党组织的号召力。党员整体素质的提高与党组织战斗力的提升产生了联动效应，品牌树立了，个人素质提高了，党组织的威信与影响自然就会提高；品牌建设推进了学校事业发展，打造了学习型、服务型、创新型的党员队伍。王洪杰同志被中共辽宁省委评为"辽宁省优秀共产党员"，其事迹刊登在《共产党员》杂志上，并被中共大连市委组织部录制成微视频在大连电视台等媒体上播放宣传。

当下有为，未来可期。我国正处于教育大国、人力资源大国向教育强国、人力资源强国转变的过程中，新的时代格局、新的人才观对考试招生制度和人才选拔提出了新的要求。只有认真学习好落实好《条例》，基层党员时刻按照《条例》规范自己的行为，基层党支部在《条例》的规范下系统地运作，才能在新时代、新形势下让党务工作更上一个台阶。只有严格按照《条例》要求，结合自身实际，创新工作方式，让我们党的每一枚党支部齿轮高效运转起来，才能充分发挥党支部的战斗堡垒作用，巩固我们党长期执政的组织基础，为实现中华民族伟大复兴的梦想砥砺前行。

党建引领，促进学校蓬勃发展

——先进党组织事迹材料

在上级党组的正确领导下，我校党总支认真学习贯彻党的十九大精神，落实习近平总书记在全国教育工作大会和在思政课教师座谈会上的重要讲话精神，深入推进"两学一做"学习教育，认真履行全面从严治党主体责任，化虚为实，将党建工作与校情紧密结合，与教育教学紧密结合，与教师专业化发展紧密结合，使党建深入人心，进一步发挥党基层组织的战斗堡垒作用，推进学校的科学发展。

一、严抓学习教育，强化党纪意识，提高学习力，打造党建"头雁工程"

（1）深入开展党性教育

坚持"两学一做"学习教育常态化、制度化建设。坚持做到精心谋划开局，突出"早"学；分类施策推进，突出"真"学；丰富学习载体，突出"活"学。结合教育教学实际，紧扣"实"效，做到了党员干部全覆盖。坚持抓警示教育不放松，以案为鉴，增强了党员干部的忠诚意识和反腐倡廉意识。每学期进行两次干部集体廉政谈话。

（2）继续开展"我最喜欢或感触最深的习总书记的一句话"宣讲活动

党员认真学习习近平总书记讲话原文，撰写学习体会，结合工作岗位，谈如何落实讲话精神，谈提高师德水平、转变工作作风、提升工作业绩的具体措施。本年度有18名同志在全校大会上宣读演讲，进一步激发了党员干部勤于践行，亮身份、树形象，积极发挥党员先锋模范的示范引领作用。

（3）深入开展"承诺、践诺、评诺"活动

第一步是党员对照岗位实际，提出了"一句话承诺"，党总支把承诺配上照片，制作成宣传板悬挂在党员活动室，并制作PPT在办公大厅滚动播放，自觉接受群众的监督。第二步是就承诺的落实逐一与党员谈心，给动力与办法，做到过程促进。一个承诺就是一份责任，一份责任就是一种践行。这项活动极大地调动了全体党员的工作热情和奉献精神，教师们在思考提炼自己的党员承诺的过程中，把承诺作为自身工作、学习、自省、自警的一面镜子，以高尚的师德和人格，爱岗敬业，依法从教。第三步是评诺，对党员查摆出来的问题、公开承诺事项、整改落实措施进行汇总，召开组织生活会，接受群众的监督。

二、加强党组织建设，强化一岗双责意识，提高执行力，打造党建"堡垒工程"

（1）认真研究新时代学校党建工作

汇编印制了《学校党建工作制度》，明确了岗位责任，健全学校党建24项规章制度，推进学校党建的规范化、制度化、科学化建设。本学年规范党建档案工作，整理出五年来学校党建的全部档案共计18盒，确保学校党建工作的系统性和连续性，这两项工作使今后的党建工作有规可依，有迹可循。

（2）把抓好班子建设、带出高素质队伍作为落实一岗双责的重要抓手

按照"谁分管，谁负责"的原则，把从严治党与学校教育教学工作紧密结合起来，同部署，同落实，同检查，同考核。细化分工，支委成员每人联系一个党小组，副校级干部每人分管一条线，党员挂钩一个学科备课组，这样处处有人带头、块块有人担当，主体责任落到实处。

三、找准工作重心，强化党建品牌意识，提高创新力，打造党建"先锋工程"

为使党建工作更符合校情，更深入人心，按照"优质教育，党建引领"的工作理念，找准学校党建工作与教育改革发展的结合点，完善学校党建与教学融合的长效机制，提升我校党组织的影响力和战斗力。

（1）强化党建品牌建设

按照"优质教育，党建引领"的工作理念，开展党员"三引三有"党建品牌活动，即"育人引路、教改引领、活动引力；关键岗位有党员、困难面前有党员、创新突破有党员"。活动明确提出了一线教师要争创教学先锋岗，班主任要争创育人先锋岗，中层干部要争创管理先锋岗，行管后勤要争创服务先锋岗。每一名党员不断增强责任意识、服务意识，在实现自身专业发展的同时，成为构筑学生成才地基、圆梦美好人生的引路者；在担当责任中，引领学校的各项工作，成为推动学校"和谐、发展、变革"的领头雁；在践行党员宗旨中，成为务实、清廉、甘为人梯的志愿者，成为推动学校发展的引导者。2018年1月26日，《大连日报》介绍了我校党建工作。党建品牌创建中，找准学校党建工作的切入点，做到党建工作和学校师德、教育教学、干部队伍建设、教师专业成长及家长、社区工作"五个相结合"。品牌建设，彰显了党员教师的带头作用，从而突出了党组织的号召力。初始效应体现在党员这一群体，但它产生的后续影响必然是广泛的，在全校教师中积极发挥辐射作用，提高教职员工的积极性，从而推进学校事业的进一步发展，这也是我校党建品牌建设的根本出发点与最终落脚点。

（2）党建成果进班级——文化育人活动育人

党建引领的根本在于立德树人，为党育人，为国育才。在学校，党建引领的落脚点在于培养出能够担当民族复兴大任的时代新人。这就需要我们把党建的成果作用于学生的成长与发展。这个成果一是党建宣传教育研究成果，二是党建对教师的全方面引领，教师规范履职，示范引领学生。通过两条主线，八个项目模块，重点开展好青年学子跟党走主题党课、红船精神主题板报、红船青年班团会、红色基因（社团）系列活动，通过宣传党的历史、党的知识和新时代党员先锋模范事迹，感染教育学生，做到以德塑心、以德塑行、以德塑魂；着力开展好党的温暖传递、党员教师爱心岗、党员教师帮扶一对一、党员教师点亮人生四项活动。引导学生知党、爱党、跟党走，进一步发挥先锋模范作用。特别是依托学生社团为学生们的活动搭建舞台，让学生们有了更多的发展空间。要通过丰富多彩、形式多种多样的社团活动，突出感染力、凝聚力，扩大影响力，传承红色基因，引导青年学生认清自己的"根"和"魂"，听党话、感党恩、跟党走，做担当民族复兴大任的时代新人。

（3）深入开展"立德树人，立教圆梦"师德四大工程建设

分别开展了教育法律法规学习工程、师德榜样工程、师德论坛工程和师能提升工程，及时挖掘校内外师德典型，请优秀教师担任师德教育论坛主讲，引领师德建设。五年来，我们坚持开展"读经典，写案例，共分享，同进步"活动，学习教育经典名著，认真反思分享教育实践，与大家共同进步和提高，促进教师依法从教和廉洁从教。

四、强化意识形态教育，增强党组织凝聚力，提高号召力，打造党建"强基工程"

（1）牢牢把握对学校意识形态工作的主导权

学校精心打造党员活动室，成为党员学习交流提高的重要阵地。我校新时代党员群众讲习所于2018年4月23日正式开课，首期以专题的方式展开学习，以小切口讲大主题，从身边故事与案例入手，以身边事教育身边人，现在已经开课40期。

（2）坚决抵御和防范宗教向校园渗透

细化方案，明确分工，开展以"校园不传教、学生不信教"为主题的系列教育。重点围绕八个方面进行彻底的自查工作。还利用升旗仪式、班会、板报等形式开展"文化自信"教育，做到"六个禁止"；开展细致的教育引导工作，班主任及时了解掌握学生的思想状况，解疑释惑，疏导情绪，做到以理服人、以情感人。

（3）创建党员学习教育新平台

为更有效学习好习近平新时代中国特色社会主义思想，充分发挥新媒体作用，创办了"党建走在胜利路上"微信公众号，设立"党声嘹亮""红色校园""胜利前行"三个专栏，成为学习党的理论、贯彻党的精神的平台，以及党员学习教育的重要课堂、党员交流提升的重要阵地、党员发挥示范引领作用的重要窗口，让党的声音在校园更响亮，党旗在校园里更鲜艳。2018年6月28日，《大连日报》报道了我校党建工作的创新举措。

（4）做好离退休教师工作，积极开展送温暖活动

定期向老同志通报学校工作，征求老领导、老教师的意见和建议，开展

丰富多彩的活动，并克服各种困难，坚持到老教师家走访活动。有的教师的爱人也是教师（其他学校），在比较中更感受到了我校党组织的温暖。特别是得知退休离连二十八年88岁的周锦荣教师回到大连，住在唐丽沟红旗疗养院，我们主动专程去看望了老人家，送去党组织的温暖和十二中的关心，我们的出现使这位老人感动得像孩子一样哭泣，拉着我们的手久久不放下。这些活动的开展得到了老同志的肯定，温暖了人心，拉近了党群关系，增强了党的凝聚力。

"路漫漫其修远兮，吾将上下而求索。"几年来，在上级党委的指导和帮助下，我校党建工作取得了一定成效。但工作中还存在一些问题，与上级要求还有一定距离。为此，我们将认真学习，扎实工作，为不断推进我校的党建工作创新发展、特色发展、内涵发展而不懈努力！

汇报结束，不当之处请领导批评指正，谢谢。

党建引领在中小学立德树人过程中的
路径与策略研究

一、突出政治性，进一步增强做好学校党建工作的时代责任感和使命感

（一）党建引领是立德树人的重要保障

习近平总书记在党的十九大报告中明确指出，"不忘初心，方得始终"。这个初心体现在教育事业中，就是要满足人民群众日益增长的对于高水平教育的需求。习近平总书记强调，培养什么人是教育的首要问题。我国是中国共产党领导的社会主义国家，这就决定了我们的教育必须把培养社会主义建设者和接班人作为根本任务，培养一代又一代拥护中国共产党领导和我国社会主义制度、立志为中国特色社会主义奋斗终身的有用人才。为实现立德树人的根本任务，要培养能够担当民族复兴大任的时代新人，就必须坚持围绕中心抓党建、抓好党建促中心，全力推动党建优势转化为育人优势、党建成果转化为发展成果，以高质量党建工作引领高品质教育发展，为办好人民满意的优质教育、培养社会主义的合格建设者和接班人提供坚强保证。

当下，中央对学校党建工作空前重视，把中小学党的建设摆在更加突出的位置，特别是习近平总书记的重要系列讲话既对学校党建寄予了重望，也指明了方向。但我们必须清醒认识到：当今时代面临百年未有之大变局，学生的成长环境发生了深刻变化，国际形势复杂多变，国家社会的发展日新月异，立德树人就是要聚焦处在人生"拔节孕穗期"的学生这个中心，让正确的世界观、人生观、价值观成为青少年学生成长成才的基本支柱和精神底色，教育引导他们"扣好人生第一粒扣子"，使他们真心认同、自觉践行社

会主义核心价值观和道德规范，坚定理想信念，树立共产主义远大理想和中国特色社会主义共同理想，增强中国特色社会主义道路自信、理论自信、制度自信、文化自信，立志肩负起民族复兴的时代重任。

（二）党建引领是学校全面高质量发展的迫切要求

新时期，学校党建工作主要是为教育教学工作保驾护航，出发点是围绕教学抓党建，落脚点是抓好党建促教学，关键是引导党员教师站在教育教学第一线，充分发挥党员教师责任担当的先锋模范作用，引领教师队伍整体素质的提升。学校党组织大力推进以党建引领推动学校变革，以统一价值观为切入点，把党建融入教育教学全过程，解决党建与业务"两张皮"现象。党建工作要紧贴教学中心，不做表面文章，在党建工作的内容上做到求真务实、服务创新。

探索党建工作引领教育的最佳契合点，以习近平新时代中国特色社会主义思想为指导，才能做到增强凝聚力上层次、提高创造力求突破、扩大影响力讲实效，通过"党建引领、立德铸魂"，实现党建与教育教学同频共振、相融互促，为办好人民满意的教育注入"红色引擎"，引领学校全面高质量发展。

（三）党建引领是破解目前面临的问题和挑战的现实需要

近年来，虽然各级党组织加强了对学校基层党组织的领导，并且取得了一定成绩，但学校党建工作也存在发展不平衡不充分的现象。

一是在互联网和新媒体时代，传统的思想宣传手段已经不能完全适应工作要求，宣传渠道单一、效率不高等问题日益凸显，为中小学党组织开展工作带来了严峻挑战。

二是当前中小学校的教师和家长多以"80后"为主体，他们关注切身利益、价值多元，如何有针对性地开展思想政治教育，让思想政治教育工作入脑入心面临着巨大挑战。

三是中小学党组织如何将《关于加强中小学校党的建设工作的意见》精神落实为具体行动，如何在教育综合改革中明确作用、夯实基础、完善建设，还需以创新思维进行积极探索。

二、突出针对性，找准党建工作与教育教学工作的切入点

党建引领本质上是党的建设与人才培养的深度结合与高度统一。党的十九大报告指出，"建设教育强国是中华民族伟大复兴的基础工程，必须把

教育事业放在优先位置，深化教育改革，加快教育现代化，办好人民满意的教育"。在学校树立党建引领教育实践的鲜明导向，通过党建聚焦政治统领、聚焦实干导向、聚焦基层基础、聚焦中心工作。始终将党的全面领导落实到教育事业的方方面面，这样才能真正使工作机制适应新时代，才能办好学校，才能培养好接班人。

党建引领立德树人全过程。教育在本质上是培养人、造就人的社会活动。培养什么样的人、如何培养人、为谁培养人是学校必须回答的根本性问题，牢牢把握立德树人是党建引航的根本要求。"立"什么德？坚守和践行社会主义核心价值观就是立德。"树"什么人？习近平总书记明确指出：树"中国特色社会主义事业建设者和接班人"，树为实现中国梦而努力奋斗之人。

习近平总书记强调指出，"加强党对教育工作的全面领导，是办好教育的根本保证"。党建引领就是要组织引领，创建立德树人生态；政治引领，构建健康发展生态；思想引领，搭建成长成才生态；榜样引领，营建示范带动生态。促进教师树立正确的教育理念，提升教育境界，优化教育行为，增强业务能力，示范引领师生。要寻找出能够不断提高学生思想政治水平、道德品质、文化素养的方式和渠道，引导学生用习近平新时代中国特色社会主义思想武装头脑，培育和弘扬社会主义核心价值观，培养出能够担当民族复兴大任的时代新人，为学生坚定理想信念、成长成才指引正确方向。

三、突出实效性，推动高品质党建引领教育高质量发展的实践落地生根

近几年，大连市中小学党建工作以习近平新时代中国特色社会主义思想为指导，紧紧围绕立德树人的根本任务，以党的政治建设为统领，以提升组织力为重点，全面开展党建引领教育工作实践活动，通过强化"六个引领"，全员全过程全方位推进立德树人、师德养成、精益管理，以高品质党建引领教育高质量发展。

一是强化体制机制引领。在市、区（县）两级分别成立教育工委，市委教育工委成立中小学党建处，分级统筹管理全市学校党建工作，构建起上下贯通、有机衔接的党建工作格局，确保党的路线方针政策在学校的坚决贯彻落实。全市中小学普遍实行学校党组织书记和校长"一肩挑"，普遍实施支

部委员会和校班子联席会议制度，确保党的工作融入学校治理各环节。将党建工作纳入学校绩效考核和督学督政指标体系，进行指标设计时，注重找准党建与学校中心工作的结合点，突出党建的思想性、实践性，体现党建的价值创造力、引领力，推动学校主动将中心工作同党建工作同谋划、同部署、同推进、同考核；引导学校党组织在参与重大决策、发挥保障监督作用等方面能够始终围绕立德树人的根本任务来开展。

二是强化政策推动引领。市委教育工委围绕学懂、弄通、做实中央、省市委关于党建工作的关键核心内涵要求，与市委组织部联合制发了《大连教育系统党建引领教育工作实践活动方案》（以下简称《方案》），加强了对全市教育系统党建工作的顶层设计，着眼学校党建与教育教学工作"两张皮"现象，立德树人系统化落实不够等突出问题，提出要全面开展党建引领教育工作实践活动，并明确了党建引领的方向目标和措施办法。区（县）教育工委结合实际，围绕《方案》创设具有区域特色的工作载体，各中小学牢固树立党建引领的鲜明导向，推动形成了党建引领与教育教学、师德师风、校风学风、"文明校园"创建"四个结合"的教育党建工作新格局，以党的组织优势和党建作用优势推动了学校教育教学工作的高质量发展。

三是强化活动载体引领。为了使党建工作的成效切实体现在育人成效上，大连市注重创新党建活动载体，以党建"小切口"解决师生思想政治工作形式化、表面化等"大问题"。近几年，大连市以社会主义核心价值体系为引领，以实现师生内心认同、行动自觉为目标，在中小学全面开展了"红色引擎行动"，着力推动红色基因融入校园、融入课堂、融入师生、融入家庭。市委教育工委通过开展"系好人生第一粒扣子""我与祖国共成长""雷锋精神永驻校园""红色故事宣讲"和"激活经典、熔古铸今"师生语文课本诵读大赛等活动，引导青少年学生积极践行社会主义核心价值观，听党话、跟党走。各县区积极创新红色教育方式，甘井子区实施红色领航、红色教师、红色课程、红色实践、红色宣传等"红色教育五项建设"，编辑出版中小学红色教育案例集并纳入学校活动课程之中。沙河口区编印《小公民红色知识教育读本》作为区本思政教材，将其融入课堂教学、主题活动、思政建设之中开展红色教育。2018年，中央党的建设工作领导小组《党建要报》以《大连以"红色引擎"为抓手把加强党的领导贯穿学校党建全过程》为题编发推广了大连做法。

四是强化品牌示范引领。为提升党建内涵品质，大连市始终坚持以"党建+"实践模式引导学校在立德树人、教学质量、教师成长、优质服务、人才培养和作风建设等方面抓融入、抓引领，通过创新一个项目、解决一个课题、推出一个典型、总结一个经验，全方位、多角度打造"党建+工作"的特色品牌。市委教育工委联合市委组织部，在县（区）教育工委书记、专职副书记和全市中小学校党组织书记中推行党建引领教育工作实践活动"书记项目"，推动解决党建难点问题，助力党建品牌打造。全市各区县将"一校一品"党建工作品牌植入基层党建工作之中，积极创新思路举措，旅顺口区开展了一帮一带一访一课一岗"五个一"区域党建品牌创建活动，西岗区通过项目化管理开展"创建党建品牌、创建教学品牌"的"双品牌"活动，促进了党建与教学的互促、互融、互通。目前，全市涌现出了甘井子区蓝城小学"五融入五育人"、第三十七中学"四联一进"、第一中学"一线工作法"、轻工业学校"八德育人"等一大批可复制、可推广的党建成果和特色品牌，形成了"一党委一品牌、一总支一特色、一支部一亮点"的生动局面。

五是强化党建文化引领。在党建引领教育工作实践活动的推动下，全市中小学普遍注重将党建文化融于学校文化建设之中，用先进的党建文化统一思想、凝聚人心、汇聚力量、促进和谐。市委教育工委注重把典型作为一种政治力量，在全市中小学开展党建好案例、书记好党课、党员好故事"三个好"活动，让支部有根、学校有魂，营造向先进对标和比学赶超的良好氛围。中山区实施了"党建文化育人工程"，全区中小学党组织通过牵头"红色教育"，整合红色文化资源，构建各具特色的"思政"教育体系，系统化落实立德树人根本任务。大连高新区一中建校伊始就提出建设红色党员学校的目标，建校十余年来，坚持每月开展一次"红色党日"主题活动，如今已累计100余期。红色文化筑牢了学校发展的根基，激发了学校办学的活力，引领学校快速成为一所优质品牌学校。大连综合中专、高新区中心小学长期坚持打造以雷锋精神为主题的校园文化，学校建立"雷锋班"，建雷锋广场、塑雷锋雕像、编雷锋读本，活化学雷锋主题教育，实现学校环境育人、课程育人、活动育人目标。

六是强化能力保障引领。深入实施"一线筑垒"工程，坚持抓最前沿，强最基层，全市中小学普遍在学年组、学科组设置党支部（党小组），选任年级组长或学科带头人为党支部书记（党小组长），通过制定《规范化党支部评定工作的实施方案》《规范化党支部评分细则》等途径，分级评定、以评促建，全面推进党支部全面进步全面过硬。坚持以发挥党员先锋模范作用凝聚人心、调动力量，各学校通过开展"党员品牌课程""党员名师送教下基层""教师党员先锋行动"等活动，把党员的先锋模范作用发挥在学校的每个角落、教育教学的每个环节。市委教育工委组织全市中小学广大党员教师广泛开展"亲情家访""结对帮扶"等活动，组织名教师、名校长开设"家长大讲堂"、开展"与家长面对面"等活动，努力把学校党组织打造成为服务师生的主阵地、联通党群干群关系的主干线、凝聚党心民心的主渠道。坚持抓实基层党建队伍，全市中小学普遍实施了把骨干教师培养成党员、把党员教师培养成教学管理骨干的"双培养"机制。落实分级培训责任，市级层面举办中小学党组织书记示范培训班，推动增强理论素养，提升能力水平。

下一步，大连市中小学党建工作的总体思路是以习近平新时代中国特色社会主义思想为指导，深入贯彻全国教育大会精神和新时代党的建设总要求，全面落实《关于加强中小学校党的建设工作的意见》，紧紧围绕立德树人的根本任务，旗帜鲜明地树立党建引领教育工作实践导向，着力在"五个提质增效"上下功夫：一是在体制机制运行上提质增效，横向上完善沟通协调、研究谋划等工作机制；纵向上加强对区市县工作的指导，确保各项工作有效衔接、高效运行。二是在思想引领上提质增效，着眼思想政治引领，筑牢学生理想信念，不断深化"红色引擎行动"载体创建，把红色元素融入师生日常学习生活。三是在支部建设上提质增效，区分不同层面学校、不同类别学生群体，研究制定建设和评价指标，推动学校党支部规范化、标准化建设。四是在队伍建设上提质增效，不断创新载体平台，引导党员在日常教学管理和服务社会、服务群众中展现形象、有所作为，加强培训，着力提升党务工作者队伍素质。五是在涵养品质上提质增效，深化党建引领教育工作实践活动，转化推广老典型，总结培养新经验，指导学校找准党建引领的切入点、抓手、内容及目标，实现党建与教育事业同频共振。

以党建品牌创建为突破，党员成为推动

学校发展的引导者

我校党总支认真学习宣传贯彻党的十九大精神，深入推进"两学一做"学习教育，紧紧围绕"夯实基础、提高水平、培育亮点、突破难点"的党建工作思路，抓班子带党员队伍，抓亮点品牌求突破，找准工作重心，打造党建品牌，出实招，显实效，将党旗插在教育教学一线，引导党员树立"我是党员、我带头"的责任意识、服务意识，党员成为推动学校发展的引导者。

第一，以党建品牌建设为动因，强化党员的先进性作用。为推进学校党建工作创新，使党建工作更符合校情，找准学校党建工作与教育改革发展的结合点，完善学校党建与教学融合的长效机制，提升我校党组织的影响力和战斗力，按照"优质教育，党建引领"的工作理念，营造出浓厚的学先进、树典型、创示范、做标杆的党建氛围，学校党总支深入开展党员"三引三有"即"育人引路、教改引领、活动引力，关键岗位有党员、困难面前有党员、创新突破有党员"党建品牌创建活动。

在党建品牌创建中，找准学校党建工作的切入点：一是党建工作和学校师德建设相结合，二是党建工作和学校教育教学工作相结合，三是党建工作和学校干部队伍建设相结合，四是党建工作和教师的专业成长相结合，五是党建工作和家长、社区工作相结合。发挥党建品牌的示范带动效应，提升我校党建工作水平，把学校党组织建设成凝聚人心、推动发展、促进和谐的战斗堡垒，促进我校持续高位发展。2017年，学校被市教育局评为"人文素养教育特色学校"，被教育部评为"国防教育特色学校"。

第二，以党建品牌建设为载体，进一步巩固和扩大"两学一做"学习教育的成果。学校党总支要求党员增强责任意识，参与的每件事要有亮点，在每个岗位上要有作为。树立一批富有先进性、具有代表性、体现时代性的先进典型，建设一支思想政治素质好、本职业务精、作风扎实过硬的党员队伍，充分发挥党员在各个工作领域的模范带头作用，在推进学校特色立校、文化强校中率先垂范，多做贡献。

学校党总支紧扣"一个党员就是一面旗帜，一个干部就是一个标杆，一个支部就是一个堡垒"的"树旗帜、立标杆、建堡垒"活动主题，党建品牌创建做到了领导组织到位、安排部署到位、活动开展到位，取得了一个又一个阶段性成果，不断将活动推向深入，全体党员进一步认清了自己肩负的责任和使命，强化了组织意识、纪律观念，使广大党员能更加自觉地用十九大精神武装头脑、指导实践、推动工作，达到了"提高党员素质、服务广大师生、促进各项工作"的目标要求。

第三，以党建品牌建设为抓手，促进教育教学质量的提升。学校党总支紧紧围绕立德树人的根本任务，紧扣提升教学质量中心工作，以党建品牌建设为抓手，提升教师的专业化发展，促进教育教学质量提升，开展了"以党员的名义承诺"活动。组织党员教师对照岗位实际，提出了"一句话承诺"，时刻提醒自己不断加强党性修养，在牢记承诺的同时，自觉接受群众的监督和检验，塑造良好形象，真正做到亮身份、践承诺，树立党员先锋模范形象。

一个承诺就是一份责任，一份责任就是一种践行。"以党员的名义承诺"活动极大地调动了全体党员的工作热情和奉献精神。教师们在思考提炼自己的党员承诺的过程中，把承诺作为自身工作、学习、自省、自警的一面镜子，以高尚的师德和人格，爱岗敬业，依法从教，关爱学生，并积极撰写行动计划，细化落实举措。学校还制作宣传板悬挂在党员活动室，制作PPT在一楼大厅滚动播放，时刻警醒党员将誓言落实在岗位上、践行在行动中、体现在关爱学生爱岗敬业上，践行誓言，不负党员的光荣称号。

第四，以党建品牌建设为平台，促进教师师德与业务双提升。学校的发展要发挥党员先锋模范的示范引领作用，带动学校教师一道，引领学校走入新时代，踏上新征程，展现新作为。学校党总支深入开展"立德树人，立教圆梦"师德四大工程建设，开展"师德领行、岗位领行、关爱领行、业绩领行"四个行动，深入研究教育规律，提升教育行为规范，把自己的思考和经验与他人交流分享，使大家共同进步提高，打造学习型、服务型、创新型的党员队伍，引导教师爱岗敬业，树立崇高师德，促进教师依法从教和廉洁从教。

为进一步激发全校党员学习宣传习近平新时代中国特色社会主义思想和贯彻践行十九大精神的热情，达到内化于心、外化于行、强化于果的目的，十二中学党总支结合市教育局开展的"师德建设年"活动，结合工作岗位，在工作中能真正实现学校"三引三有"党建效果，学校党总支还开展了"我最喜欢的、感触最深的习总书记的一句话"征文活动。

在活动中，党员认真学习习总书记讲话，自觉反思，积极撰写学习心得体会，谈如何落实习总书记讲话精神，谈提高师德水平、转变工作作风、提升工作业绩的具体措施。在教工例会时间，学校邀请党员教师宣读演讲，进一步激发党员干部勤于践行、亮身份、树形象，积极发挥党员先锋模范的示范引领作用，为学校的发展做出自己的贡献。

党建品牌创建以来，党员素质整体得到提高。每位党员都能结合自己的实际情况，在不同岗位、不同层面中发挥模范带头作用，党员的思想素质、业务素质得到整体提高。有25人次获得市级荣誉称号。全校30个班主任中有25位党员，教研组长中有7位党员，学校的首席教师中有6位党员。去年"一师一优"四人获部级奖励，有3位是党员，优质课6人获奖，有4位是党员，论文11人获奖，有7位是党员。

活动以来，学校的党建基础不断厚实，提升了党组织的战斗力。品牌建设彰显了党员教工的带头作用，从而突出了党组织的号召力。党员整体素质的提高与党组织战斗力的提升是联动效应，品牌树立了，个人素质提高了，党组织的威信与影响自然就会提高；推进了学校事业发展及党建品牌建设，初始效应体现在党员教工这一群体，但它产生的后续影响必然是广泛的，"三引三有"活动深入开展，形成品牌后，在更多群体、更多层次、更多角度发挥积极辐射作用，提高其他教职员工的积极性，从而推进学校事业的进一步发展，这也是我校党建品牌建设的根本出发点与最终落脚点。2018年1月26日，《大连日报》宣传推广了我校党建品牌创建工作的做法与经验。

学校以党建品牌创建为突破，创新开展系列党建活动，构建了主题突出、上下联动、富有实效的党员教育体系，切实建设坚实堡垒，守住党建阵地，使党员教师牢记党的宗旨，不断增强党员队伍的生机和活力，切实提升党组织的凝聚力、战斗力和创新力，使鲜艳的党旗在校园里高高飘扬，党员成为推动学校发展的引导者、学生成长的引路者。

（本文刊登于《大连党建》2018年第3期）

珍惜自己

尊敬的各位老师、同学们：

新春伊始，万物复苏。在这明媚的春光里，在这充满希望的新学期，我们开始播撒种子，开始踏上梦想实现的征途。而在这漫漫长路中，需要我们三十六中人始终理智把握的就是珍惜自己。

珍惜自己，首先要喜欢自己。也许你没有腰缠万贯的父母，也许你没有俊朗清秀的外貌，也许你没有令人赞叹的特长，也许你没有名列前茅的成绩，但比这些更重要的是，在这个世界上，你是唯一的，没有人可以代替你，因为每一个生命都是奇迹，所以每一个三十六中人一定要喜欢自己，喜欢自己憨厚神态中透露出的可爱，喜欢自己朴素衣装里蕴含的美丽，喜欢自己眼中折射出的善良，喜欢自己生命成长的点滴进步。喜欢自己的生命与生活，你的心是宁静的，你的生活是阳光的。

珍惜自己，就要相信自己。自信的笑脸是最动人的，自信的话语是最动听的；自信是一种精神，是一种风貌，是一种品质。高三百日誓师大会上，同学们那充满自信的誓言让我们热血澎湃，让我们豪情激荡，那融入我们血脉的激情正是我们三十六中人自信自强、为校争光的志气，正是我们三十六中人锲而不舍、顽强拼搏的意志，正是我们三十六中人勇于进取、敢攀高峰的精神。这是我们三十六中人独有的精神，这是我们三十六中人豪迈的气概。

珍惜自己，就要珍爱自己。枯萎的草还会泛绿，凋谢的花还会娇艳，而我们的生命只有一次，我们的每一个动作、每一句言语都将成为永恒，都会深深地印在我们成长前行的道路中。当你弯腰捡起一张纸屑时，你会发现，你捡起的是一种文明；当你精心呵护每一处校产时，你会发现，你呵护的其实是你心底的责任；当你向他人展示三十六中人的良好形象时，你会发现，你展示的是一份高雅的素质。雁过留声，风过留痕，那么你在三十六中这片神圣的沃土上留下的是什么？无论是什么，它必将是无法删除的。同学们，珍爱自己，就让优秀的行为成为习惯，就让高尚的道德成为永恒。

　　珍惜自己，就要绽放自己。我们的生命之树应当繁茂，我们的生命之花应当艳丽，我们的生命之灯应当明亮。突显我们的价值，发掘我们的潜能，发展我们的个性，这需要我们通过学习来汲取养料。课上的聚精会神、自习的全神贯注、作业的一丝不苟、课余的孜孜不倦都是我们把握自我、珍惜自我的努力。有不少的同学给自己制订了奋斗目标，立下了雄心壮志。我要告诉大家的是，最重要的是我们朝着既定的目标所坚持不懈的努力。台湾作家刘墉在《做个快乐读书人》一书中写道："天才实际决定在个性，谁坚持得久，谁就是天才……"谁坚持了，谁就会成为成功者，谁半途而废，谁就将以失败而告终。就让我们每一个三十六中人坚持地执着地向着辉煌前行，让我们的生命灿烂地绽放。

　　珍惜自己，学会内省与宽容。内省是独善其身之道。宽容，给他人以谅解，给自己以轻松，给命运以释然，给人生以坦然。有人说过，心就是一个人的翅膀，心有多大，世界就有多大，如果不能打破心中的四壁，即使给你一片大海，你也找不到自由的感觉。创建和谐校园，营造融洽的人际关系，是我们的共同追求，这需要我们每一位三十六中人学会内省与宽容。用一颗感恩的心，用一张阳光的笑脸，用一双温暖的手，为自己建设一个和谐美好的校园。

　　同学们，有这样一个故事：一片罂粟花美丽地盛开着，一只飞舞着的蝴蝶看到了，很快便陶醉在这花的海洋里。蝴蝶妈妈很快便发现了罂粟花，忙说："别吃那东西。"然而蝴蝶并没有听她的劝告，蝴蝶最后一次来的时候，她的翅膀再也无力托起瘦弱的身躯了，她长眠在了"罂粟海"里，当蝴蝶妈妈找到自己的孩子时，她的身体已经腐烂。蝴蝶妈妈强抑悲伤，责问罂粟花："你享受了阳光雨露，为什么要结出罪恶的果实？"罂粟花只说了一句："我从不伤害懂得珍惜自己的人。"

同学们，我们三十六中人应该是懂得珍惜自己的人。懂得珍惜才会感恩，懂得感恩才会有爱，有爱才会有激情和拼搏。

同学们，最美的春天不在自然界，她蕴藏在人们心中。只要我们胸怀希望，我们就总能与春天相伴。又是个千舟竞发百舸争流的新起点，让我们每个人都来珍惜自己，蓝天厚土都成心中的诗行，山川草木皆为生动的图画，而你也会一生幸福！

谢谢大家。

（2004年）

真正的美丽就在今天

尊敬的各位老师、同学们：

今天是新学期开学的第一天，我们又站在一个新的起点上。回头看2004年，我们看到的是三十六中学子在学科竞赛中取得的骄人成绩、在各项文体活动中光彩照人的身姿，以及三十六中学子温文尔雅的形象，听到的是社会对三十六中人的赞许。我们优异成绩的取得就在于每一个三十六中人都深深地知道，最美丽的就在今天。我们都在为今天的美丽而努力地锤炼自我，提高自我，丰富自我。

人需要有目标，没有目标的生命注定是苍白的，但我们不能每时每刻都注视着遥远的巅峰，就像登山，虽然我们需要有山顶来指引我们的方向，但我们不能时刻都去张望目标而忽略脚下的路，因为旁边就可能是悬崖峭壁。

有这样一个故事：一个人在海边拾贝壳，他一心要找一枚最大、最好看的贝壳，就在他不停地寻找、不停地比较、不停地放弃时，涨潮了，结果可想而知，他没有得到一个哪怕是最小的贝壳。

其实，只要我们认真地关注今天，认真地走好今天的每一步路，我们就会发现，真正的美丽就在我们的身边。当你能正确处理同学之间的关系时，那么，我相信你的友谊之花今天最绚丽；当你能认真地听每一节课，我相信你的知识之花今天最艳丽；当你能弯腰拾起一张纸屑，我相信你的道德之花今天最美丽；当你真正去爱我们的学校，去维护学校的一草一木，去珍惜学校的声誉，我相信你的人性之花今天最美丽。特别是高三的同学，何不用今天的美丽去连缀灿烂的人生？

虽然我们不能完全控制生命最终的结果，但我们可以让每一天都生活得充实，让自己每一天都拥有真实的笑容。昨天已成为历史，明天还是梦幻，老是展望未来，或成天忧心忡忡，都会使生命失去意义。

何必信誓旦旦地说创造明天的辉煌，其实，真正的美丽就在今天，就在于你为梦想脚踏实地地努力，今天留在你身后的执着追求的脚印是最美丽的。

老师们，同学们，让我们的每一天都美丽起来，不论结果怎样，都不要辜负生命。让我们携手共同创造三十六中最美丽的今天。

谢谢！

（2005年）

用心去承递爱校精神

同学们：

光阴荏苒，时光如梭，七天后，高三学生将要奔赴考场，用汗水圆自己的梦想，用成绩为母校增添新的荣光。

此时，当我们回首高三，心中时常被感动着。在大课间检查中，由于时间紧、任务重，我们安排利用自习课与周六时间训练，高三同学没有半点怨言，积极配合，认真训练；正在进行的初三家长参观咨询活动，我们的高三学生用亲身体验向家长宣传推荐学校——其中包含了高三学生对学校浓浓的爱，深深的情。每一位高三学子的体内都涌动着三十六中的血脉，即将远行的高三学生为我们留下了爱校的精神。而且他们正在用双手，用心承递着这种精神。浓厚的学风、稳定的秩序是本届高三给我们留下的最深印象，看看高三同学做操的风采，从这种稳定中，我们也看到了包括班主任在内的每一位高三教师付出的心血、流下的汗水。或许此时我们心中的敬意只能通过我们的掌声来传达，或许此时我们心中的祝福只有通过我们的掌声来传递。

知不足，方才有追求；见贤思齐，才有追求的速度。对于在校的高一、高二学生来说，用心去承递，发扬每一位三十六中人共同铸就的爱校精神，是你们光荣的责任。当我们拾起地面上的一张纸屑，还校以清洁，这就是爱校，在社会上为学校增添光彩，这更是爱校；与同学互相礼让，创设和谐融洽的校园氛围，这就是爱校，一心向学，用优异的成绩回报母校，这就是爱校。爱校从小事做起，从自身做起，只有这样，才会爱得真切，爱得深沉。

让我们放飞我们三十六中人爱校的情怀，我由衷地希望爱校精神代代相传，永驻校园。

我想用李白的一句诗来表达我们对高三学生的深深祝愿："长风破浪会有时，直挂云帆济沧海。"祝你们明天取得更大的成功。

谢谢大家。

（2003年）

把美好留给母校，让回忆成为自豪

——高三学生文明离校的几点建议

6月即将向我们走来。三年寒窗，弹指而过。你们面对着高考的同时，也将离别母校，踏上新的人生旅程。在三十六中这片土地上，清晰地记录着你们三年中的酸甜苦辣、人生百味，这点点滴滴都已融入我们的血液，沉淀为宝贵的精神财富！有句歌词叫：请不要离别得这样匆忙。我也希望全体高三毕业生在离开学校的时候，走得从容一些，高尚一些，文明一些，通过自己的言行，把感人的故事留下，把动人的真情留下，把三十六中人爱校的精神传承下去，让毕业的日子成为你们生命中最灿烂的回忆。为此，我有如下建议：

（1）道一声感谢，把祝福留下。每一位教师，每一名员工，无论教过我们的，还是没教过我们的，无论从事教学工作的，还是从事管理工作的，无论我们认识，还是不认识，他们都在不同岗位上尽职尽责，无私奉献，给我们创造了优美的学习环境。毕业了，道一声感谢，说一声珍重；道一声祝福，说一声再见，让我们的微笑绽放在美丽的校园！

（2）做一次扫除，把整洁留下。对我们学习的教室、生活的公用分担区进行一次大扫除，把桌椅摆放整齐，擦去上面的灰尘与污渍，让它们干干净净，一如我们纯净的心灵，在黑板上写下对学弟学妹们的美好祝福。

（3）捐一本图书或学习笔记，把梦想留下。文学名著、复习资料、学习刊物……挑一本好书，在扉页上写上你的赠言，签上你的姓名，通过学校转赠给学弟学妹们；把你的三年学习笔记精心装订，把你的学习经历与记忆连同你曾经的梦想，在母校延续。

（4）提一条建议，把责任留下。对学校今后的发展，你一定有不少好的想法，不妨把它写出来，连同那颗对学校挚爱的心，亲自交到校长的手中。这不仅仅是一条建议，更是三十六中人共同爱校、建校的责任。

（5）修一次校产，把美德留下。生活中，或许我们没有精心呵护使用过校产，甚至还有意地损坏，当我们就要告别时，为什么不以感激的情怀善待它们？让我们亲手去维修一次校产，让它能更好地为以后的校友服务，那其中也渗入了我们的一种品德。

（6）请求一次谅解，把深情留下。和同学一起走过的时光里，难免发生过摩擦，产生过矛盾，又一次次错过化解的机会，今天，为什么不鼓起勇气，真诚地说一声"对不起，请原谅"？

（7）再做一次榜样，把光荣留下。你的一言一行都在影响着高一、高二的同学，三十六中的良好校风、优良传统都需要你们的承递。此时，遵照校规，检点行为，不仅仅是为了纪律，更多的是一种责任；此刻，遵从道德，修身养性，不仅仅是为了素质，更多的是一种义务。短暂十几天，你们的榜样行为又是那么神圣，必将是一种永恒。

（8）一次深情的回望，把美好留下。走出校门后，回过头来，面对校园恭恭敬敬地鞠个躬，这里永远存留着你成长中的足迹。

亲爱的同学们，你们就像蒲公英的种子，经过三年的酝酿，准备在这炎炎夏季散往各方。散去的是更多的希望，留下的应该是一段美丽的余音。我希望同学静静地走，留给母校一份安宁；愉快地走，留给学弟学妹们一份遐想；手挽着手走，留给母校一个微笑的表情。

让我们全体教师和高一、高二的同学们用最真挚的掌声表达对高三学生高考的最美好祝愿。

谢谢大家。

（2006年5月21日）

进入高三，你准备好了吗？

同学们：

十天前，我们已经搬进新的教室，我们的角色也在随之发生变化。常言道："在其位，谋其政。"对我们同学来说，应是坐其位，担其责，学其业。

对高二的同学来说，如何充分地利用好时间，心无旁骛，精心准备，自信地去迎接期末考试，是当前应该认真思考的问题，毕竟对高一的完美总结恰恰是高二的起点。

对高三的同学来说，从进入这个教室起，我们就正式成为竞争激流中浪遏飞舟的高三学子；从坐在这个座位起，我们便站在了一个新的起点上充满遐想地凝视前方。不知不觉中，我们已经处在高中生涯的巅峰时刻，没有时间回头留恋过去的足迹，只是不断地仰望，仰望将属于自己的广阔天空；满怀期望地等待，等待聆听自己的灵感与智慧碰撞成的豪壮乐曲。

今天，我想和同学们谈几个问题：

（1）摆正位置，端正态度。进入高三，更需要一个稳定、和谐、安静的学习备考的环境。而这种环境需要每一位高三人的共同努力方可形成，这时，纪律、规矩就显得尤为重要，今天下午，班主任会给每一位学生发放《德育百分考核制度》，我们要认真地学习，要相信，任何规矩都不是单纯地为了限制谁的自由，而是为了维护每一个人的利益。学校制定规矩的根本目的是保障每一位同学的自由，从现在开始，各班级将严格按照《德育百分考核制度》对学生进行教育、管理和处罚，对扣到规定分数的同学严肃处理，坚决不手软。对借读生来说，我们提供了良好的学习环境，你们要珍惜。希望同学能做到"四自"：思想自律、管理自治、学习自觉、生活自理。

（2）坚持信念，明确目标。信念如同强有力的脉搏，带动我们的生命充满活力地跳动着，只要信念不灭，那么在任何困难时刻，你都能创造成功的奇迹。拥有坚不可摧的信念，便是拥有成功的筹码。在今年的高考中，高三同学们取得了优异的成绩，从估分来看，创造了三十六中历史的又一个奇迹，甚至比一些重点高中还要好，我们也在等待着26日的到来。而今，当你们坐在这个座位上时，我相信，这是一个神话的开始。我相信，你们会把虚幻的神话变成美丽的现实。

（3）学会仰望，鼓足勇气。在学习生活中，面对从天而降的厄运，我们可能一时会被击蒙或对眼前的状况失去信心，但是，我们决不能让这种悲观恐惧的心情长久控制自己，我们应该学会仰望，摒弃脚下的葛藤和荆棘，把所有伤痛化为力量。我们要有向前的胆量和执着的勇气。

（4）争取机会，磨炼意志。哪怕只有万分之一的机会，只要你去努力争取，便会有成功的希望，而如果你放弃，一切便等于零。在同学们中有这样一种现象——"三分热血"，有些同学有较好的禀赋，以及不错的潜质，为什么却一事无成，这就是缺少意志。

（5）愉快学习，调整心理。知识的宝藏能给你光明与力量，让你变得厚实凝重，让你的生命砝码不断增加。人的一生就是一个不断使自己变得有分量的过程，就是一个不断使自己远离贫乏与空泛的过程。在整个学习的过程中不是一片坦途，这就需要同学们锻炼良好的心理素质。美国教育心理学家珍妮特·沃斯指出：没有一种内心的安全感，有效学习不可能发生。经常保持愉快、和谐、宁静和相对稳定的积极情绪是学生心理健康发展和有效学习的保障。

总之，就是从现在开始，戒除一切与学习与高考无关的活动，全身心地投入到学习当中去。希望同学们以对自己一生负责、对家长负责的态度，自觉管好自己的每一天，无悔于自己的每一天。

同学们，带上理想，带上希望，带上时间，让我们用积极主动的进取精神扬起风帆，用吃苦耐劳的奋斗精神奋力划桨，用孜孜不倦的务实态度掌舵，用百折不挠的坚强意志搏击学海的风浪吧！

谢谢大家。

（2007年）

弘扬五四精神，做勇于担当的十二中人

老师们、同学们：

大家上午好！

五月的春风因五四青年节而更加情深意暖，五月的丁香在校园里流溢飘香。在这个属于青春的日子里，我首先代表学校领导班子向全校青年团员致以节日的问候！向获得市、校级荣誉的先进团支部表示热烈的祝贺！向荣获市、校优秀团干部、团员称号的同学表示由衷的敬意！

五四运动既是一场青年运动，也是一场爱国运动，更是一场伟大的思想解放运动。五四运动孕育了爱国、进步、民主、科学的伟大精神，五四精神更哺育了一代又一代青年前仆后继，勇立潮头。历史和现实都告诉我们，青年一代有理想、有担当，国家就有前途，民族就有希望，实现我们的中国梦就有源源不断的强大力量。

同学们，弘扬"五四"精神，继承革命传统，是时代赋予青年一代的神圣使命。借今天的机会，我代表学校对同学们提三点希望：

一、志存高远，心怀天下，做一个敢于担当的十二中人

爱国、进步是五四精神的源泉，作为青年学生，我们要抒发爱国情怀，就必须准确把握时代的脉搏，深刻理解爱国主义在新时期对我们提出的要求，顺应时代潮流，把握时代前进的方向，把爱国与进步紧密结合起来，把爱国与促进学校发展紧密结合起来，把爱国与懂得珍惜自己紧密结合起来。唯有如此，才能把爱国变为现实，才能把爱校变为行动，才能让五四精神历久弥新，并不断发扬光大。

二、修身立德，健全品格，做一个勇于担当的十二中人

立志先修身，做事先做人。一个人能否有所作为不仅仅取决于他的智商，更取决于他的情商，即坚强的意志、优良的品德和健全的人格。优良品德的养成对人的一生至关重要，希望同学们自觉培养良好的品德、健全的品格、完善的人格，时刻牢记我校的校训，珍惜十二中人的声誉，以高度的社会责任感，时时刻刻与我们的学校，更与我们的祖国同呼吸、共命运。播种梦想，勇于追梦，勤于圆梦，自觉把个人梦想与中国梦紧密结合，传递正能量，激发使命感，为实现伟大的中国梦注入强大的青春能量。

三、珍惜青春，勤奋学习，做一个能够担当的十二中人

突显我们的价值，发掘我们的潜能，发展我们的个性，这都需要我们通过学习来汲取养料。古语有云："少而好学，如日出之阳；壮而好学，如日中之光；老而好学，如秉烛之明。"高中阶段正处在学习的黄金时期，大家一定要珍惜这大好时光，发奋学习、刻苦钻研，打好人生成长进步的根基。勤于学习、敏于求知，不断增长知识、磨炼技能，才能实现自己的人生价值，才能成为国家建设需要的有用人才。

同学们，人的一生只有一次青春。现在，青春是用来奋斗的；将来，青春才是用来回忆的。只有进行了激情奋斗的青春，只有进行了顽强拼搏的青春，只有为社会作出了奉献的青春，才会留下充实、温暖、持久、无悔的青春回忆。珍惜青春，让梦启航；致敬青春，创造未来；奋斗青春，青春方能不朽！同学们，我们生逢伟大的时代，这是一个呼唤人才而又造就人才的时代。我衷心祝愿你们能珍惜青春年华，抓住机遇，奋斗自我，实现自我。

青年朋友们，永远不老的是青春，永远不朽的是精神，永远燃烧的是激情，永远支撑时代发展的是担当！担当是一种责任，是一种能力，是一种品格，是一种境界。希望我们十二中人都能成为敢于担当、勇于担当和能够担当的人。

再次祝福全校学生快乐学习、茁壮成长！

谢谢大家。

（2014年）

弘扬五四精神，做敢于预见自己
未来的十二中人

老师们、亲爱的同学们：

大家上午好！

今天是五四青年节。在这个属于青春的日子里，我代表学校向全体青年致以节日的问候！向获得市、校级荣誉的先进团支部、优秀团干部、团员表示热烈的祝贺！

九十六年前的五四火炬唤起了民族的觉醒，青年们用青春和热血推动了现代中国的发展进程。五四运动孕育的爱国、进步、民主、科学的伟大精神，激励着一代又一代的青年站在时代的前列，为了国家的兴亡、民族的崛起、人民的幸福，不屈不挠地奋斗着。

今天，我们要弘扬五四精神，继承革命传统，做一个对国家、民族有价值的人，就必须思考一个问题。有价值的人应该拥有无怨无悔的昨天，丰硕盈实的今天，充满希望的明天。那么，我们应该拥有一个怎样的青春？怎样的人生？我们应该尽怎样的一份责任？去年，我倡导同学们，做勇于担当的十二中人。今天，我希望青年人学会规划，做敢于预见自己未来的十二中人。

在人生的道路上行走，只有一往直前的勇气是不够的，更需要有一个明确的方向来指引你的脚步。每个人都要为自己的人生列出一张生命的清单，这就是人生规划。只有你敢于预见自己的未来，才能在若干年后遇见心中最想见的自己。如果一个人不知道自己要去哪个码头，那么对他来说任何风向都不会是顺风。

　　五四火炬唤起了民族的觉醒。同样，觉醒是人生规划的起点。觉醒的核心是明白一个简单又最不容易做到的道理：我要对自己的未来负责，也只有我才能对自己的未来负责。觉醒的标志是梦想。青年人应该永远立于时代的潮头，在今天的新常态形势下，去领会"四个全面"战略布局，自觉践行社会主义核心价值观，把自己的规划融入中国梦的伟大构想中，把自己的人生融入实现中华民族伟大复兴的征程中。要记住人生最容易衰老的不是容颜，而是失去人生目标后的心灵。人生最大的悲剧就是失去了追求的目标，因此觉得没有了明天，甚至要毁掉今天。

　　请写下你的人生目标清单。当目标清晰地呈现在你眼前的时候，你才能知道应该怎样实现，以及这个目标是否适合自己，并从中发现自身适合这个目标的优势，然后有明确方向去完成。对于已经十八岁或者即将十八岁的高三学生来说，在人生重要的路口面前，更应该写下目标清单，明确人生方向，在计划前，有一张真诚坚定的脸，在计划后，有一颗永不放弃勇敢追求的心。

　　请确定每个目标实现的具体时间。有时候，我们的目标不能实现，不是因为理想太过远大，也不是因为目标不够具体，而是因为没有为每个目标定一个具体的时间表。时间是约束我们的行为、提高执行力的唯一指标。定一个具体的时间进度表，你能更清楚地知道下一步应该做什么。

　　当然，人生光有目标是不够的，还必须有所行动。因为成功的衡量标准是你为此采取了多少的行动，而不是你的目标有多么伟大。

　　20世纪那一代青年做了他们该做的事，完成了那个时代的历史使命。同学们，现在我们所处的时代是催人奋进的伟大时代，新的蓝图在呼唤着我们，新的使命在激励着我们，让我们规划好自己的亮丽人生，去做一个有价值的人。

　　有价值的人生，因为规划而更加闪亮；充实的人生，因为奋斗而更加美好。同学们，努力吧，祝你们成功！

　　谢谢大家。

（2015年）

青春是用来奋斗的，不是用来"任性"的

老师们、同学们：

大家上午好！

在中国共青团成立95周年暨五四运动98周年之际，我们在这里隆重举行两优一先表彰大会，目的在于树立榜样，引领青少年学生坚定理想信念，激发学习热情，增强担当意识，用最好的年华拥抱伟大的梦想。

五四前夕，习近平总书记到中国政法大学考察。他强调，中国的未来属于青年，中华民族的未来也属于青年。青年一代的理想信念、精神状态、综合素质，是一个国家发展活力的重要体现，也是一个国家核心竞争力的重要因素。他寄语，当代青年要树立与这个时代主题同心同向的理想信念，勇于担当这个时代赋予的历史责任，励志勤学、刻苦磨炼，在激情奋斗中绽放青春光芒、健康成长进步。我今天讲话的主题是"青春是用来奋斗的，不是用来'任性'的"。

青春如朝日，是一个人最宝贵的年华。那么该如何度过，才能让青春的枝头绽放梦想之花？这是每一位青年朋友应该认真思考的人生课题。

这里我想和同学们谈一部当下正在热播的影片。《摔跤吧！爸爸》根据真人真事改编，真实再现了曾经的摔跤冠军辛格培养两个女儿成为女子摔跤冠军，打破印度传统的励志故事。这是一部传记式的影片，它将父爱、梦想、爱国结合得如此完美；这是一部励志式的影片，它真实再现了两个女儿学习摔跤坎坷的奋斗历程。一路艰辛，一路坚持，一路冷眼嘲笑，一路向上拼搏。十几岁的大女儿吉塔巾帼不让须眉，业余比赛中战胜男子选手，最终获得全国冠军。进入国家集训队后，吉塔在鲜花中迷失了自我，质疑老爸之前的训练方法，把时间任性地浪费在享受生活上，在国际比赛中屡战屡败，

当她颓唐时，在妹妹巴比塔不忘初心的提醒与鼓励下，在父亲的正确指导下，吉塔找回了自我，正确定位，明确了自己的优势，赢得了世界冠军。这个励志故事被讲述得荡气回肠。这部影片告诉我们，今天，青春是用来奋斗的，不是用来"任性"的；明天，青春是用来回忆的。

青春的底色永远是奋斗。"要知道，春天的道路依然充满泥泞"，没有哪一代人的青春是容易的。只有在年轻的时候奋斗过、拼搏过、奉献过，书写过人生的精彩，攀登过人生的高峰，我们才能在以后回忆的时候，自信地道一句："青春无悔。"未来的你一定会感激现在拼搏奋斗的自己。我看高二各班门口的板报主题是"拼搏"，高二四班的主题是"青春因拼搏而靓丽"。我想问每一位十二中人，今天你在奋斗吗？

十二中人，要让青春因梦想而激扬。心中有阳光，脚下就有力量。青年最大的资本不是经验丰富、胸有成竹，而是敢于做梦、勇于试错。因一时挫折而灰心丧志，因身处逆境而放弃前行，甚至让享受和偷安在我们内心扎根，那青春何以为青春？在生命力最旺盛的日子里，就该像爬山虎一样，向着心中的梦想不断向上攀缘，用青春的绿色铺满征途。奋斗的路上，我们不但要有智商、情商，更要有逆境商，它是我们在面对逆境时的处理能力。根据逆境商专家保罗·史托兹（Paul Stdtz）博士的研究，一个人逆境商越高，越能以弹性面对逆境，积极乐观，接受困难的挑战，找出解决方案，因此能不屈不挠，愈挫愈勇，而终究表现卓越。

十二中人，要让青春因拼搏而精彩。正如习近平总书记告诫的，"青年时代，选择吃苦也就选择了收获，选择奉献也就选择了高尚。青年时期多经历一点摔打、挫折、考验，有利于走好一生的路"。同学们，请看看我们周边的树木，它们春生、夏荣、秋凋、冬枯，但它们的生命是周而复始的。它们的生命可以有彩排，而我们只有直播；它们的生命有豪迈的再来，而我们只有唯一的一次；它们的生命中可以有如果，而我们的人生只有结果和后果。人生之路不可能一帆风顺，纵然前行之路荆棘密布，只要有那么一股到中流击水的劲头，无论道路多险、风浪多大，都是对自己的超越。而那些以梦为马、以汗为泉、不忘初心、不负韶华、激情奋斗的日子将永远成为人生的财富。

百余年前，五四先驱李大钊这样激励青年："青年之字典，无'困难'

之字，青年之口头，无'障碍'之语；惟知跃进，惟知雄飞，惟知本其自由之精神，奇僻之思想，锐敏之直觉，活泼之生命。"靠什么征服通往梦想的火焰山，拿什么安放我们心中如火的激情？奋斗，唯有奋斗。

"现在，青春是用来奋斗的；将来，青春是用来回忆的。"青春不息，奋斗不止。同学们，十二中的发展史应该是一代代十二中人的奋斗史，十二中的发展史应该有每一位十二中人的激情付出。在激情奋斗中绽放青春光芒、健康成长进步，习总书记殷切希望在耳，梦在心中。

最后，我想问每一位十二中人，今天你在奋斗吗？

谢谢大家。

（2017年）

第二篇

语文人生

2

读，语文教学"鲜活"的开始

——浅谈阅读在语文教学落实核心素养中的作用

　　《普通高中语文课程标准2017年版2020年修订》（以下简称《课程标准》）多次对"读"作出明确要求："多读多想多写""发展独立阅读的能力""注重个性化阅读，学习探究性阅读和创造性阅读""学习多角度、多层次的阅读"。在课程目标中提出"学生通过阅读与鉴赏、表达与交流、梳理与探究等语文学习活动"，在学科核心素养的四个方面都获得进一步的发展。《课程标准》明显在引导语文教学回归学科本质，回归语文教学的本真。读是语文学科典型的学习方式之一，是学生感知文本语言魅力、体味文本之美的重要途径，也是培养"语言建构与运用、思维发展与提升、审美鉴赏与创造、文化传承与理解"核心素养的重要载体。多年来，无论课改怎么改，读一直让学生受益匪浅。读会影响人们的生活，丰富人们的人生，甚至决定了人们的生命轨迹。当然，读也必然会影响语文教学，因为读是语文教学"鲜活"的开始。

　　温儒敏教授在高中语文统编教材培训中谈到了读的重要性，也讲到了他的担心："统编高中语文还设想过如何设计每个单元的'大情境''任务'。但我们也担心这样的设计可能会导致另外一种弊端，那就是学生对课文特别是难度较高的经典课文还没有认真读懂，就奔着'任务'去了，还担心如果把经典课文降格为完成某个任务的'材料'和'支架'，有可能窄化对经典课文丰富内涵的理解，造成阅读的表面化、肤浅化。"温教授直指语文教学中存在的问题：学生不充分读课文，何谈体味感悟文本？著名特级教师于永正说："学好语文，就一件事！少做题，多读书，好读书，读好书，读整本的书。按照语文学习的规律去做，学生就一定会有好的语文素养！"

一、发现美——诵读经典，感受传统文化之美

语言是思维的"物质外壳"，美好的思想情感要通过精妙的语言来表现。语文教学应该是美的教学，语文教材中蕴含着美的因素，因此，读就尤为重要了。要让学生在读中感受祖国语言的多姿、多彩、多味、梦幻，培养文化的自信。同时读的过程就是学生与作者对话，发掘课文中美的东西，以引起感情共鸣的过程。余映潮在《中学语文朗读教学例谈》的报告中曾指出："朗读，是让同学们认知文字、感受声律、体味词句、领会情感、品味意境、发展语感的充满情致的实践活动。"选入统编教材的文章大都是经典名篇，其中所含之美，我们必须通过读来发掘，蕴含的情感只有在读中才能应和共鸣。

散文《荷塘月色》为精选一例，朱自清散文的语言基调是朴素的，有一种清新、自然、典雅的美。从文章的语境来看，动词、叠词妙用的特色突出之外，还有很多词语的妙用，此时此境、此景此物的特征生动准确地表现了出来，让读者感受到极其特殊的艺术魅力。如"月光如流水一般，静静地泻在这一片叶子和花上"，"泻"字紧扣"月光如流水一般"这个比喻，写月光照耀，一览无余的景象，再加上"静静地"这个修饰语，就准确地写出了月光既像流水一般倾泻，但又绝无声响的幽静。本文主要体现了五美，即工笔细描画面美、起伏变化情感美、质朴自然语言美、娓娓细语音韵美、首尾圆合结构美，以此把读者引入到如诗如画的情境里。对于这样的美文，如果教师过多地讲，我以为是在"糟蹋"美，不妨让学生去反复读，在读中感受作者遣词造句的魅力，去发现文字组合的形式美，去体味形成的意境，去感悟字里行间涌动的作者真挚强烈的情感。

在讲授陶渊明《归园田居》（其一）时，我让学生反复读，读而成诵，期待学生读出新意，寻找新的教与学抓点。传统的教学是以"归"字为中心，探讨"为何而归""从何而归""归向何处""归去如何"四个问题。在教学中，学生不仅读出一个"归"字，还有一个大大的"美"字。于是课堂生成一个新的学案，从"美"引出"归"，从语言美、结构美、田园美、意境美、人格美五个方面入手分析作者的情感变化，深挖田园美部分呈现出淡雅开阔、恬静幽邃、自然和谐的美感。"方宅十余亩，草屋八九间。榆柳

荫后檐，桃李罗堂前。"色彩丰富，近观有灰色、翠绿，还有粉红与雪白。而远眺村落、炊烟，淡淡的朦胧透出一股绿意。草屋前后，榆柳在和风中摇动枝条，自得其乐；桃李在艳阳下自由开放，轻松自如；田野远处树落隐隐，炊烟袅袅，深巷狗吠，桑树鸡鸣，宁静恬适，幽邃深远。在这样一种淳朴自然、宁静安谧的意境中，自然而然地引出了作者的人格美。诗人为了保住做人的尊严，为了保持自身的清白，为了享受自由的生活，竟把自古以来读书人的最佳去处——官场视为"尘网""樊笼"，可谓塑造自我人格的勇士。特别是归家后"开荒南野际"，躬耕自给，把自己的身心完全融入自然中去，发现田园美，歌颂田园美，在反复的诵读中，抓住"美"与"归"两字，这首诗意、境、情就可以完美体味。这个充满灵动的生成是读出来的。

面对美文，学生被剥夺了读的权力，失去了发现美的机会，我们的审美鉴赏的核心素养从何形成，我们创造美的能力如何构建？所以，语文教学不能让学生失去发现美的机会，我们需要做的是让学生与美邂逅，在反复地读中，走近美，走进美，融入美，生成美。只有在美中徜徉，学生的语言才会美起来。

二、感悟美——进入情境，体验作者的丰富情感

新课程、新课标、新高考、新教材非常重视学生在具体情境下的解决问题的能力，这是趋向核心素养的。对文章内容的解读需要学生深入文本中，与作者对话，与文本对话，与文本人物对话，与文本所反映的社会生活对话。现今的学生缺少体验，没有感同身受的情境，如何会内化于心？我们需要借助文本创设情境，"读懂文本，把握文本的内涵和精髓"，"要有足够的课时保证学生独立自主阅读，设计促进学生个性化体验的阅读活动"，让学生在读中体验、体味、体悟。

一次全国同课异构展示活动给定的篇目是苏轼的《定风波》，两位教师对文本的处理侧重各不相同。一位是苏轼的"铁粉"，教学设计重点是教师讲述苏轼的一生坎坷与艺术成就，在知人论世的背景下，分析了这首词中的作者形象与情感。教师讲得精彩，学生听得热闹，但对文本的阅读不够，所有的都是教师所强加给学生的，学生没有体验，对文本也不会有自己的理解。另一位教师简单介绍了作者与写作背景后，在教学设计上突出了读，生

成过程中共有七次文本的阅读。在反复读中品评语言，在熟读中生成作者形象，在诵读中去体味作者的情感，应该说，这节课就是在读中度过的，学生思绪飞扬。整节课下来，没有热闹与喧腾，在反复读中，学生反而静下来了，在字里行间去体验情境，体味情感，应该说，作者的形象是学生读出来的，意境是学生读出来的，情感是学生读出来的。这节课水到渠成，学生体验，生成自然，这节课不热闹，却很沉实，这是一节鲜活的、有生命的、有灵魂的课。

再如《荷塘月色》中，"我悄悄地披了大衫，带上门出去"和"轻轻地推门进去，什么声息也没有，妻已睡熟好久了"，这首段和末段中的一个"带"和一个"推"字，乍看平淡无奇，但无论是从全文感情基调、上下语境，还是从首尾呼应的角度，我们都能感受到朱自清的匠心独运。在反复阅读文本时，有学生就提出了问题，发现此二字意蕴丰厚，抓住这两个字，学生反复读全文，体味情感，"获得对语言和文学形象的直觉体验"。最后，学生生成的理解是：从客观语境的角度看，作者想抛掉"颇不宁静"的的心绪，此时，月光皎皎，柔和淡雅；喧嚷之声，化为宁静；环顾四周，清静无比。润儿已经熟睡，妻子正在"迷迷糊糊地哼着眠歌"；此时此刻，容不得任何响动。从主观语境上看，"这几天心里颇不宁静"，面对皎洁如水的月光，宁静淡雅的夜色，作者此时的心绪不是激越、不是欢愉，而是一种"淡淡的忧愁"。所以，"带"字这个动词蕴含"轻柔""随意"双层意味，准确形象地表现出了文章所要呈现的主客观情境。炼字就是在炼意、炼情。"带""推"两字拥有如此丰厚的意蕴，充分证明了朱自清不仅是文字的锤炼，而且是思想和情感的锤炼。如果学生只是匆匆一读，很可能会忽略掉这两个表现力丰富的用字，无法体验作者的情感。

读，与作者对话，才能体验情境，感悟作者；读，让学生既丰富了写作素材，又提升了思维能力，感受了作者的情感，提高了学生的品位，既提高了学生的阅读水平，又提高了学生的写作能力。

三、传承美——提升素养，点燃学生鲜活生命

叶澜教授指出："让课堂焕发出生命活力。"课堂是学生生命成长的原野。以语文学科核心素养为纲，《语文课程标准》共设置了18个学习任务

群，学习任务群就是整本书阅读与研讨，在此基础上又分别设置中华传统文化专题研讨、中国革命传统作品专题研讨、中国现当代作家作品专题研讨、跨文化专题研讨和学术论著专题研讨。"学习任务群的设计，旨在引领高中语文教学的改革，力求改变教师大量讲解分析的教学模式"，其目的就是要让学生在可读书的大好时间里更多地阅读。"强调多读书，这也是从小学到高中整套统编教材的特色之一。没有足够的阅读量，语文素养的提升就是空谈。"温儒敏教授在培训中强调，"要以读书为本，以读书为要。新教材专治不读书的病。使用新教材，千头万绪，就要抓住教学的牛鼻子——培养读书兴趣，加强多种读书方法的训练，甚至养成好读书的良性生活方式"。

更为关键的是，我们面对的教育形势出现了新态势、新高考、新课标、新教材，我们要促进学生深度学习的发生，就语文而言，读之后的悟透才是深度学习，核心素养不但需要正确的知识，更需要正确的习得过程。笔者在二十五年的教学经历中，每周都会自行安排一节阅读课，选择一篇文本或一本书让学生们来阅读。首先让学生自由阅读，让学生的心灵徜徉于文本的语言深处，提升语文素养；其次是学生的个性化阅读，让学生把最初的阅读感受说出来，我是作为学生阅读方法的指导者、阅读兴趣的激发者，与学生一起理解和体验，平等交流；最后是创设情境，紧扣文本内容，知人论世，抽丝剥茧，引导学生层层深入解读文本，形成正确的审美体验、思想启迪。因没有评价与考试，故阅读是自由的，对话是平等的，理解是多元的，收效是非常明显的。二十多年前还没有核心素养的概念，面对应试教育的大背景，笔者这样不讲功利"浪费时间"，只是想让学生在读中喜爱语文，体验生活，提升语文素养。而且，没有学科素养，成绩从何而来？提升素养，教学质量与成绩的提高才会水到渠成。所以，作为语文教师，要让我们的学生在读中去丰盈自己的生命；在读中认识社会和人生，丰富情感、陶冶情操，形成健全的人格。

读是生命鲜活的给养。如何激活课堂教学，让鲜活的生命在语文课堂涌动？读是前提，读是根本。只有读，建构语言，才能形成个体言语经验，促进思维品质的提升，通过审美体验形成正确的审美意识，拓展文化视野，增强文化自觉，如此才会生成深度学习，才能培养更加独立自主的思想者。反观之，如何让生命鲜活，去激活课堂教学？当然也需要读，读篇章，读整书；读课内，读课外；读历史，读现在。读也是一种阅历。读懂自己，读懂家庭，读懂社会，读懂国家，读懂时代，只有这样，才会有责任与担当去传递美、创造美、传承美。美美与共，天下大"美"。

　　毋庸讳言，面对考试评价的"急功近利"，我们的语文教学失去了"语文味"。重考点，重训练，重题型，以题代讲，以测代学，就是不重视读。而且课堂要么成为教师展示的舞台，引经据典，旁征博引，时间更多用在展现自己的"博学"上；要么是任务驱动，让学生带着任务去读课，但往往是有任务，缺诵读，学生还没有感受课文整体思路，就被中断，直接关注部分内容来解决任务；要么就是为了体现规定动作"小组合作"，还没有读出个人感悟，就开始了"热闹"的小组合作，小组合作也成了"浮萍""飞蓬"，热闹过后，大脑中一片空白；要么就是直接生硬的思维替代，让学生无读无思，如一只没有生命的风筝，由教师来决定学生飞得多高。读的过程是思维的过程。教育最可怕的是思维替代，但如果连读都没有一个完整的过程，如何培养与形成学生的思维？让学生自己读出来，才是真正"鲜活"的语文教学。应该说，语文教学读起来、读出来、读出味，任重道远，困难重重。但学科核心素养决定了学习方式。目标变了，评价情境变化了，我们的教与学的方式一定要改变。读是尊重教育规律，是回归语文学科本质，是更新教学观与课堂观，是尊重学生的个性化发展，是落实学科素养，也是顺应新高考评价的新情境。

　　教育是从读书开始的；读更是语文教学的根，没有琅琅书声的语文课是变了味的语文课，学生阅读的数量和质量不但决定了他眼下的成绩如何，也长远而深刻地影响着他的未来，何尝不是为人生"打底子"？所以我对教育的信仰就是要摒弃浮躁、功利，回归到教育规律，回归到教学的本真上来。慢慢地、静静地、悄悄地，把课改的理念润物无声真正落到实处，再现沉实有效的课堂，重生鲜活有生命力的课堂。总之，读是教师、学生与文本的对话过程，在这个过程中，有着情感的共鸣，闪现着师生智慧的灵光，我们需要在读中让教学变得鲜活、丰富、丰润，让生命变得鲜活、丰饶、丰盈。让课堂更加美丽，让学生享受读，丰厚素养，丰盈人生，是我们最终的追求。

参考文献：

［1］中华人民共和国教育部.普通高中语文课程标准（2017年版）［S］. 人民教育出版社，2007.

［2］罗长久.多读多写，上"鲜活"的语文课［J］.教育导报，2018 （115）.

［3］温儒敏."学习"与"研习"［J］.中学语文教学，2020（8）.

合理运用课堂教学语言，激发学生学习语文的兴趣

　　课堂教学是学校教育教学活动的基本组织形式，也是完成知识传授、能力培养及学生身心素质全面发展的主要途径。在教学中，教师的教学语言运用是调动学生学习的积极性、提高教学质量的重要因素之一。对语文教师来说，这尤为重要。现行语文教材中的作品多是古今中外的名篇精粹，无不是"情"的喷涌结晶，字里行间宣泄奔腾着感情的激流，具有较高的鉴赏审美价值。因此，在课堂教学中，教师必须充分运用语言艺术技巧，创设情境，激发学生学习语文的情感。

一、教学语言平淡、枯燥、缺乏吸引力是导致学生厌学的重要原因

　　语文可诠释为语言文字、语言文章、语言文学、语言文化等。语文学科不能抽象地教语言文字，同时要教文章、文学、文化等。中学语文教材编选了大量古今中外的优秀作品，反映了一定时代的现实生活和真善美的人性，是一定社会的人文意识、精神艺术的再现，反映了作者丰富的思想感情，富有极高的审美价值，具有较高的表现力和感染力。在教学实践中，既要教语言文字、语言文学方面的文化知识，也要用语言文字熏陶学生的心灵，不断提高他们的思想知识和文化修养，从而达到使他们能较准确地感受、理解并运用语言文字的目的。

　　这就要求语文教师一定要有激情。因为学生们最初对语文的了解往往就是通过教师的言语，优美准确的语言往往能在不知不觉中把学生带入课文的意境中。要体现语文课特有的个性，教师就应当注意课堂用语。但是，由于长期受"应试教育"的桎梏，许多文道并兼的文章不再是文化交际的载

体，有些教师不论教什么文体、内容的课文，总是千篇一律地用枯燥无味的语言、平淡乏味的语调、单调呆板的语速去读课文、分段落、归纳中心思想——一种"平静"的教学语言、沉闷的教学氛围能激发起学生对学习语文的兴趣吗？这正是目前语文课堂教学出现的高耗低效局面的一个不可忽视的因素。因为在那样的课堂里，学生感到的不是艺术的熏陶、愉快的求知，而是厌烦的唠叨、乏味的煎熬。笔者听了一位教师讲授的散文《绿》。朱自清先生这篇文章写于1924年，当时正值北伐战争前夕，而且作者心中还激荡着五四运动带来的激情，作者以此文抒发了热爱自然、热爱生活的激情。这位教师讲课时，表情僵化，语言平淡，缺乏吸引力，无论导语还是提问，都无法引起学生的兴趣，用"平静"的语言语调分析这篇文章的结构、语法，犹如在解剖一只没有生命的动物。一篇充满了生命活力、格调清朗、节奏明快的美文，被人用死气沉沉的语言讲"死"了，有些学生蹙眉茫然，甚至注意力分散，伏桌昏睡。

应该说，合理地运用课堂教学语言艺术是语文教师面对的实际问题，而课堂气氛热烈，语言活泼生动，语调抑扬顿挫、有波有澜，语速快慢合宜，激发学生的兴趣，是素质教育对语文教师的要求，因为我们面对的不但是有生命的、有感情的学生，还有用感情写就的"鲜活"的文章。

二、语文教师课堂语言应把握的艺术技巧

作为教学的主体，学生的学习情绪直接作用于对信息的接收、传递、发出。为了激发学生情感，调动学生学习的内驱力，就要创设课文的整体情境，奠定教学氛围的基调。要充分利用语言的优势，使学生受到感染，产生共鸣，不断激发思维的兴奋点，使学生们感到语文课是一种语言的享受、知识的丰富和思维的锻炼。

（一）教学语文要发音准确，声音洪亮，表意确切、流畅、完整、简洁

这是对语文教师最基本要求。语文是一门感情丰富的语言学科，清楚流利的发音不但能提高教师的教学能力，也能集中学生的注意力、引起学生的兴趣。一位作家在谈到自己喜爱语文的最初原因时，这样评价他的语文教师，"他磁性的音质，流畅的语言表达，幽默的谈吐，深深地吸引了我，于是我开始对语文感兴趣了"。可见，语文教师备课时，不仅要深入挖掘教材

的文法和思想内容，还要注意语言的合理运用。

（二）教师课堂的语言要抑扬顿挫，也就是语调要有高有低，节奏要有快有慢

教育心理学告诉我们，课堂教学声音太高，会令人毛骨悚然，不舒服；太低了，学生会听不清。说话太快，学生没有思维的余力，来不及消化；太慢了，又会使人无精打采，昏昏欲睡。声音信息的输入太单一，刺激不了学生的兴奋点，有了声调和节奏的变化，就能增加学生们头脑中的兴奋点，使学生始终处于精神兴奋的状态，认真听课。同时，教师语言要做到抑扬顿挫，就要求教师上课时以旺盛的精力、高昂的情绪投入到讲课的全过程。所以，语文教师应非常讲究课堂语言艺术，十分注重教学用语的锤炼和语调的变化。

特级教师于漪就是最好的典范。句子生动优美、词汇丰富多彩、句式变化有致、语调高低错落、语速节奏快慢、表达亲切自然、阐释准确凝练构成了于漪教师课堂教学的语言风格。她高超的驾驭课堂语言的技巧能力，使学生在听她的课时不会感到那是在进行艰苦的脑力劳动，而是一种艺术享受。感受到的似乎是春风拂面、赏心悦目，是一种美的熏陶。在这样的课堂上，学生才会兴趣盎然，教学效果自然好。如果课堂气氛沉闷，教师语调波澜不惊，教学效果如何？不言而喻。

（三）教师讲课的语言要体现文体特征，符合作品的基调和作者的感情，用语言架起作者与学生感情共鸣的桥梁

现行语文教材编选的文章，体裁丰富全面。教师在讲授不同的文章体裁时，要运用不同的语体风格和语言态势。如在讲授记叙文时，语言要流畅、舒缓、自然，体现叙事的连贯性，表现对作品主人公的爱或憎，对事件的是非曲直的褒或贬的感情，声调的起伏不宜过大。教学诗歌的语言要有感情、要精练和富于变化，体现诗歌跳跃的美、凝练的美，要通过教师的语言准确生动地传达出诗歌的意趣和理趣，使学生得到审美的享受。总之，要很好地把握体裁的风格和作者在文章中寄予的感情和基调，调控教学语言的速度与语调，用丰富的语言变化来设置特定情境，使学生置身其中。

在讲授《在马克思墓前的讲话》这篇悼词时，讲到马克思为无产阶级革命事业奋斗一生，工作到最后"停止思想了""永远地睡着了"时，笔者语速平缓，声音低沉浑厚，把恩格斯极度悲痛和深沉哀悼之情表达了出来，创设了符合文章的课堂情境；在讲到马克思一生主要活动，评价他的伟大贡献时，笔者语调高昂，发音铿锵有力，充分表达出强烈的感情色彩，课堂响起了热烈的掌声，这是学生进入课文情境的表现，与作者产生感情共鸣。在笔者用平缓低沉而颤抖的声音读出"他的英名和事业将永垂不朽"时，部分学生眼里含着眼泪。之所以这一课上得比较成功，合理使用课堂语言是其中不可缺少的原因。

（四）教师课堂语言要富有机趣，富于哲理，信手拈来，左右逢源

风趣的语言能吸引学生的兴趣，而富于哲理的语言能使学生印象更深刻。只有这样，才能引人入胜，耐人寻味。这就要求教师不仅要具有广博的学识，而且能巧妙地、灵活地处理课堂上的突发事件，如师生之间的辩论等，要有机敏的语言应变能力。

总之，教师在语文课上所担负的任务不只是教给学生语言基础知识，更重要的是要使学生学会运用不同体裁的文章所对应的语言风格和个性去阅读和写作，增加学生的语言运用能力，全面提高学生的语文素质和审美水平，这就要求教师在课堂上做到抑扬交错，波澜结合，有时像飞流直下的瀑布，有时像涓涓而去的溪流，充分合理地运用课堂语言艺术技巧，吸引学生，激发学生兴趣，使语文教学变得"鲜活"起来，达到语文学科教育教学的目标。

基于核心素养的高考散文阅读备考策略探究

随着新课改的不断深化发展，当前核心素养成为大家普遍关注的一个焦点。在语文教学中培养和提升高中生四大核心素养是高中语文教学改革的方向和任务，高考的命题也更关注学生核心素养的检测。从2017年开始，高考题型就很契合新课标理念，命题基于核心素养，更侧重深层次问题、认知、历史文化、语言、社会、学生生活等情境设置。

文学类文本阅读中的散文向来是中学语文教学的重点和难点。近十年，全国课标卷文学类文本阅读基本在考查小说（2017年全国Ⅱ、Ⅲ卷除外），把文学作品阅读窄化为小说阅读。很多教师与学生在高考备考中忽视散文阅读的备考，他们认为，散文难度大，高考考查的概率小，把精力更多地用在了小说阅读中。但北京、上海、江苏、山东等改革先行区高考语文试卷中，散文的考查频率也逐步加强，特别是2020年的高考全国Ⅲ卷文学类文本阅读散文的强势回归，信号很明显，导向很清晰。高考文学类文本的考查将打破片面化，迎来全面化，这也避免了高中语文教学与备考只重小说的畸形现象。

本文主要结合高考命题新趋势与备考的现状，阐述了核心素养下高中散文高考备考的策略。

想必在未来几年散文的考查将会成为高考的重要方向。文本类别不同，阅读策略也不同。面对文学类文本阅读的转型，我们似乎准备不足，特别是面对新高考背景下的，基于核心素养的命题评价无处着手。教学中疏于研究，因循守旧；题海战术，以练代讲；训练套板，思维僵化；覆盖面窄，原创性低；阅读缺位，积累薄弱。学生还存在视野狭隘、阅读积淀单薄，灵性不足、审美能力缺乏，认识肤浅、思辨意识淡薄，重术轻道、答题机械生硬的现状。而新高考的评价指向核心素养、情境设计的命题，选材经典化（传统）与时代性（现代）相结合，视域开阔；阅读量加大，侧重考查阅读素养与表达素养；引导学生通过陌生知识的"现场学习"，灵活解决问题，将知识技能、学科思想方法、关键能力等考查嵌入真实的问题情境；设计任务引导学生呈现运用知识技能、学科思想解决问题的过程；命题注重实践性、综合性，由封闭向开放、由单一向多元发展。在高考散文命题情境性、综合性、开放性等越来越强的情况下，考生该如何备考呢？

一、把握方向，解读《中国高考评价体系》《普通高中语文课程标准（2017年版2020年修订）》，明确评价要求

《中国高考评价体系》及其说明、《普通高中语文课程标准（2017年版2020年修订）》不仅使课程改革和教学理论、考试评价有了新的变化，也对备考方向提出了明晰的要求。《中国高考评价体系》及其说明是高考命题、备考的方向，高考真题是其具体体现。在复习备考时，教师要关注《中国高考评价体系》及其说明的落实，就是要将抽象的要求体现在每个知识点的处理上，最终体现在学生的语文素养与成绩上。《普通高中语文课程标准（2017年版2020年修订）》给出了语文学科学业质量水平的质量描述以及高考命题的建议，高考语文实质是基于《普通高中语文课程标准（2017年版2020年修订）》的测试、评价。《普通高中语文课程标准（2017年版2020年修订）》要求教什么、学什么，高考就考什么，《普通高中语文课程标准（2017年版2020年修订）》就是教师备考的指路明灯，需要教师读懂悟透，心领神会，把握方向，研判趋势，命题走向，否则没有方向的备考就会造成南辕北辙的后果。

《普通高中语文课程标准（2017年版2020年修订）》中的课程目标的学习任务群5——文学阅读与写作，在学习目标与内容中明确写道：根据诗歌、散文、小说、剧本不同的艺术表现方式，从语言、构思、形象、意蕴、情感等多个角度欣赏作品，获得审美体验，认识作品的美学价值，发现作者独特的艺术创造。

通过研读《普通高中语文课程标准（2017年版2020年修订）》，教师可以明确高考在本任务群中将考什么，自然就可以有针对性地备考。没有《普通高中语文课程标准（2017年版2020年修订）》指导下的备考将进入迷途，

失去方向。

二、转变思维，研究为先，读懂散文，精通散文的文体特征

散文往往会在写作中融入自己的感动、感想、感情，融事、情、理为一体，时空互动，凸显作者对社会、人生、宇宙、自然、历史、文化、文明等的深刻思考。散文的特点为形散而神不散。所谓"形散"，是指散文选取材料十分广泛自由，不受时间和空间的限制；组织材料，结构成篇自由；表现方法不拘一格。所谓"神不散"，主要是散文的立意，即散文所要表达的主题必须明确而集中，无论散文的内容多么广泛、表现手法多么灵活，都是为了更好地表达文章的主题。

散文大致可分为写景状物类、议论说理类、文化游记类、写人记事类五类。对于写景状物类散文，可采用如下阅读步骤：划分层次，把握思路；鉴赏景物，把握特点；分析语境，概括特征；联系背景，探讨情感；概括主旨，明确中心。对于议论说理类散文，可采用如下阅读步骤：抓议论，明义理；分层次，感理趣；析材料，明方法。对于文化游记类散文，可采用如下阅读步骤：抓住线索，理解文本内容；抓住描写对象的特征，探究精神实质；抓住关键语句，体会深刻内涵及作用。对于写人记事类散文，可采用如下阅读步骤：把握要素，厘清人、事关系；寻找线索，厘清脉络；区分表达方式（记叙、描写、议论、抒情、说明五种）；综合考虑，概括主旨。简而言之，阅读一篇散文，必须明白三个问题，即写的什么，怎样写的，为何这样写。

而考场阅读要求快速读懂，整体把握。快速读懂的话，需要善于抓标题、开头、结尾及意蕴深刻之处，同时圈点勾画出自己认为重要的段落和语句。

具体步骤如下：

（1）关注标题（对象）。标题明示写作对象或内容，提示阅读线索，明示或暗示文章的主题。

（2）理出思路。捕捉文中体现时间、空间、人物、事件、情感的语句；找到充当线索的人物、事件、事物、情感；分析文章段与段之间的层次关系，体察其大体结构；抓语段、语句之间的逻辑关系，抓中心句、过渡句、关键句。

（3）概括主旨。锁定文章的中心句、提示语、关键词语，概括主旨要从事件角度概括，体味作者表达的观点、态度、思想情感。散文往往卒章显志，揭示哲理，深化境界，启发读者思考。

我们要从以下方面提升读懂散文的"关键能力"：

（1）熟练辨析修辞方法及其运用的能力。如结合修辞理解句子或赏析句子。

（2）熟练辨析表达方式及其运用的能力。如不同记叙人称的作用与不同记叙顺序作用及效果的分析，描写中人物描写与景物描写作用或效果的分析，不同抒情方法的作用等。

（3）辨析或赏析表现手法及其运用的能力。

（4）理解分析词语含义与句子含义的能力。

（5）概括文章相关内容的能力。如文意概括、特点概括、情感概括、主旨概括等，又分整体与局部层面。

（6）赏析语言特色或风格的能力。如全篇赏析、局部赏析（特色、风格）、定向赏析等。

（7）深入探究文本意蕴或形式的能力。如标题类、情感意蕴类、语段作用类、行文构思类及阅读启示类等。

以2019年北京高考散文阅读试题对"由表及里"这种感知方式的考查为例，由观察生活中的细节上升到情理兼备的思考感悟，这恰恰是一种散文创作的思维。如果考生在备考中没有掌握这样一种思维，即便关注到"由表及里"这个要求，也运用不好。因此，真正掌握散文文体的特征和阅读、创作方法才是关键所在。

三、素养为纲，精研题型，科学备考，精准把握解题思路

高考语文学科以选才育人的核心价值为引领，以语文学科核心素养为导向，以阅读与表达为关键能力，以语言、文学、文化等必备知识为学科基础，重在考查考生综合运用所学语文知识，灵活、有效地分析问题和解决问题的能力。

其中，对考生文学性阅读能力的要求有：能在积极主动的阅读中，感受、想象、体验作品呈现的社会生活和情感世界；在领悟作品表达的感情、

思想和观念的基础上，充分调动生活经验和知识积累，进行审美鉴赏和审美评价；对常见文学类作品的基本特征、一般体例和主要表现手法有所掌握，在了解文学史常识和文学创作一般规律的基础上，对文本艺术创新的主题意向、思想蕴含能有所领悟并展开联想，对作品的表达效果和思想艺术价值作出合理分析与评价；对文本建构和文本理解所涉及的复杂因素有一定认识，并能从不同角度和层面发掘文本反映的人生价值和时代精神。

文学类文本阅读主要考查四种能力：理解能力、分析综合能力、鉴赏评价能力和探究能力。命题主要围绕八个要点：形象塑造、行文思路、主旨思想、语言表达、艺术手段、篇章结构、材料剪辑和环境描写。从2020年高考文学类文本阅读的命题形式上看，考查"理解重要词语的含义""理解文中重要句子的含义"等能力的试题相对偏少，考查"分析文章结构，概括作品主题""鉴赏作品的文学形象，领悟作品的艺术魅力"等能力的试题较多，尤其是考查分析综合能力和鉴赏评价能力的试题占多数，这种命题趋势体现了高考对语文素养的综合考查会进一步强化。

可见，在能力要求上更强调调动考生的生活经验和知识积累，强调对文本艺术创新的相关领悟和对艺术价值的分析评价，以及发掘文本反映的人生价值和时代精神等。在考查形式方面，往年高考题目以具体的语言实践活动情境为载体，以典型任务为主要内容。典型任务多样、综合、开放。测试形式有创新，具有选择性，体现考生个性。考试材料的选择与组合角度多样，视野开阔，为考生的思考与拓展留有足够的机会与空间。综上所述，散文阅读作为高考文学类文本阅读的重要组成部分，其考查内容也势必涉及对文学类文本阅读能力要求的各个方面，而其命题也呈现出情境化、综合性、应用性、开放性、创新性、时代性和多样性的特征。

要明确高考对散文阅读能力的要求有哪些，可以依据散文文体特征与考试评价标准，归纳出常见的题型，并有针对性地展开复习。对一些基本的考查题型可梳理一些答题思路。比如，句子含义题，一般来说，要勾连前后语境或者全文主旨，由浅入深地解答；题目含义题，要思考其与全文内容及主旨的关系，有层次地进行解读；作品结构的布局鉴赏题，要考虑作品结构与作品主题之间的关系以及结构内部的逻辑关系；语言鉴赏题，要关注其运用的手法及表达效果……但切忌不假思索、生搬硬套，要关注试题所创设的具体语言情境，明确考查任务所在。对于这一点，本文不再赘述，现在的有关资料颇多，师生在复习时可以借鉴。但毕竟题海茫茫，鱼龙混杂，难免被误导。所以悟真经，多看高考真题就尤其重要了。全国卷是高考的风向标，除认真分析自己所在地区使用的试卷外，还应多关注全国卷。高考真题的严谨性、示范性、权威性毋庸置疑，高考命题总是在保持稳定性、延续性的基础上进行开拓创新。因此，多研究高考真题，了解其考查方式，探寻其命题规律，有助于备考文学类文本阅读。研究高考真题要着眼于文本内容和命题设计两大方面。各地所用试卷是不同的，我们可以对自己所在地区近三年的真题进行综合分析，这样就可能从中发现高考文学类文本阅读的选材倾向和命题走向，此外还要认真琢磨精研高考真题的答案，也可以关注一些从名校研发的原创创新题型中传递的信息。

如湖南省长沙市名校联考联合体2021届高三第二次联考文学类文本选的是付秀宏的散文《流淌的秋虫清音》，第9题：作者说秋虫清音是"流淌的"，而这种"流淌"在文中体现为多个层面，请结合全文分别简析。本题为探究题，考查学生从不同角度和层面发掘作品的意蕴和人文精神的能力。因为题干要求对"流淌"具体体现的多个层面进行简析，所以首先要明确"流淌"的语义，"流淌"在这里是"流动"的意思，即秋虫清音的流动，而伴随着这种流动，作者的思绪也跟着流动，那么作者思绪的流动也就是我们要回答的多个层面。从全文来看，在浅层层面上，作者一方面写了听到的秋虫的声音呈现出动态的过程，如"交相共鸣""倾倒而来"，而自己也有"月光般水银泻地"之流淌的动态之感；另一方面写了从幼年到现在对秋虫清音情感的变化。在纵深层面上，作者写了由秋虫清音引发的对于由古到今的一些文人及其作品的文化韵味的感受。在更深层面上，作者由秋虫清音又体味到读懂读透自己的心，收获幸福感。

面对新的高考形势，单靠就题练题是难以适应新高考对散文阅读的高要求的，因为散文阅读是对考生综合能力的考查，所以我们在备考中应强化审题和答题技巧以及答题规范，更应丰富自己的生活阅历和文学积淀，然后形成自主感悟。同时，学生们也要养成良好的阅读习惯，多接触文质兼美的散文作品，丰盈自身的文化底蕴，培养优秀的阅读品质。

因此在平时的备考中，多去读散文，读不同时期的散文；在阅读广度、数量、速度上下大功夫，不断全面培养和提升阅读能力、文学素养和思维品质。

四、情境为要，回归常识，融入生活，丰富内在体验

高考命题从强调"解题"转变为强调"解决问题"，试题的命制与日常生活中的语文运用关系更加紧密。命题更具综合性，更强调学科关键能力的综合考查，强调试题命制情境的复杂，需要运用综合能力解决，以此对接学生的生活世界与未来发展，所以对散文的学习不应只局限于文本或书籍，而要用散文的思维广阔地拥抱生活。语文试题的情境既包括学科认知情境，也包括个人体验情境和社会生活情境。散文阅读的考查已经不再局限于文本本身，而是呈现出延伸开放的姿态。考生要积极地观察和思考生活，关心周边世界，丰富内在体验。只有平时多观察、多思考，善于积累，才能在关键时刻厚积薄发，在高考中考出好成绩。

命题趋势将以具体情境为载体，设计典型任务。真实、富有意义的语文实践活动情境是学生语文核心素养形成、发展和表现的载体。个人体验情境指向学生个体独自开展的语文实践活动，如在文学作品阅读过程中体验丰富的情感，尝试不同的阅读方法以及创作文学作品等；社会生活情境指向校内外具体的社会生活，强调学生在具体生活场域中开展的语文实践活动，强调语言交际活动的对象、目的和表述方式等；学科认知情境指向学生探究语文学科本体相关的问题，并在此过程中发展语文学科的认知能力。

所以基于情境的高考命题方式是我们备考中的重中之重。研发试题要与人生体验相结合，创设真实的任务情境与现实生活相结合，创设综合的探究情境与相关文本相结合，创设基于学科的开放式问题情境。如2020年天津卷《线条之美》第22题：

请参照《线条之美》的审美角度点评下面这首描写劳动者的小诗。

脊 梁

罗长城

一条力的弧线，

一道破土的犁圈，

一条飞来的彩虹，

一架厚的青峦。

首先分析本文的审美角度，通过题目"线条之美"以及文中表现作者观点态度的句子，如"原来这线条的美正在似有似无之间，是自带几分幻美的东西。主客交融，亦幻亦真，天光云影，想象无穷。正是因了它的来无踪，去无影，永不停，却又永无结果，也就让你永不会失望。线条，一种虚幻的、没有穷尽的，可以寄托我们任何理想、情感和审美的美"等，可以把握住作者审美是通过对线条的欣赏进而欣赏艺术之美的，也就是通过某一个角度欣赏艺术之美。然后欣赏这首小诗。小诗的题目叫作"脊梁"，诗歌没有具体写"脊梁"是什么，甚至没有具体的形态，而是通过一系列的"线条""形态"来比喻"脊梁"。如称它为"一条力的弧线"，展示出有力的曲线；再运用间接意象作比喻，点出其象征意。以彩虹喻脊梁，赞美多年与自然奋战的劳动者内在的力和美；用"犁圈"喻"脊梁"，赞美了劳动意义的重要性；以"青峦"喻"脊梁"，赞美了劳动者的厚重品性。意象间的联结构成了整体意象的鲜活和厚重之美。

如肖复兴的散文《那一排钻天杨》，文中描写了那一排钻天杨由细瘦弱小到直耸云霄的成长过程，象征着不断发展、昂扬向上的时代精神和主人公由弱到强的人生经历，与时代的迅猛发展的过程相互映衬，烘托了主人公的美好形象。我们可以设置情境，命题为：本文已被《光明日报》"中国故事"栏目登载，假如你是该栏目组编审，请谈谈选用本文的理由。可以从以下四点作答：①选材典型，以小见大。小冯的经历代表着千万中国人的经历，陶然亭一带的变化是中国巨变的缩影。②剪裁精当。选取作者与小冯交往的几个片段，凸显了人物的精神风貌和时代变化。③构思巧妙。将小冯的成长历程和陶然亭一带前后面貌的变化交织在一起，从侧面展现出了四十年来的巨大变化。④内容和主题与栏目要求十分契合。

新高考评价体系确立"立德树人、服务选拔、导向教学"的核心立场，回答"为什么考"的问题；明确"必备知识、关键能力、学科素养、核心价值"四层考查目标，回答高考"考什么"的问题；明确将"基础性、综合性、应用性、创新性"作为考查要求，回答"怎么考"的问题。正如姜钢、刘桔《牢记立德树人使命　写好教育考试奋进之笔》中所提出的："高考语文阅读反映了信息时代阅读的特点和要求，将全方位考查阅读的'关键能力'。学生在阅读广度、数量、速度上要下大功夫。只有全面培养阅读能力、文学素养和思维品质，才能笑傲今后的高考考场！"要想适应新高考散文阅读的新要求、高要求，仅仅就题练题是远远不够的，只有立足于学生阅读能力的提高，以及文学素养和思维品质的提升，才能以不变应万变，收获最好的结果。

参考文献：

［1］余汇.2020年高考语文全国卷述评［J］.中学语文教学，2020（8）.

［2］杜殿收，滕欣俭.基于核心素养的高中语文命题实践与探索［J］.语文教学通讯，2020（9）.

［3］亓庆国.文学类文本之散文阅读的命题及策略［D］.济南：济南市莱芜第二中学，2019.

［4］李荔萍.精准落实《中国高考评价体系》，全面实现学科育人功能［J］.教学考试，2020（51）.

第二篇　语文人生

基于核心素养的高考散文阅读命题趋势探究

一、文本选材：符合社会主义核心价值观和对学生核心素养的培养

《中国高考评价体系》指出，"核心价值要求学生坚定理想信念、厚植爱国情怀、提升品德修养、培养奋斗精神，健全人格、锤炼意志、提高审美、培育劳动精神、践行社会主义核心价值观，其内涵覆盖了德、智、体、美、劳五个领域"。纵观近几年高考全国卷与各省语文试题中的文学类文本阅读，共有十几篇散文：2017年全国卷Ⅱ的《窗子以外》、全国卷Ⅲ的《我们的裁缝店》、北京卷的《根河之恋》、天津卷的《挺拔之姿》，2018年北京卷的《水缸里的文学》、天津卷的《虹关何处落徽墨》、浙江卷的《汴京的星河》，2019年北京卷的《北京的"大"与"深"》、天津卷的《萨丽娃姐姐的春天》，2020年全国卷Ⅲ的蒋子龙《记忆里的光》、新高考Ⅰ卷（供山东省使用）选的是于坚的《建水记（之四）》、天津卷选的是梁衡的《线条之美》。这些散文都是人文情怀浓郁、思想内容深邃、表现手法丰富、内容上贴近生活的优秀作品，注重抒情性、哲理性，主要表达作者的人生感悟、生活体验，更注重凸显人文精神、时代气息和文化内涵。特别是今年高考选文《记忆里的光》，培根铸魂，彰显立德树人导向，为全面落实"培养德智体美劳全面发展的社会主义建设者和接班人"的时代要求，试将美育、体育、劳动教育有机融入试卷。

高考文学类文本阅读散文的选材方向很明确。一是贴近现实生活，关注国家发展，培植家国情怀，引导考生增强实现中国梦的使命感和责任感。如北京卷的《根河之恋》，聚焦大兴安岭鄂温克人的生活以及生存状态，所写

的内容包括少数民族的生活、生态环境与保护、文化多样性、精准扶贫等，表现了鄂温克人坚守根河的精神品质，体现了人与自然和谐共处的文明和人们对美好生活的向往。此文除了考查学生的语文学科素养外，还能看出考生的思想格局和思维深度。二是体现价值引领，融入社会主义核心价值观，培养学生的主人翁意识，以及"热爱美好生活和奋发向上的人生态度"。如2017年全国Ⅱ卷的《窗子以外》，作者通过窗子内外这一独特视角，描绘了种种人生的横断面，认真剖析了自己的生活与心灵的状态，在表达铜驼荆棘、故宫离黍之感之后，也在教育我们如何观察社会、思索人生、关注国家命运。2017年天津卷《挺拔之姿》，通过描写各类竹子，托物言志，赞美了普通百姓坚韧忍耐、争先向上的精神。2018年北京卷《水缸里的文学》，作者苏童回忆童年的一段生活，探讨童年生活对艺术创作的影响。表现的是童年时代的物质匮乏，"水缸"这一特定事物激发了作者的好奇心、想象力和奋发向上的精神，成就了作者的文学梦想。2019年天津卷《萨丽娃姐姐的春天》表现的是以萨丽娃姐姐为代表的草原上的新一代青年在象征传统美德的老祖母的影响下，回乡创业，改变生活，带来希望，新一代牧民迎来了未来生活的春天。2020年全国卷Ⅲ选的《记忆里的光》蕴含着中华民族崇尚劳动、尊重劳动、热爱劳动的优秀传统，彰显了普通劳动者对信仰的追求。在考查学科思辨能力和审美鉴赏的同时，充分实现了学科育人的功能。三是传承中华优秀传统文化，深植文化根脉，调动文化积淀，增强文化自信。中华民族五千多年漫长奋斗积累的文化养分，润泽着后世。《虹关何处落徽墨》通过对"徽墨"这一民族文化瑰宝的寻找，教育启示我们要时刻保持对中华传统文化的敬畏和爱戴。《汴京的星河》体现了中华传统文化的创造性转化，现代科技让汴京灯节重现历史繁华，让作者既感叹城市的新气象，又感叹传统文化的发展。在考查语文能力的同时，潜移默化地在精神上影响和引导考生。总之，散文文本的选材不仅看重艺术性，更看重思想性，体现对人生的关照、对现实的思考、对精神的呼唤和对价值的探讨。

　　这些散文符合《普通高中语文课程标准（2017年版2020年修订）》对核心素养的培养与提升要求，我们在教学和备考中，要引导学生按照这一要求阅读优秀文学作品，全面培养学生的文学素养和思维品质。

　　散文兼文质和美学为一体，不但语言生动优美，而且意境深远动人，如何引导学生全身心投入到散文所描述的意境中去，深刻感受作者所要宣扬的思想、所要展示的意境，是我们在散文备考时的重点，也是中学生核心素养训练、培养的一个重要方面。

二、命题特点：符合核心素养对学生能力的综合评价

核心素养是学生个体在解决复杂的、不确定的现实问题过程中表现出来的综合性品质。学科素养是学习者面对生活实践和学习探索问题情境时，能在正确思想观念的指导下，有效整合学科相关知识、运用学科相关能力，高质量认识问题、分析问题、解决问题的综合品质。《普通高中语文课程标准（2017年版2020年修订）》和新高考非常注重语文应用性的学习和考查，注重综合性、情境性。创新测评形式，丰富测评内容，多设置开放型、综合性的题目，体现学生个性，展现学生智慧，避免形成新的应试模式，充分发挥考试评价的教学导向作用，已成为当下语文考试评价的重要议题。

从往年的试题来看，在新课标与核心素养的指引下，散文文本阅读命题呈现出一些新的面貌：在选材上，重文学、重文化、重经典的特点越来越突出；题型丰富化，阅读个性化，考核综合化，思维探究化。考查主要涉及理解文中重要词句的含义；分析作品结构，概括作品主题；分析作品体裁特征和表现手法；品味鉴赏作品的语言、文学形象；探讨作者的创作意图，评价作品的价值判断和审美取向；对作品进行个性化和有创意的解读及从不同角度和层面发掘作品的意蕴、民族心理和人文精神等。以综合考查作为命题导向，以情境任务作为试题的主要载体，目的是强化学生"用文本中提供的事实、观点、程序、策略和方法解决学习和生活实际中遇到的具体问题"的能力。

高中语文学科的核心素养包括四个方面，即语言建构与运用（语言）——在学习语言文字运用的过程中，增进语文学养，努力学会正确、熟练、有效地运用文字；思维发展与提升（思维）——在发展语言文字运用能力的同时，推进思维机制的发展，提高思辨能力，增强思维的严密性、深刻性和批判性；审美鉴赏与创造（审美）——在语文和其他学科的学习中，以及在生活中，坚持对美的追求，培养自觉的审美意识和高尚的审美情趣；文化传承与理解（文化）——在语文课程中进一步理解和尊重文化的多样性，关注当代文化，学习对文化现象的剖析，积极参与先进文化的传播。

语文学科核心素养及其内涵

语文核心素养	内涵		
语言建构与运用	积累与语感	整合与语理	交流与语境
思维发展与提升	直觉与灵感 联想与想象	实证与推理	批判与发现
审美鉴赏与创造	体验与感悟	欣赏与评价	表现与创新
文化传承意识 与理解	关注与态度	选择与继承 包容与借鉴	关注与参与

以蒋子龙《记忆里的光》为例，看高考命题如何充分发挥考试评价的教学导向作用，基于核心素养的命题走向。文章中，锤子与镰刀的意象象征着中国共产党，象征着伟大的祖国。在曾经的黑暗年代里，中国共产党的出现就像是一束明亮的光线，为中国的发展指引了全新的方向，也为全国人民提供了奋斗的目标。文章鲜明地体现出作者对中国共产党的信赖与热爱，我们可以通过本文培养学生热爱祖国、热爱人民、热爱中国共产党的深厚感情。

又过了几年，我复员回到工厂干锻工。锻工就是打铁，过去叫"铁匠"。虽然大锤换成了水压机和蒸汽锤，但往产品上打钢号、印序号，还都要靠人来抡大锤。我很快就喜欢上了打铁，越干越有味道，一干就是十年。在锻钢打铁的同时，也锻造了自己，改变了人生，甚至成全了我的文学创作。我成了民间所说的"全科人"：少年时代拿镰刀，青年当兵，中年以后握大锤。对镰刀锤头有了一种说不出的特殊感情。

在命题时，考查学生文本阅读的基础能力，即对散文的内容、艺术特色、结构、标题的分析、理解、概括、鉴赏等能力，对学生的能力要求有所提高。主观题主要训练学生的整体结构性思维，都是考查学生对文章的谋篇布局、整体解构能力。这其实体现了语文的两种核心思维，即赋形思维和解读思维。如：8.作者对儿时看火车经历的叙述很有层次感，请结合作品具体分析。9.从文章谋篇布局的角度，分析题目"记忆里的光"是如何统摄全文的。第8题侧重考查学生梳理概括文章情节、分析脉络层次的能力。解答此题，首先根据题干要求，找到答题区间，再依据叙述顺序、方式和内容概括情节大意，分别从事件、情感等角度来分析层次。第9题侧重考查散文的标题。一般主要从以下几方面进行理解：标题包含的意义、标题的主旨意义、标题的情感意义、标题的作用意义、标题的结构意义。可以根据标题的内容指向带到文中具体分析，按方向进行概括。客观题主要考查学生对文学作品的思想内容与艺术特色的分析与鉴赏能力，解答本题，首先明确题目要求，其次认真阅读文本，通读文本把握文章内容，理解文章的主旨，然后结合选项鉴赏文章在写作手法上的特点，根据文章在写作上的特点判断选项的正误，最后根据题目要求选出恰当的答案。

再如2020年北京市文学类阅读的考查，选取了沈从文具有独特美感的散文《从音乐和美术中认识生命》。作者取材"音乐""美术"两个文化素材，通过对自然万物及人世间种种细节的观察与叙写，表达出对音乐与美术的独特理解，提醒人们重视具体事实与感官经验，去发现蕴含在平凡生活中的美与诗意。文章语言简净醇厚，韵味悠长。命题者立足语文学科核心素养，基于文本认知情境的阅读体验的考查，要求学生结合文本情境和作者生活视角下的"音乐""美术"，对生活、生命的意义进行思考。从而感悟生活、生命的真谛。能力考查聚焦文化、聚焦价值观、聚焦语文应用能力，这也正是文学类阅读的目的，即阅读对个人提升的意义——语文的人文性。在命制技术方面，命题人明确引导学生在文本情境下的阅读能力和表达能力的考查。命题强调对语言文字的感悟。如第18题考查学生通过语境来辨析语义，体现语文的工具性。阅读文本中的"音乐""美术"不是普通意义上的音乐、美术，而是作者对生活观察、感悟后的生命体验。学生通过在文本情境下的阅读，感受到"音乐""美术"的外延、内涵意义的扩大，获得新的阅读体验。试题整体考查学生通过文本情境，联系社会情境，调动个人情境来完成阅读的新课程标准要求。命题人通过题干的审题，如第19题，通过文本内容的理解和赏析，帮助考生对文本内容的理解，使考生能平稳阅读，完成好后面的答题。试题第20、21题的题干提示学生答题的方向和要求，有效控制整体难度，既考查学生的阅读能力，又考查学生的读题能力（判断信息能力）和语言的表达能力。

2020年新高考卷（供山东省使用）《建水记（之四）》侧重理解文本内容、分析鉴赏艺术特色、品味语言表达艺术、分析写作意图、分析作品的结构的能力考查；天津卷《线条之美》侧重对分析鉴赏文本内容和艺术特色、品析文中精彩语言表达艺术、分析段落例证的作用、筛选并整合文中信息、对作品进行个性化阅读和有创意的解读能力考查。

文学类文本阅读的命题有一个命题原则，叫作主题辐射。一切现代文阅读的设题，不论是有关内容的、结构的，还是有关语言的、形象的，抑或是有关表现手法的，都是从彰显文章主旨的角度提出问题，或者是从着眼于表现文章主旨思想的作用和好处的角度而设计的问题。再加上散文"形散神聚"的特征，决定了散文内容的广阔性和丰富性，全文好像只是一些片段、一些场面或景物组合。因此在鉴赏散文时，一定要着眼于文章的整体，注意厘清其内部的相互关系，从宏观上驾驭文章的"形"，把握作者寄寓其中的神与情。

新高考评价体系确立"立德树人、服务选拔、导向教学"的核心立场，回答"为什么考"的问题；明确"必备知识、关键能力、学科素养、核心价值"四层考查目标，回答高考"考什么"的问题；明确"基础性、综合性、应用性、创新性"作为考查要求，回答"怎么考"的问题。正如姜钢、刘桔《牢记立德树人使命　写好教育考试奋进之笔》中所提："高考语文阅读反映了信息时代阅读的特点和要求，将全方位考查阅读的'关键能力'。学生在阅读广度、数量、速度上要下大功夫。只有全面培养阅读能力、文学素养和思维品质，才能笑傲今后的高考考场！"要想适应新高考散文阅读的新要求、高要求，仅仅就题练题是远远不够的，只有立足于学生阅读能力的提高、文学素养和思维品质的提升，才能以不变应万变，收获最好的结果。

参考文献：

［1］余汇.2020年高考语文全国卷述评［J］.中学语文教学，2020（8）.

［2］杜殿收，滕欣俭.基于核心素养的高中语文命题实践与探索［J］.语文教学通讯，2020（9）.

［3］亓庆国.文学类文本之散文阅读的命题及策略［D］.济南：济南市莱芜第二中学，2019.

［4］李荔萍.精准落实《中国高考评价体系》，全面实现学科育人功能［J］.教学考试，2020（51）.

新高考视域下的信息性文本阅读的命题趋向研究

2017年，全国卷实用类文本阅读首次使用非连续性文本；2020年，高考（新课标山东卷）命题出现新的动向，整合论述类文本与实用类文本形成新的现代文阅读文本。从某种程度上讲，新题型的文本在内容指向上属于论述类文本，在形式指向上借鉴了非连续性文本的命题模式。新的阅读文本形式被称为"信息性阅读"，它避免了原来两种文本并行测试的重复，作为现代文阅读 I 进行考查，并且在命题方面也出现了考查的新趋势。笔者预测，信息性文本在多个新课改先行区高考试卷亮相后，会很快在全国卷中出现。本文主要就新高考视域下的信息性文本阅读的命题趋向进行研究，并略谈对应的备考策略。

一、信息性文本阅读的特点

信息类文本是以间断性的内容信息符号组成的一种综合性阅读文本。它围绕一个事物或主题提供数则相对独立的材料，一般为2~4篇。这些材料大多由文字、图标、漫画、数据、统计图表等多种材料组合而成，以一个话题为中心，从不同的角度，运用不同的表达方式阐述中心话题，文本可能相同或不同，以论述类文本、新闻类（评论）文本、学术类文本为主。各材料是相对独立的，表达的侧重点有所不同，合在一起又能完整地、全方位地表达意义。各则材料之间的顺序并不固定，可以任意排序，没有严密的逻辑关系，在表意上具有非连续性特征，在形式上具有直观、简明、概括性强、易于比较等特点。信息性文本阅读是培养考生语文实践能力、提高语文阅读素养的重要途径。《普通高中语文课程标准（2017年版）》则在"实用性阅读与交流"的学习任务群中加以体现。

如2020年高考语文卷（新高考I卷）的第一大题现代文阅读：

材料一：

历史地理学的起源至少可以追溯到我国最早的地理学著作《禹贡》。这篇托名大禹的著作实际产生在战国后期。《禹贡》虽以记载传说中的大禹治水后的地理状况为主，但也包含了对以往地理现象的追溯，含有历史地理学的成分。

新中国成立后，对学科发展满怀热情的学者及时指出了沿革地理的局限性，一些大学的历史系以历史地理学取代了沿革地理。到20世纪60年代中期，中国历史地理的研究机构和专业人员已经粗具规模。改革开放以来，我国的历史地理学者继承和发扬沿革地理注重文献考证的传统，充分运用地理学和相关学科的科学原理，引入先进的理论、方法和技术，不断开拓新的学科分支，扩大研究领域，在历史地图编绘、行政区划史、人口史、区域文化地理、环境变迁、历史地理文献研究和整理等方面都取得显著成绩，有的已居国际领先地位。中国历史地理学的研究在整体上达到一个新的水平，标志着这门具有悠久传统的学科迎来了一个向现代化全面迈进的新阶段。

（摘编自葛剑雄《中国历史地理学的发展基础和前景》）

材料二：

历史地理学在以空间为研究对象的地理学的庞大家族中，具有独特性，即空间过程和时间过程相结合。英国近代地理学创建人麦金德，主张地理学者应当尝试重建过去的地理，如果不是这样，地理学就只是当代现象的描述，只有加上时间的尺度，才能考察变化的过程，并显示出今日地理只不过是一系列阶段的最新一个阶段。

历史地理学把空间和时间结合起来的特征，体现了发生学原理的应用，意味着对地理事物和地理现象的空间关系的研究，要从产生、形成、演变的过程来探寻其规律，这是近现代科学的重要特征。而地理环境的演变往往需要经历漫长的时间过程，如长江三峡、黄土高原、长江三角洲等地貌的形成和演变，时间之漫长达到十万至数千万年；我国许多城市的兴起距今已有1000年，而像武汉如从原始部落聚居算起，距今已达4000～5000年，从原始城址的出现算起距今也有3100～3600年。这种形成的演变过程，只有全面系统地进行观察和研究，才能探寻出规律性的内容。有了客观的规律，方能预测其未来的发展趋势。

（摘编自刘盛佳《历史地理学的研究对象》）

高考体现的是国家意志。落实到试卷，就是要符合《中国高考评价体系》及其说明、《普通高中语文课程标准（2017年版2020年修订）》对"立德树人、服务选拔、导向教学"的具体要求。2020年山东新高考卷语文命题充分利用我国优秀的传统文化资源，引导学生增强文化自信。命题材料现代文阅读Ⅰ以历史地理学为命题背景，设置了两则材料，分别摘编自葛剑雄的《中国历史地理学的发展基础和前景》和刘盛佳的《历史地理学的研究对象》。两篇均为学术文章，是论述类文体。第一则材料反映了中国历史地理学从沿革地理到现代地理学的发展历程，展示了其在当代的创造性转化，生动诠释了中华民族的创造精神；第二则材料重点谈到历史地理学的特征及研究要从产生、形成、演变的过程来探寻其规律。字数符合命题要求。命题材料的选取符合基本层面的问题情境、综合层面的问题情境为载体的要求。

二、信息性文本命题的新动向

信息性文本阅读重点考查考生对非连续性文本的认读能力、理解能力、鉴赏能力、评价能力、活用能力及阅读技巧。《普通高中语文课程标准（2017年版2020年修订）》明确提出阅读要求："阅读简单的非连续性（信息性）文本，能从图文等组合材料中找出有价值的信息""能领会文本的意思，得出有意义的结论"。信息性文本主要考查内容有"提取有效信息，概括主要内容""整合多种信息，得出有意义的结论"，分析、比较文本资料，进行综合、归纳，写出探究结果等。

作为一种横空出世的新题型，信息性文本阅读重在检测精准筛选提炼信息的能力、准确的判断能力以及围绕主题的探究表达能力、思维能力。解答这类试题，要在"熟读"的基础上，强化训练整体感知能力、逻辑联想能力和综合分析能力。从2020年高考的命题来看，信息性文本阅读共设五道试题，设题形式有客观题与主观题两种。其中，客观题三道，重在考查信息筛选、信息整合以及逻辑推理判断能力，落实语言建构与运用、思维发展与提升等学科核心素养；主观题两道，主要考查信息筛选整合、文本内容及作者观点的提炼与把握、论证的特点与行文思路，以基本层面的问题情境为载体，落实思维发展与提升方面的学科核心素养，考查的范围较广，难度稍大。信息性文本阅读考查学生阅读理解能力和信息获取能力的同时，还考查学生在分析行文思路时所呈现出的论证能力和探究思维能力。

（一）内容理解分析题

全国新课标卷的三道客观题的题干分别是：①下列对材料相关内容的理解和分析，正确的一项是；②根据材料内容，下列说法不正确的一项是；③根据材料内容，下列各项中不属于沿革地理研究范畴的一项是。结合试题内容，第一题考查学生对材料的阅读理解和对经典绝对化的表达能力；第二题考查学生对材料字面意义的深层理解；第三题考查学生对材料内容的理解和应用。很明显，前两题侧重考查学生筛选并整合文中信息的能力，第三题考查概念外延判定，通常是要求考生对概念所包含的对象有哪些加以确认，或是要求考生对某一对象是否包含在某个概念当中进行判定。考查对文中主要观点的理解运用的能力，以基本层面的问题情境为载体，进行基础性的考查，通过对信息性阅读能力的考查，落实思维发展与提升方面的学科核心素养。这三题立足在文中重要概念含义设题，都考查了理解文中重要句子的含义、检索提取文本中的重要信息、归纳整合文中信息和内容点、概括分析各种信息之间的关系的能力。

（二）信息筛选整合类

信息性文本阅读是围绕同一主题而呈现出来的多则材料。这些材料往往与同一个人物或事件相关，但是所侧重的方面、观察问题的视角、讨论的焦点有所不同。故而，常常可以就此加以整合。在信息性文本中，信息整合既以选择题的形式出现，也以简答题的形式出现。考查的核心是筛选并整合文中信息的能力。所谓"筛选"，就是根据阅读目的，有针对性地阅读提取材料文本中与之相关的内容，力求做到准确、无误、不遗漏；所谓"整合"，就是对所筛选出的零散、琐碎、无条理、看似不相联的信息进行加工、处理、组合，使之清晰、明确、完整和条理化。例如，2020年新高考卷第4题：

请结合材料内容，给历史地理学下一个简要定义。（4分）

本题为下定义，考查学生理解文中重要概念的含义和筛选并整合文中重要信息的能力。要在筛选信息的基础上，将按照题干要求搜索到的信息进一步加工、整理、归纳、总结，最后概括为表述严密、信息完整、符合逻辑的句子。本题要求"给历史地理学下一个简要定义"。答题时，应根据材料中对"历史地理学"性质、特征的描述筛选相关信息，然后组织出规范的答案。首先要根据"历史地理学"的种属概念确定句子的主干，然后从材料中找出相关的特征作为定语成分糅合于句子主干中。特别要注意的是，信息要点不能交叉重复，要注意合并同类项；信息要点表述角度应符合题干要求，并且角度、方式一致；答案在表述时尽量使用文中关键词句，但不可直接摘抄作为答案，要注意提炼转换；根据题目赋分，合理分条组织作答。另外，一般情况下，下定义既可以使用长句来作答，也可以使用短句来作答。

参考答案：历史地理学是研究历史时期地理环境及其演变规律的学科，是地理学的分支学科，又继承沿革地理研究的传统，是发源于西方的现代地理学的组成部分。

信息处理能力是高中生必备的关键能力。由此观之，命题意图非常清晰了，就是考查学生的必备知识与关键能力。这一试题的命制也符合《普通高中语文课程标准（2017年版2020年修订）》提出的"在学习语言文字运用的过程中促进方法、习惯及情感、态度与价值观的综合发展""多设置主观性、开放性的题目"的要求，有利于鼓励学生发挥与创造，促进学生语文学习方式的转变。

（三）行文思路梳理类

信息类文本阅读选择的是非连续性文本，一般为2～4篇材料，命题者可以要求考生就其中某一材料的行文思路进行分析。例如，2020年新高考I卷第5题：

请简要梳理材料一的行文脉络。

行文脉络是行文思路的外在表现，是指作品的整体构思（谋篇布局）、行文线索以及段落的安排与段落间的关系，也就是文章按照一定的条理，由此及彼地表达思想感情的路径、脉络。应该说，这是对学生能力与思维、学科素养与关键能力的综合检测。解答此类题，首先要整体阅读，厘清各段大意，然后划分层次，再逐一概括每一层的内容，关键是作答时一定要有清晰的表示次序的"首先、接着、然后、最后"等词。

参考答案：材料一首先介绍了《禹贡》《汉书·地理志》《水经注》中的内容，说明了历史地理学在中国的起源；然后介绍了沿革地理的概念，论述了其存在的意义以及和历史地理学的区别；最后总结了沿革地理和历史地理学的关系，说明了历史地理学的发展过程。

（四）论证特点综合类

《高考语文大纲》明确界定了信息性文本（论述性文本）考查目标："了解文体的基本特征和主要表达方式。应注重文本的说理性和逻辑性，分析文本的论点、论据和论证方法。"从中可以看出，"分析论点、论据和论证方法"的考点是阅读信息类文本的重要考查目标之一。考查的形式可以是客观题，也可以是主观简答题，当然，这类题型是由命题者所选的文本类型所决定的，论述类文本侧重分析论证，如是新闻类的文本，则更侧重行文脉络。

所谓"分析论证"，是指围绕论点分析文本逻辑论证的过程，即分析作者运用论据证明论点的逻辑过程和方式。做这类题时，考生需要从文体角度对文章进行细心的解读，明确中心论点是什么，有哪些分论点，运用了哪些论据材料，不同的论据材料有何作用，运用了哪些论证方法，论证过程怎样，论证结构如何，等等。既然论证是逻辑过程和方式，它就有一个由"此"及"彼"的过程和方式，所以考生要关注的就是它由"此"及"彼"的过程以及在这个过程中运用的方式方法，这也是高考命题者所关注的命题角度，当然，每一个选项的命题角度往往是几个角度的融合。例如，山东2019年的模拟卷第4题：

材料二在论证上有哪些特点？请简要说明。

本题侧重考查学生分析论点、论据和论证方法的能力。我们需要在有限的时间内，快速读懂文本。所谓"懂"，有以下几点要求：第一，明确文本的中心论点与分论点，把握文章结构；第二，分析文本中所举事例，判断作者持何态度，是认同还是反对；第三，判断文中使用的论证方法，以及论证的观点。

参考答案：①以设问开篇，引发关注。②采用辩驳的论证结构，先立再驳。③论证中综合运用了多种论证方法，如例证法、引证法、对比法等。

此外，根据文本特点，可以命题如下：请简要分析材料的写作特色。命题者在命制现代文阅读Ⅰ信息性文本阅读时，材料一摘取郑伟的《王国维的美育思想及其境界诉求》，材料二摘编周强、孙义芳的《王国维美育思想的意义》。命题意图是要考查分析语言特色，分析论点、论据和论证方法的能力。

请简要分析材料一的写作特色。

我们通读材料一可知，作者大量引用了王国维的自述和其著作内容来论证自己的观点，属于道理论证（引用论证），扩充了文章的内容，同时增强了文章的可读性。材料一第2段首先指出"王国维的美学思想，有三点根本的支撑"，然后条分缕析，写明三点具体内容：逻辑严密，论证充分，论述客观、严谨。

参考答案：①善用道理论证（引用论证），材料一多处引用王国维的自述和其著作中的观点内容，增加了文章的可读性；②论证逻辑清晰严密，以王国维的观点为依据，对王国维的美育思想进行系统概括，使论证客观、严谨，有理有据。

（五）论证脉络融合类

这将是一种命题的趋向，以综合层面的问题情境为载体进行综合考查，可以检查学生的语言建构与运用、思维发展与提升等学科核心素养。如江苏南京一中2021届高三12月质量调研语文试题现代文阅读Ⅰ以"家国情怀"为命题背景，设置了三则材料，分别节选自田海平《从家国天下到命运共同体》、陈望衡《中国美学的"家国情怀"》、金香花《"家国天下"观念的历史形成及其现代意义》，三则均属于论述类文本。第4题的命题：

试简要说明材料二是如何对"天下情怀"展开论证的。

此题考查分析文章结构和论证方法的能力。本题通过信息性阅读能力的考查，落实学科核心素养。综合情境设置将是命题的大趋势。

参考答案：①先指明"天下情怀"在古代呈现"天下为公"和"天下太平"两种理念形态，分别运用引证法和例证法加以分析论证；②后阐发"天下情怀"是中华美学精神的核心，通过古今对比，指出其现实意义，提出时代要求。

（六）观点理解与探究类

信息性文本阅读的目的之一就是从材料中发现问题，并寻找解决方法，进而更好地指导人们的生活和学习。于是，对观点的理解、对现象的看法、对问题的措施、对发展的探究就应运而生。在命题时，一般会设置问题情境，通过对信息性阅读能力的考查，培养了学生的思维能力、审美能力和创造力。

如在模拟试卷中，现代文阅读Ⅰ以民法典为命题背景，设置了三则材料，分别摘自《民法典编纂的历史沿革》《民法典彰显中国制度自信》《民法典，让生活更美好》。第一则材料为论述类文本，论述了民法典的编纂历程；第二则材料为论述类文本，论述了改革开放与民法典的关系及民法典与世界法律文化的关系；第三则材料也是论述类文本，论述了民法典与历史和文化的关系及民法典实施的意义。第5题的命题：

请结合材料内容，说说民法典的制定与实施的意义。

本题考查学生归纳内容要点的能力。本题以基本层面的问题情境为载体，进行基础性的考查。答题区间在材料二和材料三。根据材料二中"民法典的出台实施正是一个难得的契机，对于我们增强主体意识，构建中国特色社会主义民法理论体系和话语体系具有十分重大的意义"，材料三中"类似规定从中国优秀传统文化中汲取养分……也是值得珍视的宝贵财富和经验""只要我们共同努力，这部具有中国特色、体现时代特点、反映人民意愿的法典就一定能发挥最大效用，法治中国建设必能再上新台阶"，进行归纳整理即可。

参考答案：①对于我们增强主体意识，构建中国特色社会主义民法理论体系和话语体系具有十分重大的意义。②体现了"中国特色"，为世界民事领域的立法提供值得珍视的宝贵财富和经验。③使法治中国建设再上新台阶。

三、问题导向：信息性文本阅读备考的策略

如何更有效地掌握信息性文本阅读的方法，提升解决问题的能力？

（一）阅读的有效策略

1. 静心读，读通文本

命题所选的文本为2~4则文段，文体多为论述类文本、新闻类（评论）文本、学术类文本等，阅读起来相对晦涩，而且是一场"遭遇战"，开卷不"易"，自然会影响阅读质量与思维水平，所以学生平日要有意训练自己能静心阅读。新文本的思维提升更加强调考生的逻辑思维能力、关键信息的筛选和整合能力。我们平时借助信息性文本，不能把眼光只盯在做题上，要借机多关注训练学生的理性思维，注重强化对文本整体阅读、篇章结构梳理、

内容要点概括和表达技巧运用的指导和训练，让学生能运用相应的理论方法来解构文本，对文章进行宏观把握。

2. 查看标题、出处，收集各种信息

文本的标题有的提示了文本的线索，有的表明了作者的态度，有的说出了事件的内容，有的提出了亟待解决的问题。查看标题，可以让我们快速了解文本的主要内容或中心思想。

3. 抓关键，画出主干助速读，梳理关系析逻辑

标出关键词句的重要目标之一就是梳理层次、把握思路。行文思路就是文章思想的路径、脉络，它具体表现为文章的结构。结构与思路是形式与内容的关系，结构服务思路，思路外化为形式，二者是辩证统一的。各则材料是承载文本观点的重要载体，通读时不仅要关注文字材料中的观点，也要注意图表材料的内容，整体了解文意，勾画出和题目相关的信息，特别要关注段首段尾表达观点与态度的词句，还要勾画出反复出现的词句，这应是文本论证分析的侧重点。

（二）解题的高效思路

信息性阅读能力的要求之一是在熟悉其基本特征、体式惯例的基础上，能整体感知文本，把握文本的主要概念、观点、方法等关键信息，分析评价观点和材料的关系，以及主要信息和次要信息的关系。解题时要有审读题干、确定答题区间的意识。答题时要认真审读题干，揣摩命题意图，明确题目的要求，弄清答题方向。题干的设置通常包含三个方面的内容：创设情境、设问角度和命题意图。前两者是显性的，后者则是隐性的，却又是最为关键的，它直接关系到答题的方向。与命题意图吻合的答案才是正确的，要努力通过题干去揣摩命题的意图。

1. 客观题：阅读勾画，题文比对

句内勾画关键词，句间比对逻辑关系。可能会设置的"陷阱"有以偏概全、混淆是非、夸大缩小、无中生有、张冠李戴、混淆时态、偷换概念、因果混乱等。信息性文本阅读着重考查考生逻辑思维的准确性和严密性，对考生的阅读效率的把握能力具有很高的要求。在考场上，考生在整体阅读的基础上，要强化关键的勾画意识，强化论证思维的意识。同时，要善于根据题型规律快速寻求解读。解答这类题时，要确定阅读范围，划分层次，精读深析，提取关键信息，最终按照题干要求加工答案。比较材料异同。非连续性文本阅读是由多则不同材料构成的，比较材料的异同自然成了命题的焦点。材料的侧重点、角度的异同是题目常比较的内容。

2. 主观题：筛选概括，比较整合

信息性文本主观题的考查主要有两种考法：概括内容要点和比较材料异同。

严格来说，这两种考法的共性都是概括文本内容要点，但一类注重信息的整合，另一类注重信息的比较，答题的侧重点不同，答题策略也不同。概括能力是重要的阅读能力，在信息性文本阅读考查形式确定的前提下，概括内容要点成为主观题考查的重点之一。要概括材料中心，厘清材料关系，有效提取信息：划区间，锁定信息来源。在信息区间筛选关键词句，提取有效信息，分条归纳作答。信息有虚实、隐显之分，明显的信息容易获取，而隐含的信息分辨较为困难，要善于从字面看出表达的言外之意，抓住文中负载信息的关键词句，剔除与阅读目的无关的多余信息。下定义题，解答信息筛选整合题，要在筛选信息的基础上，将按照题干要求搜索到的信息进一步加工、整理、归纳、总结，最后概括为表述严密、信息完整、符合逻辑的句子。

考生既要对文本材料信息进行有效的筛选和提炼，还要辨明论点、论证的思路结构、论证方法等，然后才能分要点组织出规范的答案，与原题型相比，更具有深度，综合性更强，更加凸显了整体阅读分析把握文本的能力。

信息性文本阅读应运而生，承载着新时代、新高考、新课程、新课标的改革引路的大的使命，设置新情境，命制新题型，明确落实"必备知识、关键能力、学科素养、核心价值"四层考查目标，更贴近时代、贴近生活、贴近学生，立德树人，服务选拔，导向教学，将会成为教学与高考命题的新潮流。

参考文献：

李荔萍.精准落实《中国高考评价体系》，全面实现学科育人功能［J］.教学考试，2020（9）.

信息技术在高中语文课堂教学中的实践与探索

（结题报告）

一、研究的背景

在四五千年前，人类创造了文字，同时也开创了信息传递的新时代——文字时代。它的到来不仅形成了口耳相传的信息传递方式，而且扩大了信息传递的范围。造纸和印刷术的发明又为信息传递找到了价格相对低廉的载体，真正突破了信息传递的三维空间限制，克服了人脑记忆的有限性，实现了隔代传递知识的可能性，减少了信息传递的错误。到了近代，各国都建立了邮递网络系统，不仅传递公文，也传递私人信件。自1978年亚历山大·贝尔（Alexander Graham Bell）制成实用电话装置以来，信息传递跨入了电讯时代。包括电话、电报、传真、录音、广播、电视在内的信息传递技术发明，使信息网络发生了一次革命性的飞跃。然而真正标志信息时代开端的则是20世纪40年代世界上第一台计算机的诞生，这是人类信息传递史上最为辉煌的时期，并一直持续到了今天。纵观人类信息传递的发展步伐，我们发现，它的速度快得惊人：从语音到文字，几万年；从文字到印刷，几千年；从印刷到电影和广播，四百年；从第一次试验电视到从月球播回实况电视，五十年；从网络作为军事用途出现到大规模的民用，三十年。我们还发现，时代的前进总是相应地伴随着技术的进步。从印刷技术到电讯技术，再到现在的以计算机和网络为核心的信息技术，它们不仅影响了人类信息的传播方式，而且带来了人类生产、生活、教育的革命。

当今的社会发展已经跨入了信息时代的门槛，积极应用现代信息技术，改革内容和方法，迎接信息社会的挑战，是教育的必然选择。在当前的高中语文教学中，传统的教学方法和教学模式已经难以适应新形势的需求，高中语文教学方法单一、教学内容枯燥乏味、教学模式落后等问题严重阻碍了高中语文教学质量的提高，也不利于我国语文教育改革的发展。

在信息网络时代下，高中语文教学方法与教学模式变革也有了新的特点和机遇，借助信息技术的优势，对于传统的教学方法和教学模式进行变革有利于解决当前高中语文教学中存在的一些问题，能够促进我国高中语文教学改革的发展。因而选择本课题进行研究，主要目的便是通过分析信息网络时代高中语文教学方法与教学变革所面临的情况和发展趋势，针对当前高中语文教学中存在的问题和不足进行相应的改革，丰富高中语文的教学方法，建立新的教学模式，以此提升高中语文教学的有效性和教学质量。

二、研究意义

本课题的研究意义主要有以下两点：第一，在理论层面上，本课题研究以现代教学理论为基础，体现了现代教育和高中语文课程标准的新理念，是课程资源理论研究的重要课题，对于进一步丰富信息技术与高中语文教学整合的相关研究提供理论参考；第二，在实践层面上，信息技术在高中语文课堂教学中不只是作为教师课堂教学的辅助手段，更重要的是在信息化教学环境下逐步实现传统教学模式和学习方式的变革，培养学生学习的独立性和自主性，以及融入未来社会所必需的终身学习能力。

三、研究的理论基础

1. 建构主义学习理论

建构主义学习理论认为，人们通过个人的经历和图式不断地建构个体对世界的认识。基于这个假设，建构主义学习理论强调，培养学习者在真实的情境中进行问题的解决。建构主义对学习的理解是，学习是获取知识的过程，知识不是通过教师传授得到的，而是学习者在一定的情境即社会文化背景下，借助其他人（包括教师和学习伙伴）的帮助，利用必要的学习资料，通过意义建构方式而获得的。所以建构主义提倡创设一个更开放的学习环境，在这个环境中，学习的方法和结果不容易被测量出来，而且每个学习者的学习方法和结果也可能不同。当今，建构主义者主张：学习者是以自己的经验为基础来建构现实，或者至少说是在解释现实，学习者个人的经验世界是用他自己的头脑创建的，由于学习者的经验以及对经验的信念不同，因此学习者对外部世界的理解也是不同的。因而，他们更关注如何以原有的经验、心理结构和信念为基础构建知识。他们强调学习的主动性、社会性和情境性。建构主义理论作为国际教育改革的一种新的主流思想，已成为教育界的热门话题，它在认识论、学生观、教学观等方面都有自己独到的见解。"情境、协作、会话和意义建构"是"现代建构主义"的理念，它对我们的"信息技术与语文课程整合"有着指导意义，要求我们在"信息技术与语文课程整合"中创设建构知识的学习环境，树立以人为本的教育观念，发展不断建构的认知过程。建构主义的教学理论同时要求教师要由知识的传授者、灌输者转变为学生主动建构意义的帮助者、促进者，要求教师应当在教学过程中采用全新的教育思想与教学模式、全新的教学方法和全新的教学设计。教学中强调以学生为中心，要求学生由外部刺激的被动接受者和知识的灌输对象转变为信息加工的主体、知识意义的主动建构者。

2. 人本主义学习理论

人本主义心理学家认为，要理解人的行为，就必须理解行为者所知觉的世界，即要知道从行为者的角度来看待事物。在了解人的行为时，重要的不是外部事实，而是事实对行为者的意义。换言之，人本主义心理学家试图从行为者而不是从观察者的角度来解释和理解行为。人本主义学习理论的代表人物罗杰斯（Rogers）的有意义学习理论主要包括四个要素：学习具有个人参与的性质，即包括情感和认知两方面都投入学习活动；学习是自动自发的，即便在推动力或刺激来自外界时，也要求发现、获得、掌握和领会的感觉是来自内部的；全面发展，也就是说，它会使学生的行为、态度、人格等获得全面发展；学习是学生自我评价的，因为学生最清楚这种学习是否满足自己的需要，是否有助于寻找他想要知道的东西，是否明了自己原来不甚清楚的某些方面。总体上说，这种学习理论突出情感在教学中的地位和作用，形成了一种以情感作为教学活动基本动力的新的教学模式，以学生的自我完善为核心，强调人际关系在教学过程中的重要性；把教学活动的重心从教师引向学生，把学生的思想、情感、体验和行为看作教学的主体，从而促进个别化教学的发展。人本主义学习理论对"信息技术与语文课程整合"也有着深刻的指导意义：它强调以人为本，强调学生是教学的主体；在整合中，要注重情感、态度、价值观的正确导向；在整合中，要注重个体差别，强调个人参与和个性发展。

3. 多元智能理论

多元智能理论由美国心理学家霍华德·加德纳（Howard Gardner）在1983年首次提出，其关键观点如下：在一定的社会文化背景下，个体用以解决遇到的实际问题的能力和生产及创造出社会所需要的产品的能力都依靠智力；从结构上来说，智力指的是一种能力，它包含七个智力因素，即数理逻辑能力、言语语言能力、空间视觉能力、身体运动能力、音乐节奏能力、人际关系能力、自知自省能力，这七个智力因素就像是七根柱子，虽然彼此都是独立的，但共同支撑起了智力这幢"房子"，每一种智能代表着一种不同于其他智能的独特思维模式，然而它们却非独立运作的，而是相互并存、相互补充、综合运作的。多元智能理论告诉我们，现代信息技术和学科教学的整合有助于因材施教，以及发挥学生的个性和特长；我们在教学中，要充分利用现代信息技术，让学生有多种表征知识的方式和手段。

4. 教学最优化理论

苏联教育家巴班斯基提出的"教学过程最优化"理论认为，教学过程是一个完整的系统，实现系统综合最优化，就是从整体上达到最优设计、最优控制、最优管理和最优决策。从教学过程上来说，教学过程的最优化就是把教学目标作为整体核心，使教学过程中的多层次、多因素之间能有机结合，关系协调，使学生的身心得到全面和谐的发展，取得最佳教学效果。教学过程的最优化包括两个有机组成部分：一是教师教学方式的最优化，二是学生学习方式的最优化。信息技术与课程整合把传统教学的优点与现代信息技术的优势有机地结合起来，为学生智力的发展和创造性潜能的激发创造了良好的条件，使教学最优化成为一种可能。

四、研究的方法

1. 文献法

研究者利用学校图书馆、CNKI数据库检索中心以及报纸杂志收集有关信息技术在高中语文课堂教学中的实践与探索方面的相关著作、文献与其他材料，以便从中寻求与本研究相关的资料并从这些文献中吸取一些论断作为下一步研究的重要基础。

2. 调查研究法

本研究主要是采用问卷调查和访谈调查研究的方式，通过数据分析，找出目前信息技术在高中语文课堂教学中存在的问题，为提出信息技术在高中语文课堂教学中的实践策略打下良好基础。

3. 经验总结法

研究者特别注重采用收集的方法对探究活动中的所有材料和信息及时进行分类和整理。在整理和分类的过程中，研究者还针对探究活动中的即时生成加以研究，汲取宝贵的经验，体会并加以总结归纳。经过分析之后，形成探究的规律及方法。

五、研究的步骤

1. 第一阶段：准备阶段（2019年12月—2020年2月）

进行课题方案设计，对课题进行初步论证，形成课题论证报告，完成申报工作。

2. 第二阶段：实施阶段（2020年3月—2020年9月）

组织实施中期论证，课题研究的前期工作完成后，开始进入了课题研究的实际操作阶段，设计课题研究方案，并付诸实施，形成了研究论文及个案研究案例。通过对前期研究进行回顾总结，调整和改进后期研究工作，进行实践的再深入，以及理论的再升华。

3. 第三阶段：总结阶段（2020年10月—2020年12月）

研究成果总结，撰写研究报告。对上阶段积累的材料进行分析总结和提炼，逐步完善课题研究的内容和结论，进行终端研究，形成研究论文序列和个案研究集。撰写研究工作报告，并逐步完成结题报告。整理所有相关资料，提炼并形成书面文字，为课题的全面总结做好准备。撰写论文，总结经验成果，完成结题，接受总课题的评审、结题。

六、信息技术在高中语文课堂教学中的实践策略

1. 运用信息技术创设情境教学

信息技术在高中语文中的应用可以让教师运用丰富的语文教学资源，创

设新颖的教学情境，活跃学生的思维，营造学习的氛围，为学生的思考提供更为广阔的空间。教学情境可以有效调动学生的积极性，让学生感受课堂的氛围，不断地进行思考和探究。在教师进行适当的引导后，学生结合情境内容，轻而易举就能将教学内容的整体框架分析和总结出来，并进行深入的分析，从而更加深刻地理解文章的意蕴和内涵。这样，利用信息技术可以有效引导学生独立思考和探索，充分体现学生的主体地位，由情境深入到教学内容主旨，既能培养学生的思维能力，也能提高学生的语文素养。这样，学生的兴趣就会被激发出来，从而进行充分的讨论和交流。虽然这样和定论有所违背，但是可以让学生心中的人物形象更加完善，也促进了学生多层面、多角度的发散思维能力的提升，提高了学生学习语文的热情，帮助学生形成良好的自主思考和探讨的习惯。

2. 运用信息技术丰富教学内容

由于高中语文知识涉及面广、内容丰富、教学形式多样，因此高中语文教师在教学中，应该积极运用信息技术的教学资源，丰富语文教学的内容。高中阶段的学生，其认知能力和语文水平已经具有了一定高度，在教学和学习中会有各种的疑问，提出一些独到的见解，这就要求语文教师要有足够的知识储备去满足学生，文学作品鉴赏、散文、说明文等都是教师可以积极利用的资源。这样，不但能满足教师教学的需要，也为学生学习提供了无限的素材，更有利于学生的主动性学习和探索，对教学知识进行拓展和延伸，从而促进学生自主学习的效率。这样，不仅丰富了教学的内容，让学生对历史知识有了清晰的认识，还拓展了学生的思维，让学生掌握了学习的方法和技巧，能够掌握文章中的情感因素，从而有效地提高教学质量。

3. 运用信息技术提高学生的鉴赏能力

高中语文教师在教学的时候，应该运用信息技术让学生获得知识的同时，享受语文的意境美，提高学生的精神领悟。语文的教学过程也是引导学生与课文作者以及课文中的情感交流和对话的过程，体验作者在文中所表达和寄托的思想感受，领悟文中的精神情感，体验语文文学的艺术境界。教师在教学中，运用多媒体设备，将文中抽象、隐含的丰富情感和精神寄托转化为具体、生动的人物形象，并给学生进行展示，通过刺激学生的听觉和视觉，震撼学生的心灵，从而对文中的精神情感进行领悟。这样，利用多媒体对文字进行有效的转化，可以增加教学的直观性，让学生可以直接感受文中所要表达的内容和思想，更有利于学生和文本进行深入的交流和对话，从而更透彻地理解文本的内涵。

4. 运用信息技术实现差异化教学

由于所处的环境不同、成长经历不同、思维习惯不同等方面的原因，学生的知识水平和认知能力方面存在差异。传统的教学模式下，教师只能根据学生的平均水平进行教学工作的开展，这样就使得有些学生学习吃力，有些却感觉学得不够。信息时代微视频的出现为教师的差异化教学提供了可能，教师可以将教学内容制作成基础视频、中等视频和探究视频几个层次的内容，这样，学生就可以根据自己的需求选择适合自己的视频进行学习和探究，各个层次的学生都能在学习中有所收获，不仅能树立起学生学习的信心，还能让学生通过不断的努力，积极地向更高一个层次迈进，久而久之，学生的整体水平就有效地提高了，教学质量也就随之提高了。

语文教师做好班主任工作优势之管见

班级是学校的基本细胞，班级管理的好坏直接影响到学校的教育质量。而在班级管理过程中，班主任的素养直接影响到班级管理目标能否实现以及目标实现的速度和质量，并对学生个体的人格发展和心理健康产生潜移默化的影响。作为一名语文学科的教师，同时我也在实践着班主任工作，从高一到高三，我带的这个班级，语文成绩由入学时年级最后一名上升为高考时的年级第一，班级也成为走在全校前列的榜样集体。近年来，由于语文教师与班主任两个角色的自然融合，语文学科教学与德育的浑然一体，我的教学工作取得了事半功倍的效果。我真切、深刻地感受到，语文教师做班主任确实有得天独厚的优势。

一、文化底蕴深厚、谈吐风趣是语文教师的气质，更是赢得学生信服、加快角色融合、做好班主任工作的前提和优势

青少年学生正值身心发展成熟时期，是一个疾风暴雨的特殊时期，他们对于学识丰富的教师一般是敬畏和钦佩的，甚至言听计从。特别是在信息化时代，学生们希望能从教师尤其是从班主任处满足求知的欲望、好奇的心理。所以在学生眼里，班主任是知识的化身，是包罗万象的"百科全书"。教师不但是"专家"，还应当是有广博的文化修养的"杂家"。黑格尔（Hegel）有句名言："教师是孩子心中最完美的偶像。"他们会认同他们喜爱的角色，并以此角色自居。所以常会有人说"班如其师""生如其师"。

而一位有着深厚的文化底蕴、能用生动丰富的语言传达新的信息的语文教师，很容易在学生心中树立美好的形象。"亲其师，信其道；烦其师，疑其道"，学生的认同会使教师树立较高的威信。这一点我感受颇深。平日与

学生交流时，能够引经据典、文史艺尽收于胸，加之音质的独得，语言流畅优美，独有的语言魅力，这给了学生"才华横溢"的印象，符合了他们对班主任的认同标准。学生情感上的认同使他们对我心悦诚服，教学工作开展起来得心应手，我抓住机会，开展"目标管理""层级管理""自我教育"，在班级设置值日班长、值班班委，提出"为明天更好地管理他人，今天我要自觉地表现得更好"，充分调动了学生的主体性，学生自觉遵守，效果明显。在班级设置《班级纪实》，让学生把班级丰富多彩的生活记录下来，学生在叙写的过程中，不但学会了对粗糙的生活材料进行加工，锻炼了遣词造句的基本功，还锤炼了思想，我也借此了解班级动态，加强与学生的思想沟通、情感交流，可谓一举多得。

在日常管理中，发挥两种角色融合的优势，用传统文化来感染学生，创办文学社团，班级稳定，学习气氛浓厚，上进的班风贯穿始终。

二、挖掘教材内在的思想性，教育过程潜移默化，教育效果水到渠成，学科教学与德育浑然一体，这是语文教师做好班主任工作的独特优势

教学是学校工作的中心，课堂教学是对学生进行思想教育的主要载体。德国教育学家赫尔巴特（Herbart）曾说过："教学如果没有进行道德教育，只是一种没有目的的手段；道德教育如果没有教学，就是一种失去手段的目的。"这就是说，教学的知识性是思想性的基础和前提，教育性是知识的内在属性。

笔者一贯认为，现行语文教材中的作品多是古今中外名篇精粹，无不是作者"情动于衷，不吐不快"的力作，无不是情的喷涌结晶，字里行间宣泄、奔腾着感情的激流，具有较高的鉴赏审美价值，其中孕育着大量的德育点，俗语说，"文以载道"。

语文教师做班主任就要结合学科特点，根据班级及学生的具体情况，把教学与育人自然和谐地结合起来，使二者浑然一体，水乳交融，自然天成。要善于"用优秀的作品感染人"，要善于通过一篇文质兼美的文章去对学生进行人格品质的教育和审美情操的教育，用中华民族五千年的悠久传统文化熏陶、培养学生丰富的情感和豁达的胸怀，以及坚强的品质和宽容的精神，

甚至可以进行心理健康教育。潜移默化、无痕熏陶是语文教师做班主任的独特优势。如，在讲授《雨中登泰山》《长江三峡》《天山景物记》等篇章时，学生会从巍峨的山岳、滚滚的江河、辽阔的平原中看到祖国的壮丽，增强爱国的情感和作为中国人的自豪感；学习《涉江》《指南录后序》时，学生会从主人公身处逆境，或虽遭流放但仍关怀国家命运的真情中，自然生成不屈的民族气节；从毛主席的诗词中，可树立远大志向，增强使命感和责任感。记得在讲授《一碗阳春面》时，我充分挖掘它内在的德育点，让学生课前排演化装话剧，学生充满真情的表演着实令人感动，而学生垂泪的一个重要原因在于学生对母亲挚爱的情感共鸣，我又因势利导，讲起自己的经历，讲起对母爱的理解，情真意切，没有说教，只有情的沟通。我说："为人子女要通过自己的努力使母亲在人群中抬头笑，我在努力着，希望与你们一同努力。"学生热烈的掌声中传递的是一份认同。我又趁热打铁，希望同学们能回家给母亲打盆洗脚水。第二天，大多数学生去做了，我还接到多位家长的电话，那感动的话语背后是一份信任。教育家魏书生说："孩子连父母都不爱，他怎么会去爱国？"德育的落实是需要形式的生活化和目标层次的序列化的，这样的例子很多。近年来，充分利用两种角色的融合带来的优势，加强班级管理，进行人格教育，完善学生的人格，提出"真真实实做人，扎扎实实做学问"的班训，学生语文成绩提高的同时，德育渗透功能也在显现，班级被值周队评为"学校唯一的信得过免检班级"，各种荣誉也接踵而来。语文教师做班主任的独特优势迎来了独特效果。

三、班级活动中体现学科特点，学科特色中暗寓德育功能，这是独得的优势，一举多得的效果

寓教育于活动之中，这是德育工作的一项重要原则。而许多班主任在开展活动时，往往费尽了心思。作为语文教师，开展班级活动时有广阔的天地，可发挥学科优势，开展文化气氛浓厚、形式多样的活动。如，围绕语言文字规范化，开展爱国主义活动，我们班级曾提出"豪迈中国人，说标准普通话，写规范中国字"，举行了普通话与正字大赛；又如，"红五月爱国诗词鉴赏会"，学生的思想和情感、理想和信念在吟诵中得到升华；班级开展"规范行为，做文明人"的活动中，我们搞了"这些行为文明吗"剧本创作

与话剧表演，学生在创作中提高了写作能力，在表演中净化了思想，在观赏中反思了行为。此外，到社会上考察，在实践中坚定了信念，写出考察报告，又是多重受益。这些活动是在日常的语文学科的"读、写、听、说"中，自然地开展教育，总是自然和谐，不露痕迹，效果自然是水到渠成，自然生成。语文教师做好班主任工作的优势还有许多，这两种角色的融合达到的"润物细无声"的教育境界与效果是无与伦比的。当然，如何正确处理好二者的关系，取得更好教育成果，是当前正在做或将要做班主任的语文教师需要深入研究的课题。

（此文收录于《教育探索与实践》，大连出版社2002年4月出版）

第三篇

教学研究

3

大音希声，大象无形

——在校优质课比赛颁奖仪式上的讲话

老师们：

在公布成绩之前，我想占用几分钟时间就优质课谈一下我的两点感受。

本次优质课大赛基本上达到了赛前所期望的目标，展示了教研组的教学水平，把课上成成果汇报课、优质教学样板课、高效教学引领课、模式研究探讨课。9位教师在知识上的深入浅出、学习方式上的创新、教学模式上的革新方面做了有益的尝试，展示了精湛的教学艺术，用他们精心的构思和精彩的表现为我们奉献了9节风格不同的好课。什么是好课？从学生的角度来说，就是要看学生在课堂学习中自主的程度、合作的效度和探究的深度。几位教师有一个共同的亮点，那就是做到了知识生活化、知识情境化、知识体验化、知识问题化。让学生更想学，更会学，更能学。这样的课堂让我们津津乐道，犹如享受饕餮大餐，让我们品味沉思，犹感余音绕梁。应该说，这九节课给大家带来的启发、教益和情感上的愉悦都是不言而喻的。

优质课比赛不仅给教师们提供了一个展示自我、博采众长的机会，也是学校关注青年教师成长、培养优秀教师的重要校本研训平台，更是全体教师进行相互学习、共同成长、探索和改进适合自身教育教学方法的教学盛宴。本次大赛九位教师展示的精彩应该是全组合作的结晶、研究的智慧。青年教师的成长过程中可以有过错，但不能错过。不能错过学习和展示的机会，要做亲历者，决不能做旁观者。这次比赛，最终的展示者、磨课过程的研究者、听课的学习者都是亲历者。一周的时间，大家踊跃听课。除了教研组长全程听课外，教学处要求文听文，理听理。文科共5节，理科共4节。虽然有许多教师完成了听课任务，但全校也有15名教师除本学科外，只听了一节课。

提起学习，我们总以为熟悉的地方已然没有风景，只有远方才有绝妙高招。其实，我们身边藏着更多的美丽风景，只是我们缺少搜寻的意识和发现的眼睛。其实我们对于同组的教师或者同文同理的教师，熟悉的只是他的名字、他的过去和他的名声。我们没有深入地学习思考他成功的背后、他的教学风格、他的教学魅力。学习身边的人，可以省去舟车劳顿；放下面子，放低目光，放宽胸怀，身边的每个人都是我们可学之人，都是可以促进我们成长之人。

大赛还将继续，平台还将搭建，展示自己的精彩，抑或是学习他人的精华，只要你不错过，你我就都有进步。

以上是我亲历本次大赛后的感受。

呼唤有智慧的教育，培养有个性的学生

——学习多元智能理论之后的思考

有这样一个问题：爱因斯坦、毕加索、黑格尔、贝多芬、孔子等人，你认为哪个最聪明，请排序。有的人会不加思考地想当然地排序，有的人会困惑地陷入思考，其实，这道题没法儿做下去，5个人的研究领域不同。这道题告诉我们一个道理：人类的智力是多元的，聪明不能抽象地评论，而是应结合一个具体的领域来评价。

在认真倾听吴志宏教授《多元智能理论与学校教育改革》的报告的同时，我也陷入了思考。如何在教育教学的过程中彰显学生的个性，使拥有不同天资和强项的学生都能够得到最适合其自身特质的充分发展，最终实现人的全面发展？我想，基于人的发展的教学才会是高效的。

1983年，美国心理学家霍华德·加德纳在他的《智能的结构：多元智能理论》一书中首次提出"多元智能"理论，认为人的智能是多元的，每个人都拥有相对独立的至少八种智能，即语言智能、逻辑—数学智能、空间智能、音乐智能、身体运动智能、人际关系智能、自我智能、自然智能，此外还有有待于进一步验证的存在智能。加德纳认为，每个人都潜藏着多种智能，教育的目的就是发展学生的多种潜能，使之成为素质全面的人。教师要根据学生所拥有的智能情况，给予适当的鼓励和指导，提供丰富宽松的环境，让学生的智能得到相应的发展。

这几天，结合吴志宏教授的报告，我有针对性地在华东师大的阅览室借来几本书，认真地学习。在学习中，我深刻地认识到，多元智能理论对教育的最大贡献是提出了逻辑教学方法，该方法超越课堂上原来使用的典型的语言和数理教学方法。并扩展他们自己所拥有的教学技术、工具和策略。可以提供一个宽广的课程范围，"唤醒"在学校中那些"沉睡"的大脑。

多元智能理论是课堂教学质效提高的基石。多元智能的核心是认真对待学生的个体差异，使每个学生都能接受同样好的教育，都能得到最大限度的发展。因此，在新课改思想的倡导下，教师所面临的最大挑战是，在课堂教学中尽力满足学生越来越多的需要、考虑学生越来越不同的背景、适应学生越来越有差异的学习风格。而如果利用多元智能理论来教学，我们就会拥有多种适当的教学方法，这些方法的使用会点燃每位学生的学习热情，在授课中，不能再机械、刻板地仅仅使用言语智能、逻辑—数学智能，而是要把其他六种智能也相应地融入课堂，为每位学生提供适合自己的学习机会，从而调动所有学生积极参与学习。多元智能教学使每一位学生都有机会运用他们比较发达的智能进行学习，同时他们也获得了许多机会来发展他们欠发达的智能。

教师如何将多元智能理论中的八种智能运用于教学实践，进行具有创造性的和有针对性的教学，以帮助学生更有效地学习？这需要在课堂教学的实际应用中，根据实际情况综合运用。我想，我们不妨从以下几个方面去实践，从摸索走向探索：

（1）在课堂上为学生创设丰富的语言环境，如可以通过讨论、演讲、出主意、写日记等形式锻炼学生的语言智能，促使学生在频繁的说话、讨论和解释中，激发他们的好奇心。

（2）要使师生的肢体动作贯穿课堂教学之中，在课堂教学中，教师可采用肢体回答、课堂剧场（如话剧）、动作意识（如猜谜活动等）、动手思维（如制作实物等）、身体图（用肢体表示想法）等方式表达学生的观念，为学生提供动手操作的机会。

（3）创设多元的视听教学环境，如帮助学生把书本知识和讲座的材料变成图画形象，让学生闭上眼睛想象他们学习的东西，教师用图和符号来描述要讲授的概念。图画对那些空间思维占优势的学生理解知识至关重要，用图画或图解符号，同时使用文字进行教学，可以达到更广泛更好的效果。

（4）为学生创设轻松、愉悦的音乐课堂教学氛围，教师可将音乐融入课堂教学过程中，如把要强调的讲课重点、中心思想、观念主题编成诗歌、快板等形式，教师讲课时，播放有节奏的背景音乐，使学生在放松的状态下进行学习，用音乐曲调或节拍作为表达概念、规律或纲要的工具，为学生创造以丰富的想象力进行表达的机会。

（5）课堂应成为师生交流的空间，如让学生组成3～8人学习小组，学生在合作小组里可以根据不同智能优势担任不同角色。人际交往智能强的学生负责小组同学的组织；语言智能强的学生负责写作；视觉空间智能强的学生负责画图；身体运动智能强的学生负责创作道具或当主角等。

了解、尊重学生的优势智能，根据每个学生的优势智能特点和独特的表现形式，有针对性地分层次设计课堂教学内容和方法，为学生提供宽松、和谐的教学氛围，使其优势智能得到充分发展，从而带动其弱势智能的发展。考试之道是补短之道，培养人才之道是扬长之道。我们应转变观念，首先考虑的是扬长，而不是补短。"长"可能是学生走向社会的立足之本，成功之本。吴志宏教授在讲座中还谈到了多元智能理论在对学生评价中的作用。教师对学生的教育分为两种类型：告诫型与鼓励型。它们的前提是不同的，因为看到短，所以告诫；因为看到长，才会鼓励。

我们应以发展的眼光看待学生，建立起多元多维的评价体系，真正发挥教育评价激励人的发展性作用。第一，评价内容多元化。不仅局限于学业智力，而且要关注学生的人际交往、身体运动、自然观察等智力方面，做到从学生智能的多个方面给予全面、综合的评价。第二，评价标准多样化。确定评价标准时，应在关注共性的基础上，关注学生个体间智力发展的差异性，要针对不同学生的智能强项和弱项制定多元化、个性化的评价标准，发展其强项，完善其弱项，使每位学生的智能组合达到较高水平。第三，评价过程情景化。我们应在个体自然参与的实际日常生活和学习活动的真实情景中加以评价，以观察学生语言、行为、态度、情感等的真实表现。第四，评价方式多元化。以多元智力理论为指导，做到定量评价和定性评价相结合、形成性评价与结果性评价相结合，以及发展性评价与诊断性评价相结合；充分调动学生自评、互评的积极性，重视学校评价、教师评价、家长评价；保证评价的全面、客观、公平和公正。第五，评价的激励反馈功能。评价结果"只是被评者智能状况的部分表现，既不是智能的唯一指数，也不与其他人相比较并排序"。及时反馈的评价结果使学生针对自己的学习情况，明确努力的方向，使评价真正成为促进学生发展的有效手段。

加德纳认为，无论何时，都要树立这样一种信念：每个学生都具有在某一方面或几方面的发展潜能，只要为他们提供了合适的教育，每个学生都能成长。

我们的课堂教学还将更深入地落实多元智能理论，为具有不同智力潜能的学生提供适合他们发展的不同教育，把他们培养成为不同类型的人才。

（2010年4月写于华东师大校长培训中心）

第三篇　教学研究

在学习中进步，在反思中提升

——首届说课比赛总结

今天，我想就说课比赛谈一些个人的想法。说句实话，尽管距离说课比赛已经有一段时间了，但仍记忆犹新，清晰在目，印象深刻的原因在于我们老师的精彩展示。在这里，我要向获奖的同志表示祝贺，向给我们展示了一个个精彩的说课课例的老师表示感谢。作为一种教学、教研改革的手段，说课极大地调动了老师们投身教学改革、学习教育理论、钻研课堂教学的积极性，是提高教师自身素质，培养造就研究型、科研型教师，促进教师专业化发展的有效途径之一。

下面，我着重就这次说课的情况谈谈我个人的想法。

一、成功之处

（1）本次说课，参赛教师对新课程理念理解透彻，对教材分析到位，对学情把握准确，教法的选择有理有据，教学设计符合学生的认知规律和新课改精神，表现出了精湛的课堂艺术和较强的教材处理能力，彰显了我校一批青年教师良好的教学才华。

（2）本次活动成功地为青年教师搭建了一个展示自我、互相学习交流的平台。大多数教师在没课时都能主动来听别人说课，这说明我们的年轻教师有强烈的学习的主动性和自我提高的渴望。可以这样说，每位教师在这次活动中或多或少都有收获，基本功得到了一定提高。

（3）这次说课整体水平较高。各位参赛教师准备得都非常认真、充分，给我的感觉是整体效果还是非常不错的。多数教师在教材分析、重难点的把握上，以及理论与实际的结合上都做得比较好，能结合学生的情况进行备课，说课教师的语言表达都普遍较好，流利、有激情，富于感染力。

二、不足之处和建议

（1）部分教师的说课语言显得平淡，有些平铺直叙，语速、语调无变化，缺乏生动性、感染性；有些教师是在念稿子，甚至把内容打在课件上照着念，对台下的学生关注较少。教师们若都能脱稿说课，就更好了。其实，好的说课者应是激情洋溢、语调抑扬顿挫，巧妙运用体态语言感染听者。更高标准就是要求说课者具备一定的演讲功底。说课的成败在很大程度上取决于说课人的说课语言和肢体语言。

（2）个别教师对教什么和为什么这样教的理论阐述还有欠缺，教师们还应多学习教育教学理论，做一个知识型教师。教材分析这一块，如何吃透教材、新课标的精神方面还有点欠缺，对于教材在整个教材体系中的地位和作用、编写意图、内在联系说得不够。

（3）在说教学过程这一部分内容时，太面面俱到，对于如何突出重点、突破难点的理论依据及做法反而说得不够。

当然，存在问题是不可避免的，这也说明教师还有更大的进步空间。我衷心祝愿每一位教师都能获得更大进步。

三、我的思考

（1）教师是脑力活儿，不是体力活儿，不能简单地重复，这需要我们不断学习。怎么学？教学实践是一种学习，平时的读书是学习，听课、评课是学习，坚持反思与总结是学习，参加教科研也是学习。可以说，所有的名师几乎都是终身学习的实践者。我们常说教师专业化，专业化就是不可替代性。怎样才能无可替代？这就需要形成自己的教学风格特色，就需要教学效益高，教学成绩突出。这就需要我们加强学习，钻研业务，探求教学策略。教学是艺术，当然需要策略。但教学也是科学，更需要缜密。我想举一个例子来说明学习的重要性。我们常说一桶水与一杯水。不学习，没有新的水源，那就是死水。在当前这个信息化时代，学习接受知识的途径更多、更快，如果教师不学习，就会落伍，就会不被学生信任。另外，如果你是有一桶活水，那你怎么倒入学生的杯里，是循序渐进，还是一下子猛烈地灌入？这就是教学艺术。不学习，怎么提高教学的策略？所以，有太多的理由让我们必须加强学习。

（2）教学是遗憾的艺术，需要我们不断反思。美国学者波思纳说过：成长＝经验＋反思。没有反思的经验是狭窄的经验，只有经过反思，经验方能上升到一定的理论高度，并对后继教学行为产生影响。

叶澜教授说过，一个老师写一辈子教案不一定成为名师，但如果认真写三年反思则有可能成为名师。反思是进步的起点，没有反思，就没有突破和发展。

孔子说："学而不思则罔，思而不学则殆。"我们的教学也是如此，只教不研，就会阻碍我们发展的道路。边教边总结，边教边反思，才能百尺竿头，更进一步。

反思要思之有物。平常我们可以五思。

一思自己的教学特色。几年下来，自己在哪些教学环节有自己的思考与独特的风格。一节课下来，教师应该有感觉，或是酣畅淋漓的兴奋，或是留有遗憾的不快。如果你和学生对这节课没什么感觉，那就不仅仅是失败。

二思我的教学"精彩"在哪里。是引人入胜的导入，是别有风味的氛围营造，是别具一格的智能开发，是画龙点睛的诱导评价，是留有悬念的课尾总结。记住精彩，你的课才会精彩。

三思灵光一现的"偶得"有哪些。课堂中瞬间灵感的产生属于偶发事件，这些智慧的火花常常是不由自主，突然而至，若不及时利用反思去捕捉，便会因时过境迁而烟消云散。因此我们要把握好反思的时机。日积月累，就会有一笔不小的教学财富。既然是灵光一现，不记录，不反思，那永远不会拥有。

四思缺失在何处。哪个内容处理不当，哪个环节安排不合理，哪一重点突出不明显，哪一问题设计不科学，哪一合作落实不到位，哪一语言评价不得体。如果不能及时反思，我们还会反复地犯同一个错误。我们不可能两次踏入同一条河，但我们却可能多次犯同一个错误。

五思效果如何。备课是预设，师生互动是生成。教学目标是否达成，教学的组织是否科学，及时的反思为今后的教学提供了借鉴。

做一个有心人，随手记下。增强反思意识，培养反思习惯，提高反思能力。我说过，反思的深度就是老师成功的高度。

最后衷心祝愿青年教师快速成长，在学习中进步，在反思中提升，在教学中享受快乐。

研究、合作、扎实

——对学校教学工作的反思

课程改革的核心环节是课程实施，而课程实施的基本途径则是教学。教学是学校的中心工作。如何让课堂教学科学发展、高效运转，应该是我们教学管理者一直关注并深入研究的课题。

一、研究——使课堂高效优质

我们把学校的课堂教学分为三个层次：有效——是教师合不合格的区别；高效——是教师是否成熟的区别；优质——是教师形成独特的教学风格，有自己的教学思想，成为名师。

具体做法：

1. 依托一个载体——教研组

问题：教研组功能行政化，主要上传下达，处理繁多的常规事务。本体功能虚化、弱化，学习内容随意化，活动形式简单化，活动主体单一化。

教研组应该是教学研究体。我们高度重视教研组建设，充分发挥教研组研究、合作、反思的作用，实现教研组的教、研、训一体化。

我们充分发挥教研组如下作用：

（1）学习功能，提高教师课改意识。

（2）抓好常规教学，发挥指导、激励功能。（备、评、查、析、管）

（3）抓好课题研究，发挥研究的功能。

（4）发挥培训教师的功能，提高教师教学技能。

（5）抓好关系处理，发挥协调功能。

在这里重点谈两点：一是在校本培训的基础上，重视同学科的组本培训，提高教师的专业发展水平。围绕教学中出现的某一个典型性和普遍性的问题，发挥集体智慧，利用一段时间全组研究，以此来解决实际教学中出现的问题。教研组先征集问题，让教师选出有价值的最迫切的事先公布，请教师们去思考学习，之后用每周的教研活动和集体备课时间集中讨论。问题从教学中来，更有针对性；在教学中解决，更具实效性。解决的途径：自我反思与汲取他人的经验。

我们还需要加强对青年教师的培养。我校35周岁以下的教师有49人，占全校教师总数的51%，青年教师的成长速度决定了学校的发展高度。我们充分发挥教研组培训的功能。学校有培养计划，教研组有培训措施。为培养青年教师成才，学校组织青年教师每年参加"六个一"（一个教学设计、一次说课、一节汇报课、一次评课、一篇教学叙事、一篇教学论文）评比活动，建立青年教师成长记录袋，写自己的成长故事，开展青年教师经验共分享等活动。

2. 抓实一个课题——提高课堂45分钟的教学效益

我校课堂提出的要求：高密度，快节奏。

在实施课程改革、推进素质教育的过程中，我校更深刻地感觉到加强课堂教学管理、深化课堂教学改革的重要性。如何使高中课堂真正成为新课程下新一轮基础教育改革的主渠道，努力在减轻学生学业负担的情况下，提高45分钟的教学效益，关系到学校教学工作改革的成果。

在实施课程改革过程中，我校积极发挥教研组的引领和带动作用，调动起教研组长的主动性和积极性，协调各教研组、备课组、年级组落实学校教育精神，深入研究新课程，聚焦课堂，不断探究、完善课堂教学的相关机制，分学科、分课型，以组为单位进行课堂教学高效益的研究，真正达到减轻学生作业负担、提高学生学习成绩和综合能力的目的，努力实现科学育人。

具体做法：

（1）每一学期开学初，以教研组为单位确定研究的课型，比如本学期语文确定的研究课型是古典诗词鉴赏，数学是专题复习课，英语是完型专题，物理是电学实验，化学是实验课，生物是试卷讲评课，历史是论从史出的探究，地理是如何读图，政治是必修课授课。

（2）各个教研组研究的课型确定之后，每一位自主参加的实验教师（全体教师都自主报名参加）以所任班级为实验班，进行课型的实验、探究，采用什么样的模式、课上安排几大环节能保证课堂教学高效益，学生在课上会学有所得，能实现"节节清""课课清""天天清"等目标。

（3）每周组内的教研组例会上，组长主持，各位实验教师交流这一周来探究实验的做法与体会，谈其中的优点、不足、新的设想，全体教师进行讨论，在实践中再实施与完善。

（4）在每周一次的学校教研组长例会上，校长、教学主任参加，各位教研组长交流组内一周来关于不同课型研究情况心得，同时提出下一步研究的计划与设想，若有困惑或需要学校给予支持的地方随时提出来。校领导提出指导性意见。

（5）在研究过程中，每个教研组的实验教师代表按计划上研讨课，针对研究的课型，阶段性验证实验的效果。这一环节包括：上课教师说课、上课，教研组长出题检测学生一节课知识掌握情况，课后上课教师反思，同行评课、专家（教学处主任、教学校长、校长）评课，全程录像，存档。

（6）学期末，各教研组出台关于研究的这一课型"课堂45分钟高效益教学标准"的文字性材料，材料上交教学处存档，以后关于这一课型上课，组内教师按照这一标准设计教学过程。学校鼓励教师在共性标准下形成个性化的教学风格，真正实现我校构建的每一个课堂都是科学、规范、高效的，避免教师上课随意、对课改对学生不负责任的情况发生。

比如数学学科专题复习课模式：第一环节，六分钟新旧课衔接检测两题；第二环节，在了解学情的基础上处理头一天作业九分钟；第三环节，专题复习三十分钟：第一步教学目标，第二步知识点强化，第三步典型题讲解与训练，第四步练习，第五步测试。按照这样的模式上数学专题复习课，课堂教学效益高，课堂像考试一样紧张，课下学生课业负担轻。

3. 结合一个原则：校情、师情与学情的紧密结合

我们的研究是基于校情、师情和学情的研究。

学校定期对学情进行调查，将结果及时反馈给教师。

教师研究学生，认真分析学生的反应与学生原来的基础，课前探明学生已知什么，结合学情调整教学。

了解教学情况的办法很多，如上课时三分钟走廊视导、辅导时两分钟黑板关注。

二、合作—同伴互助促进成长

教学是一项合作的工作。包括师生合作、师师合作、生生合作。

具体做法：

1. 集体备课——日常化

本着"团结协教、深研新课改"的精神，我校集体备课工作分个体备课、同组备课、个体备课三个环节进行，以此激励、监督教师研透课标、读透教材、了解学情、讲透教材，教师备透每一份教案，从教学目标、教学方法、教学过程等相关流程要求教师每一个备课流程都要备到位。保证集体备课时间，在课表上体现，一节课紧跟一节集体备课时间。同时落实"集体备课领导引领监督机制"，即中层以上领导按照要求，在集体备课时间到所负责的备课组参加集体备课，和教师一起研讨课堂教学，督导相关备课组将集体备课落到实处，提高备课的质量和水平。备课充分有效，是课堂教学高效益的关键。

三步走集体备课，即个备—集备—个备。集体备课做到"五备四同"，即备课标、备教材、备教法、备学法、备练习，备同一课、备同一个课时、上同一堂课、保持同一个进度，使全体教师切实将最优化的教学设计落实到课堂中。备课组对同一教材进行集体备课，共同探讨，特别是对教学模式、方法的变革上选择最佳授课方式，发挥备课组应有的作用，同时要求每个备课组都有研究课题。

中心发言人应于上课前两周整理成草案，可通过QQ群、电子邮件、直接拷贝等方式告知本组成员，各成员接到中心发言人草案后，阅读并提出不同建议，在集体备课时，对主讲内容进行分析研究：

讲：讲自己的观点和做法，特别是不同于别人的观点和做法。

评：对大家的观点进行客观的、中肯的评价。

议：对大家的观点和做法以及有疑义的地方与其他教师展开讨论，充分发扬民主，尊重别人的意见。

最后由主讲教师把大家的观点、意见归纳起来，认真记录形成最后的认识成果，并综合到教案之中，组成本节课的详案。上课时，教师再根据本班学情进行调整，形成自己的教案，并上传到校园服务器本人文件夹中。

各备课组均能充分利用集备时间，认真分析前段工作的得与失，筹划后段工作的教与学，充分研究各种渠道获得的高考信息指导修正组内教学，使复习工作始终沿着正确的轨道前进。

2. 随机展示课制度——规范化

每周随机抽签由两位教师上展示课，督导教师注重聚焦课堂，注重平日教学；分学科分课型研究出我校高效益课堂的教学环节和模式，使教师不断研究课改、研究课堂、研究学生，以学生为本，在遵循教育教学规律的前提下，构建高效益的课堂。同时，引领教师在不断反思和实践中，提高课堂教学水平。

随机展示课是一种以诊断性为目的的微格评价方法（个案研究方法），具体做法就是把该堂展示课进行全程录像，然后以教研组为单位，根据设计意图、教学目标，分析研究展示课的整个过程。评课后，执教教师根据录像整理出一份课堂教学实录，然后附上自己的评述和教后反思，存入个人成长档案袋。对于优秀的课例，利用大型集会时间进行全校范围内的评价展示。

3. 经验共分享——深入化

学校非常重视基于学校、为了学校、发展学校的校本研修，积极创造良好的校本研修生态环境，让教师在专家引领、同伴互助、个体反思实践中实现专业发展。特别是充分发挥教师个体创造力和教师群体合作力，共同商讨，共享经验、成果。

在周三教师例会上，教师介绍教育教学经验，每学期一个教研组涉及两位教师介绍经验，大家共同分享彼此的成长经验。这是一个同伴互助的平台，真正实现教师与同行对话；这是一种互信互助的历程，是教师作为专业人员彼此的交往、互动与合作。

4. 联合辅导制度——人文化

走廊联合辅导制度，打破教师只为任课班级辅导的常规，辅导面向全体，让学生体会不同教师的风格特点，取众师之长，促己提高，从而取得良好的教学效果。

自习辅导效应：教师7：20前参加早自习辅导。早自习教师的作用：一是，教师的意志力感染着学生，给学生以动力；二是，早自习教师辅导答疑，给学生脑力上的支持；三是，早自习批改，了解学情，上课时少走弯路，快速扫除学生思维障碍，服务学生。早自习，七、八课辅导、答疑是学生的需要，是以生为本的具体做法。保证"堂堂清""日日清"等教学目标的达成，满足不同学生的需求，实施个性化教学。学生针对自己学习上的困惑之处，可以随时找到教师，而且可以跨班级、跨年级询问，可以满足学生的求知需求，体验成功感。

三、扎实——过程有效，结果高效

精细化管理——细节决定成败。

工作流程：周密计划—细致布置—过程督导—总结评价。

我校教师的精神体现在：抱定目标、永不放弃的执着精神；心存目标、宁静致远的忍耐精神；敏锐行动、追求卓越的勇敢精神；大事做于细、难事做于易的务实精神。

实干精神已经融入我校教师的血脉，成为我校教师特有的性格与习惯。

具体做法：

1. 压缩课后作业，将时间还给学生

留课后作业的依据：作业少而精，当天没课不能留作业，当天有晚课不能留作业。课后作业不追求量，而是追求质。目的是将时间还给学生进行内化。

如去年高三，学校制定了"高三科学备考作业约定"，共六条，具体到每个班级周几可以留作业，形成制度约束。具体内容：第一条，每科每天作业时间不超过一节课；每周留成卷不超过两套，综合卷至少分两次完成。第二条，学科有晚课当日不留作业；模拟考试前不留作业。第三条，自习课教师不进入教室布置作业或批改作业，科代表不要将答案抄在黑板上。第四条，语、数、英三科每周至少一天不留作业，其他学科按课时数留作业。第五条，周六1班和5班不留书面作业，其他班可以少留甚至不留作业，必须遵守约定第一条。第六条，八位班主任不要强迫学生在规定的时间段做某学科作业，特别是自己所任教的学科。

少留作业是为了解放学生，把时间还给学生，让学生有足够的时间内化。关于作业，学校要求：留必批，批必讲，讲比练。教师为了带着学情上好每一节课，批改作业就像批考试卷一样仔细。

2. 抓实教学常规的落实

常规是什么？是秩序。没有秩序就意味着混乱。教学的高效进行的前提是有序。每一项教学常规我们都落到实处。

如杜绝公共时间的私有化——禁止教师占用自习时间、午睡时间、眼操时间讲课或拖堂，目的在于让教师提高课堂效率。

3. 错题本，积累本

组题、拼题是我校的传统，各学科根据学情，以及班级学生的认知规律，在大量的试题中精选出基础题、典型题、易错题等，分门别类地整合，并印发给学生，各学科做到了组题不盲目，以学定教，将纠错进行到底。

每个学生准备知识点和错题积累本，让学生知识系统化，同时利用自己的错题形成自己的教辅资料，便于学生形成应考能力，要求教师每周最低批阅一次，教学处每月末检查一次，检查完后，马上分备课组、教师个人、班级、学生个人总结、反馈；有的教师亲自为学生剪错题，粘到错题本上。高考前夕，高三学生有目的、有计划地看自己积累的典型题、易错题。高三还开展了"评语进学生心中活动"，每位教师在错题本上写评语，激励学生，取得良好效果。

4. 学情调查

每一学期的期末阶段，学校进行一次学生评教座谈会，每一个班级随机抽取15个学生，和校长、教学主任一起进行一个小时左右的交流。会上，领导听取学生对任课教师的评价，了解学生眼中教师新课改的理念、教学行为特征、分层教学、奉献精神、对学生生涯规划指导等方方面面的情况。会后，针对学生谈到的问题，领导在一起对每一位教师反馈的信息做以客观整合，然后分头找任课教师谈话，反馈学情，同时提出建议和希望。这一结果性评价旨在让教师能从学生的眼中去发现自己课堂教学中的闪光点和缺憾，鞭策教师在教学路上不断探索，提高自己的专业化水平。

教学是一门遗憾的艺术，其魅力就在于留有遗憾让人一直在追求。我们在收获的同时，也在不断地反思，力求把工作做得更好。几多耕耘，几多收获。只有辛勤耕耘，才有可喜的收获。我相信，通过更高质量的教学管理和全体教师员工的勤奋工作、努力拼搏，结果必将充实。

你的选择决定你的命运

——备课组长培训讲话提纲

一、课堂到底是什么地方——课堂观

课堂观是正确的教育观、教学观、学生观的体现。弄清课堂的性质，才能正确地明晰教师角色的作用，正确开展教学的各项活动。

（1）课堂是学生自主学习、合作学习的地方。

（2）课堂是师生交流情感以及沟通信息的地方。

（3）课堂是师生共同质疑、释疑、生疑的地方。

（4）课堂是学生个体表现、体验成功的地方。

（5）课堂是师生共同感悟做人道理的地方。

可见，课堂是学生情智、才能发展的地方，不是教师展示自己研究成果、展示自己才华的地方，教师要思考，自己的成果、自己的才华是不是有利于学生的成长，是不是有利于学生的发展。也就是说，弄清了这个问题，就清楚了我们教学"为了谁"的问题，也就弄清了课堂的出发点与归宿点。这样，我们就清楚了如何备课、备什么的问题。

二、怎样备课

现存问题：①在备课时，有的年轻教师看到了备课章节题目后，自己不去研读、不去思考、不去设计，而是首先想到去网上搜资料；没有自己的思考，照搬照抄，只能是复读机、扫描仪。②在上课时，对讲授的内容不能烂熟于心，不能随心拿捏，手里要拿讲义不停地看，甚至不知道课件下一页的具体内容。（精通的目的全在于运用，对教学内容不能做到随意拿捏，那就只能机械地呆板地照本宣科，这样又何言精彩？不精彩如何吸引人，打动人？）③备课时只备讲授的内容，缺少对教学目标、重点、难点的理解与突出。

集体备课程序：个备—集备—个备。

个备过程：先自己理解，再借鉴资料。

三、备什么

（1）目标具体，小而精。一节课理解一两个目标就很好了，不能平均用力。

（2）重点突出。

（3）难点突破。——方法，策略。

（4）教程简明。——深入浅出。

（5）指令清晰。——明确的任务、约定的时间、恰当的评价。

（6）训练到位。——当堂训练，当堂检测。上课不能替代，特别是思维替代。

"怎么教"服务"教什么"，不管教师在课堂上怎么表现，教什么始终是课堂教学的中心，而怎么教凌驾于"教什么"是课堂华而不实的典型表现。"教什么"是第一位的，"怎么教"是为了更好地教，不可本末倒置。

四、课堂流程三要素

精——精讲（讲得精彩不如学得精彩，讲得多是不自信的表现，要引导学生自主学习，挖掘学生自主学习的潜能。要体现启发式原则——注重点拨，启发思维；要体现准确性原则——正误分明。围绕重点、难点展开课堂教学。精讲的内容包括知识点的精讲、作业的精讲和试卷的精讲）。

精导（导不在于衔接，而在于点拨，画龙点睛）。

精选（选是你学科能力的综合体现。选什么？备课时要精选教学方法，精选教学内容，精选问题，精选习题，精选检测方法）。

练——模仿性练习，巩固性练习，课堂落实最为关键，洋思的先学后教，支撑点就是当堂训练。要多是笔头练习，而不是口头练习。

测——课堂一定要解决"会不会"的问题。作业的作用是巩固（巩固会了的知识，形成能力，不能把"会不会"的问题放在课外，那么课堂教学就是没完成任务，是失败的）。

五、备课组建设与备课组长的作用

我对教研组的建设有三步规划，同样也适用于备课组建设。

（1）规范——文化建设，抢夺话语权，五年来，这个任务完成得较好。

（2）优秀——名师，优势。

（3）特色——要有自己组的特色。如，大连三院——眼科，大连五院——肛肠科。

备课组长的作用主要有两个方面：一方面是对本年级教学做出规划，确定学科教学方向；另一方面是抓好团队建设，协调同组教师做好教学常规落实，搞好集备，资源共享，智慧共享。

打造一个精神团队的基本目标是：

（1）和谐的人际关系，水低为海，人低为王。

（2）温馨的人文环境。

（3）奋发向上的精神状态，如激情（人除了阳光、空气、水、微笑、激情，还需要什么）。

（4）在竞争中合作、在合作中竞争，形成团结互助的竞争氛围。

（5）合是一股绳，分是一盘棋的大局意识。

备课组长的作用是：

一头狮子率领的一群羊一定能打败由一只羊率领的一群狮子。"头"的重要性。

备课组长要做到"三做"：一做学科教学的明白人，二做学科教学的改革带头人，三做学科教学的竞争人。

六、教师要学会投资

现在，一个不投资的人自然是不会富有的，一个不看书的人必然会在教学中处于挣扎状态。

教师的三个层次：三流教师忙于教学事务，二流教师满足积累，一流教师勤于思考。

叶澜教授：一个老师写一辈子教案不一定成为名师，但如果认真写三年反思则有可能成为名师。

结束语：

你的品位决定你的定位——做人要有品位。

你的思路决定你的出路——方向对，就不怕路远。

你的心态决定你的状态——静在心间，不在山水间。

你的信誉决定你的品牌——你是不是认真对待每一节课。

你的选择决定你的命运。

（2013年8月27日）

教学目标是教学的灵魂

——对全校教师的业务培训

在深入研究有效教学、高效课堂的同时，专家学者与一线的实践者对"一堂好课"的标准也是众说纷纭，观点不一。上好一堂课恐怕是所有教师的追求。但什么样的课才能称得上"好课"？我以为，万般说法，不离其宗。这就是教学目标。教学目标是上课的出发点和归宿，目标明确、恰当是一节好课的首要条件。明确是指师生对一堂课应达到的目的、方向要有共同的认识；恰当，主要指要符合年段的特点，符合教材的要求，符合学生的实际。安德森（Anderson）在《布卢姆教育目标分类学》一书中明确指出："在生活中，目标有助于我们集中注意力和努力；目标指明需要完成的使命。在教学中，目标尤为重要，因为教学是一项有目的的理性行为。教学具有目的性，因为教师总是为了某一目的而教，从根本上说是为了帮助学生学习。"

一、问题导向：课堂教学中的困惑

（1）"这节课我准备得挺充分呀，怎么没达到预期的效果呢？"

教学不敢忽略任何一个知识点，处处费时费力，处处不深不透，导致重点不突出，难点得不到有效突破，核心问题抓不住，虽然费了很大的周折，下课后自己累得一身汗，却留下一脸茫然，唉，教学真是个遗憾的艺术。

（2）"我怎么总是讲不完课呢？"

备课时搜集大量的资料，但问题是，材料的选取、运用不太得当，尤其是不能根据重点、难点、疑点、争议点、学生需求来合理选用，导致课堂容量加大，影响课堂主旨任务的完成和核心目标的达成，这也造成了校园的一大通病——习惯性拖堂。

（3）"内容本身就抽象难懂、枯燥没意思，课应该怎么上呀？"

个别课堂"知识中心""考试目的"非常严重，一节课就是根据学案看书、标画、填写、记忆、检查。能力培养、情感激发、认识形成全然不见踪影。

（4）虽然学生挺踊跃，课堂"热闹"，呈现"精彩"，但为什么还是不会呢？

初上讲台，总爱追求一种热闹，过分看重了教学形式，沉浸在自己营造的这种氛围之中，以为"热闹"就是好课，"计谋多端"的设计就是好的设计，为了充分展示"精彩"而面面俱到，而忽略了这节课的教学重点到底是什么。"热闹"过后是茫然与心虚。

（5）"谁之过？"

某些教学方法和学习方法的选用与知识内容、学生理解能力等不相符合，看着学生茫然的眼神，教师更困惑。

以上教学问题是笔者在听课、座谈、问卷调研之后归纳的教学中的主要困惑。产生这些问题的原因何在？关键是教案或者课件上、学案上呈现的教学目标很多是形同虚设，只是呈现出来了，教师和学生都没有理睬，或者说，这个教学目标是"假"的，是写给别人看的，整个课堂的教和学与目标关系并不紧密。教学目标意识淡薄，教学目标确定能力不足，目标本身从内容到表述不准确、不明确，没有可操作性和导向性，难怪它发挥不了应有的作用！教学目标不重视、不准确、不明确，教和学就没有明确的方向指引。一位教师的修炼，首先是课堂。而教学的灵魂是教学目标。

美国教育心理学家布鲁姆（Bloom）说过："有效的学习始于准确地知道达到的目标是什么。"教学目标是教学的出发点和归宿，是教师对学生达到的学习成果或最终行为的明确阐述。一切教学活动都是围绕教学目标来进行和展开的。就教学目标本身而言，它具备支配教学实践活动的内在规定性，起着支配和指导教学过程的作用，也是教师进行课堂教学设计的基本依据。教学目标的分析与确定是教学设计的起点，它首先确定教学对学生学习内容所达水平程度的期望，使教学有明确的方向；其次它给教学任务是否完成提供测量和评价的标准。因此，教学目标是教学的基本前提。

二、教学目标的地位作用及功能

（一）新课程下教学目标的地位及作用

1. 新课程教学活动的实质

教师与学生通过有目的、有计划的课堂教学，通过开放互动与合作探究的学习方式，提高学生主动学习与发展的能力。简而言之，教学是教师与学生通过互动实现教学目标的活动。

2. 教学目标的地位及作用

教学目标解决的是教和学要"达成什么"的问题。它决定教学内容的选择和安排，引导教学过程的设计，制约着教学方法和教学手段的选用，影响着教学结果的测量和评价。

没有教学目标，课堂教学就有可能形成一堆无序活动的简单连接和叠加，容易造成学习内容的杂乱和学习质量的低下。所以，教学目标是教学活动的重要前提和贯穿始终的灵魂。正如崔允漷教授所说："它（教学目标）既是教学的出发点，也是归宿。或者说，它是教学的灵魂，支配着教学的全过程，并规定着教与学的方向。"

（二）教学目标的四个功能

1. 定向功能

教学目标具有定向功能，使教学具有明确的方向性。一切教学都必须从定向开始。教学活动追求什么目的、要达到什么结果，都会受到教学目标的指导和制约。可以说，整个教学过程都受教学目标的指导和支配；整个教学过程也是为了教学目标而展开。如果教学目标正确、合理，就会导出有效的教学，否则就会导致无效的教学。确定准确、合理的教学目标也被认为是教学设计的首要工作或第一环节。

2. 激励作用

教学目标确定以后，就可以激发学生的学习动力，使学生产生要达到目标的愿望。在教学活动中，要想使教学目标充分发挥激励作用，教师就应当在研究学生的兴趣、动机、意志、知识和能力水平以及他们的个别差异上下功夫，只有这样，才能够把握住学生学习的最近发展区。

3. 中介功能

教学目标的中介功能表现为教学目标是教学系统内部各个要素的联结点。教学活动是教学目标、教学内容、教学方法、形式、手段及教师和学生等因素构成的动态过程。各个因素发生关系，主要通过教学目标。某种教材之所以可用，某种技术手段之所以可用，是因为它们能够为实现已定的教学目标服务。可以说，正是有了教学目标，才使教学活动的其他因素有机地结合在一起，构成教学系统并使之有效地运行。

4. 测度功能

教学目标作为预先规定的教学结果，自然是测量、检查、评价教学活动成功与否，是否有效的尺度或标准。教学目标作为教学目的的具体规定或准确规定，肯定要对教学结果予以构想和预定。构想或预定的结果是否达到、还差多远，必然需要某种尺度测量。测量的尺度是什么？自然是教学目标。因此，教学目标也具有测度功能。

三、教学目标的解读

（一）对三维目标的理解

有时我们会机械地理解三维目标，不管什么课、什么内容，有时与课程内容本身无关。

1. 三维目标是课程，而非课时目标

是帮助学生在三个维度上发展，而不是每节课都能达到，如能力、情感。对于《我与地坛》这篇课文，有的教师就制定了这样的教学目标：①学会作者积极的人生态度；②学会正确对待人生的挫折。显然，这些目标学生绝不可能在学习两三个课时以后就达成。

2. 各科课程的维度取向不一样

知识与技能，新知课与实验课。

3. 教师的表率是重要的教学目标

大课程论认为，在学校对学生发生影响的一切要素都是课程。分为显性课程、隐性课程。教师是最重要的因素。

（二）三维目标各有侧重

（1）知识和技能的目标是让学生学会，这是课堂的基础目标。因为我们

上课的首要目的就是让学生掌握知识，尤其是基础知识。

（2）过程与方法的目标是让学生会学，这是能力目标、思维目标，也是灵魂性目标。让学生会学习，能够自主地解决问题。这也是教育教学的终极目标。

（3）情感态度和价值观目标是学生的爱学目标，是动力，也是非智力目标。研究表明，在人的成长过程中，智力因素只占百分之二十，而非智力因素能占百分之八十。因此，在教学过程中，对学生学习习惯、兴趣爱好、意志力等的培养至关重要。

（三）完整的课程目标体系及陈述方式

（1）完整的课程目标体系包括三类：结果性目标、体验性目标、表现性目标。

（2）目标陈述也有相应的三种基本方式：①结果性目标陈述方式，指向可以将结果量化的课程目标，主要应用于"知识与技能"领域；②体验性目标陈述方式，指向难以将结果量化的课程目标，主要应用于"过程与方法""情感态度与价值观"领域；③表现性目标陈述方式，指向无须将结果量化的课程目标，例如，"与人交流能尊重、理解对方"。

四、如何规范设置教学目标

（一）当前制定教学目标存在的问题

问题一：备课时只备教学内容与方法，不备教学目标。

原因：不备缘于不重视。

要求：在课程目标、模块目标的基础上确立课时目标。

课程目标与模块目标在各科目的课程标准中已做了明确的说明，教师们需要以此为基础，确定每课时的教学目标。每课时的教学目标因课而异、因人而异，需要教师创造性的劳动和集体的智慧合作。

问题二：教学过程与教学目标不一致。

原因：教学目标存在虚设或架空的状况。

要求：教学目标应统率教学并贯彻教学过程的始终。

问题三：无法突显教学重点。

原因：备课不充分。目标不明确，重点不突出，教学效率无法提高，高效课堂难以实现。

要求：充分备课，明确教学重点，引导教学设计。

（二）有效教学目标的三要素及实现

准确性——教学方向；具体性——可操作；简约性——少而精，重点突出。

1. 如何实现教学目标的准确性

（1）依据课程标准

课程标准规定了学科教学的目的、任务、内容及基本要求，它是编写教材、进行教学、评价教学质量的依据，当然，也是制定教学目标的依据。一方面，我们编制的所有目标不应当超标；另一方面，全部目标的合成也不能低于标准的总体要求。

（2）根据教学内容

不同的教材有不同的特点，不同的学科有不同的标准，不同的教学内容也有不同的教学要求。要吃透教材，把握编者意图，顺着编者的思路去设计教学目标，要根据教学内容的实际情况去考虑目标的侧重点。以语文为例，不同的文体，教学的重点也不同。记叙类文本侧重事件和线索，论述类文本侧重观点和思路，文学类文本侧重形象和塑造形象的方法，文言诗文侧重文言中的文化与传承……总之，不同的文体有不同的取舍。

（3）结合学生实际

学生是学习的主体，脱离学生实际的教学目标没有任何实用价值。对学生年龄特点和实际学习能力必须予以充分考虑，在重视保护学生学习积极性的同时，还要适当照顾"两头"，即对学优生与学困生因材施教。我们的教学对象是重点中学的高中生，学生的自学能力强，他们手边占有的资料足以帮助他们自学古典诗词；教学中讲诗词，不是讲字面意思，而是主要讲意象中的文化，以及字里行间的情感变化，因为这是学生的困惑所在。因材施教，千真万确。

具体性是指教学目标的确定和表述应力求明确、具体，避免含混不清和不切实际。如在教学目标中，我们常用"理解"一词，但是掌握的标准是什么，如何测评，就比较抽象。威金斯（Wiggins）指出，教学中所指的"理解"往往是复杂的，当学生真正理解时，能够做到：解释，能合理解释事件、行为或观点；阐明，能演绎、解说或转述，从而阐明其中的价值；应用，能在新的环境中有效地使用知识；洞察，能提出批判性的、富有洞见的观点；神入，能感受到别人的情感和世界观；自知，能通过理解对象促进对自我的理解。所以，我们要明确这一节课具体的理解标准是什么。在信息传递的基础上，引导学生提出洞见、应用体验、自我反思等，在迁移、应用、创造等高阶思维发展中促进有效的经典学习。

教学目标设计，解决的是教和学要"达成什么"的问题。如果教学目标含混不清，不便理解和把握，势必会影响"如何教学"（即教学策略的制定），影响对"教学得怎么样"的评判（即教学评价），也就不能较好地发挥教学目标的作用，教师的教和学生的学都会失去明确的方向，教学效果也就大打折扣。

如果行为动词不准确，可操作性、导向性、可测性就不强。那么，目标的行为动词有什么特点呢？应该如何表述呢？

2. 教学目标的分类

第一类别：结果性目标，是指学生能够获得的知识。

"了解"——行为动词，如"说出、写出、辨认、选出、举例、复述、描述"和"识别"。

"理解"——行为动词，如"解释、说明、阐述、归纳、概述、概括、判断、整理"。

"运用"——行为动词，如"分析、比较、探讨、讨论、质疑、总结、评价"。

第二类别：体验性或者表现性目标，反映了学生的学习能力和学习水平，也反映了教学的可操作性，即在处理问题时所选择的过程与选择的方法，要让学生认识到问题的关键，可以作为学生理解能力的标准。

学生感悟力等情感态度和价值观方面的内容——行为动词，如"经历、感受、参加、尝试、交流、合作、分享、体验、认同、接受、同意、反对、称赞、关注、尊重、克服、拥护"等。

（1）教学目标不一定要面面俱到，而是要符合实际。

每一节课的教学中都可能包括三个维度的教学目标，确定应该深入分析和研究教学大纲或课程标准，弄清哪些目标是重点目标，哪些目标实现起来比较困难，从而确定出符合实际的教学目标。

（2）每一课时要以一个基本目标为主干。一节课不可能将学习领域的所有目标全部落实到位。

① 行为目标可以用来表述结果性目标中的"知识和技能"领域的目标要求，而且落实也容易做到。

② 体验性目标中的"过程与方法""情感态度与价值观"领域的目标要求就不是通过一两节课的教学能立竿见影的。

因此，体验性目标只能作为具体学习行为目标的补充，要慎用。强调教学目标的全面性、多元性，并不是不分主次，胡子眉毛一把抓。

3. 如何实现教学目标的简约性

（1）教学目标的设定不宜太多，而是宜简单，突出重点

如果教学目标设定太多的话，一方面不利于突出重难点，不利于检测当堂所学知识；另一方面也会给学生带来很大的压力。

（2）重点目标，制定得更具体，可操作性更强

一堂课完成一两个教学目标，把目标的指标要求规定得具体些，这样学生才有时间和空间朝着明晰具体的目标最大限度地增加思考的力度和思维的深度。这样的目标设计才能保证学生每一堂课都学有所得。目标设计过多，缺乏重点，就每一个目标来说，很难做到具体可行，课堂教学中，每一个目标的达成也往往只能浮光掠影地一带而过，无法保证每一个教学目标得到具体落实。

好的教学目标就是具体突出教学重点，抓住教学中最根本的东西并加以明确化、具体化，具有可操作性。

教学目标调整的范例展示，以语文教师设定教学目标的陈述为例：

① "通过教学培养学生的分析能力。"

评价：十分含糊的目标，不能给教学及其评价提供具体指导。

② "提供报上的一篇文章，学生能将文章中陈述事实与发表议论的句子分类，至少85%的句子分析得正确。"

评价：按行为目标因素来表达，目标陈述就很清晰具体了。

由以上对比分析，制定教学目标的原则可以简单归纳为：

① 准确、具体、简洁、明了。教学目标的设定要用可衡量、可评价的外显行为动词来界定，如"能运用……自由表达……"等。我们对教学目标的描述不要采用"了解、领会、体会"等描述心理过程的内隐体验动词，比较"抽象、笼统、模糊"，不易测量教学目标是否达到，而应多采

用"说出、归纳、说明"等外显行为动词，表义具体，深广度明确，具有可操作性。

② 行为主体是学生。例如，"能够独立复述课文"，这个目标也就是"学生能够独立复述课文"，而不应采用"教会学生、培养学生"等用语。

③ 体现三维目标要求。

④ 要有可操作性、可测性，指向性、导向性要强。如以《烛之武退秦师》为例，教学目标可表述为：借助提示、注释、工具书等，梳理传记的基本内容；探究形成"外交辞令""写人"特色与传记内容的关系；归纳说明本篇传记的叙事艺术；在了解史实的基础上，从情节、叙事等提出疑问，写出自己的看法。以上确定的教学目标既包含"梳理传记内容"的识记、理解的目标，又包含"理解叙述艺术""提出自己看法"等分析、创造的目标，形成了螺旋上升的学习任务分布。同时，这也指向经典的多维度理解：学生第一能够解释故事内容，第二能够阐明传记的写作艺术价值，第三能够在质疑中提出洞见，最终达成自我发展。我们再以《子路、曾晳、冉有、公西华侍坐》为例，尝试设计教学目标：借助注释、工具书等疏通文义，了解四子志向和孔子态度；结合"吾与点也"，深入探究归纳"暮春之游"的思想内涵；比较三篇经典的"社会理想"，立足现实，写一篇短评。这样设计，教—学—评就一体化了，目标明确，设计就清晰，内容就清楚，达成就可测评。

教学目标决定课堂教学的方向。课堂教学目标明确可以有效地克服教学中的随意性和盲目性，加强教学的针对性。抓教学重点问题和难点问题进行突破和讲解，只有认真备课，深钻教材，才能准确把握，深刻理解。

同志们，有一句话说，"把成长交给时间"。虽然这是非常对的，但时间并不能让所有人获得成长，只有那些能够清楚看到自己"短处"且能不断修补的人，才能一点点成长起来，成熟起来。就如五谷，要想结出沉甸甸的果实，不仅要经历四季，还要能够从泥土里汲取成长需要的养分，能够吸收阳光雨露，能够抗得住风霜雨雪。同志们，当方向明确，就要风雨兼程。教学是由诸多要素组成的。结果的有效还需要过程的精彩：教学内容的选择，教学策略的设计，教学的课堂生成。这样，我们才能在终点收获一路的精彩。

让时间见证我们每个人的成长。

谢谢大家。

第三篇　教学研究

习惯性拖堂，拖掉的是什么

课程改革十多年，我们聚焦课堂教学的有效性，把关注的重点放在教学目标的确定与教学模式、教学艺术的探究上，积极探索学生的自主学习、合作探究、交流展示策略，更加重视学生课堂的参与度，取得了喜人的成果。但对于课堂预设与生成的过程，如果没有科学的管理，高效课堂就得不到保障。现在，拖堂在校园中司空见惯，甚至有的教师习惯性拖堂，这是造成教学管理失序的"顽疾"。李崇义教授说，拖堂是传统应试教育观念遗留的一种表现。从教育心理学上看，拖堂违背了教育规律，是对学生的不尊重。教师在课堂上处于主导地位，而拖堂反映了教师把主导变成一种权威，以个人为中心，而忽视了学生的主体地位，是对学生不负责的态度。我们教师应该"闻铃而动"，这样才能不断提升自身的专业化水平，提高教学的有效性。

一、拖堂的主要因素

（一）备课不充分

备课是教师教学活动的一个重要组成部分，也是上好一堂课的前提和重要保证。教师要上好课，首先要备好课，备课是一项深入细致的工作，是教师达成良好教学效果的关键。有"备"而来，有"备"无患，只有课前充分备课，精心预设，才有可能在课堂上实现精彩的生成，提高课堂教学的有效性。因为教师的教育观念和教学态度的制约，许多教师对备课的认识失之偏颇，认为备课就是"背"课，就是写教案，就是照抄网上的资料，其实是在"抄"课、"背"课，实质上是"不动脑"，根本没有自己的教学理解。叶圣陶早就指出，"这个教参是个鸦片烟"，精辟的比喻道出了教师依赖教参等外来资料的危害性。此外，对课标研究不够，对考纲把握不足，对教材掌握不透，造成教学目标不明确，重点不突出，主次不分，平均用力；对学情把握不准，教学内容个个都当成难点来集中突破费时耗力；对教学内容研究不深入，不能自由拿捏，深入浅出，把新课标要求的"用教材教"退化为"教教材"，不敢取舍，唯恐遗漏一点，大讲特讲，只求心安，不担责任。这其实是教师不自信的表现，更是教育教学观念落后的体现。

（二）课堂掌控能力不强

教学除了预设，还有生成。而生成过程应是一节课的最关键所在，不但决定了学生能否在合作、探究之中学会知识，形成能力，高效收益，更是考验教师的课堂调控能力。因为缺乏课堂调控能力，在学生合作研讨和分组展示过程中不能把握时间，或者是纠结于某一个问题不能及时解决而浪费时间，或者是有些教师身上有着拖拉迟缓、不分轻重缓急、力求面面俱到的性格特征，自然也会在其课堂教学行为上有所体现。能否把握好教学节奏是教师在规定时间内完成教学任务的关键因素。教学节奏的重要内容是准确把握教学容量，合理分配和控制教学时间。如果教师不能很好地把握课堂教学节奏，教学语言烦琐，教学手段不能很好地为教学目标服务，在一些非重点环节花费较多时间，就会导致在规定时间内不能完成教学任务。

（三）课堂教学设计不精当

课堂教学要有高效益，就必须保证教学环节的完整性和教学流程的简明性。如果一堂课的时间设计、重难点设计、程序设计等多方面不科学或错误，那么教学任务就无法按时完成。教师不能很好地理解把握教学设计的科学性，就会踩着西瓜皮溜到哪里算哪里，讲到哪里是哪里，一堂课要讲哪些内容不系统、不清晰；有的教师教学主干不明，旁枝纷杂，语言啰唆。在这种情况下，教师一定要完成本课的教学任务的话，只得拖课。一节完整的课应该有小结环节，但因为许多教师教学内容没有进行完，这个重要的环节往往就被无情地忽略掉了。每个教学环节都发挥着重要作用，课堂小结有助于发挥近因效应，可再次激起学生的思维高潮，不仅能巩固知识、检验效果、强化兴趣，还能激起学生求知的欲望，活跃思维，开拓思路，发挥学生的创造力，同时能引导学生对学习方法进行归纳，最终让学生达到对所学知识能够融会贯通之目的。

（四）非教学内容耗时过多

有的教师是班主任，在自己的教学时间里会就班级发生的问题对学生进行批评或者教育，占用大量的教学时间，之后，师生双方都带着情绪开始上课，不但教师角色不清，转变不当，而且教学是要预设情境的，没有情境，也就更谈不上教学艺术了。有的教师才华横溢，知多涉广，上课时经常会因一点触发而引经据典，口若悬河，结果是该讲的没讲，与本课无关的讲了一堆，学生听了热闹，感受到了教师的博学，却没有教学收获。有的教师在课堂出现违纪行为后，中断教学，专心去处理违纪行为，不会冷处理，不会个别解决，这样便会造成时间的流逝，并使教学内容不能按时完成，教师只好拖课。

二、习惯性拖堂后患无穷

（一）教师错误教育观念延续加重

不会精心去研究教学，深挖教材，设计教程，提升教学艺术，抱着没讲完就拖堂的心态，不去反思教学，就会造成恶性循环，课堂低效，教师本身没有提高。备课是教学环节中的重要一环，如果课前没有认真钻研教材，把握不了重难点，没有准确分析学情，设计教学环节过多或者教学内容取舍不当，自然会影响课堂教学效果，往往会导致完成不了预设的教学环节而拖堂。

（二）形成不良的教学文化

什么是文化？文化是一定范围内人们积久成俗、共同遵守、具有感召力的价值取向。通俗地说，文化是长期积淀而形成的一种习惯。凡事都会有一个习惯问题。自以为"抢"到了时间，心里有了安慰，剩下的内容对学生讲过了，并且多讲了一些，甚至还认为不拖白不拖，不拖自己学科吃亏，全然不顾学生的休息与下面一课的上课。有了"甜头"，自然会继续下去。习惯具有"传染性"，别人看到后，自然会模仿，久而久之，便会逐渐成为一种风气。所以在一所学校里绝不会是一位教师在拖堂，应该是一群教师在习惯性拖堂，且愈演愈烈。

（三）不利于建立良好的师生关系

学生是强烈反感教师拖堂的，时间久了，即使这个教师课讲得好，学生也会产生逆反。课间十分钟是学生休息、上厕所、缓解大脑疲劳、转换思维、调整状态、做好继续上课的准备时间。在一所学校进行学年的学情调查时，有个班级的学生强烈要求换某学科的教师，其中的一个理由就是该教师经常性拖课，学生质疑该教师的业务能力。如果教师拖堂成了常态，学生更是会对教师产生一种排斥心理，必将降低学生主动求知的欲望，影响其学习效率与质量的提高。

说到底，拖堂现象的普遍存在和教师的教育观念有关，有怎样的教育观念，就有怎样的教育行为。拖堂这一不合理的教育行为基于其背后不合理的教育观念。拖堂不但会直接增加学生的负担，造成课堂教学的低效，长此以往，教师的专业化水平也会停滞不前，严重影响自身的提高与发展。所以改变现状是当务之急，迫在眉睫。

三、提升自己，加强管理，提高课堂教学的有效性

（一）不断学习，更新观念，形成正确的教育观

正确的教育思想是课堂教学的灵魂。当前有些教师的教学与其说是方法的落后，倒不如说是教育思想的陈旧，以及教学观念落后。陈旧的教育思想束缚着他们的手脚，使他们摆脱不了旧的教学模式，跳不出传统教学的框框。学校可组织教师学习有关理论，提升教师的职业素质，营造出良好的不愿拖课的氛围，真正使教师意识到教学质量的提高靠的是教学效率，而不是拖延时间。

（二）注重教研，加强合作，提高教师业务水平

要练好内功，加强合作，资源共享，认真备课。教师备课要用"心"、用"情"、用"力"和用"思"。要将自己的切身体会融入对教材的理解中，形成自己的看法和观点，不能只做"传声筒"。课前要认真钻研教材，准确把握教学的重难点，优化教学设计，选择合适的教学方法，充分考虑学生的学习能力和心理感受，把握好课堂教学节奏，提前预设学生提问和突发情况，最大限度地掌握课堂的发展动向。要加强学习，提高技能。由于教师的教学技能直接关系到一节课的成效，因此必须要努力学习，提高自身教学水平。

（三）加大管理力度，提高课堂教学效率

洋思中学创造了"高效教学"的奇迹，有不少经验和做法值得我们学

习和借鉴，其中在教学管理上的探索与实践确保了教学的高效。课堂改革是一项系统工程，从教师管理、教学管理到学校的制度建设和文化建设都需要整体推进，没有配套的改革是不可持续的。教学管理人员要负责任，敢担当，不做老好人，不怕得罪人。要将拖堂抢课现象同教师师德考核、业务考核、利益分配等挂起钩来，完善考核制度，采取切实有效的办法，杜绝愈演愈烈的拖课抢课现象的发生。这不仅仅是抓拖课问题，更主要的是端正教育思想，更新教学观念，提升教育境界，促进所有教师精心备课，视效率如生命，明确效率决定效益、效益决定效果。科学高效地设计每一课的每一个环节，确立"以最少的时间取得最大的效益"的教学理念，绝不"拼""拖"学生的休息时间，形成良性的教学运行状态。也只有这样，我们的课堂才是健康、有序而高效的绿色课堂。

结束语：

拖堂违背了教学规律，是课堂教学失误的表现。习惯性拖堂，拖掉的是什么？是学生的身心健康成长，是教师的专业化提高与发展，也更不利于学校长远的内涵发展。因此，教师要认真反思、更新观念，提升驾驭课堂的水平和能力，管理者要责无旁贷，采取措施克服拖堂现象的发生，让遵循教育规律、遵循学生发展规律、遵守教育规范的高效课堂教学成为常态。

参考文献：

[1] 曹广文.初探"拖堂"现象 [J].教学与管理，1997（9）.

[2] 刘金玉.高效课堂八讲 [M].上海：华东师范大学出版社，2010.

[3] 赵国忠.备课最需要什么 [M].南京：南京大学出版社，2009.

（此文发表于《教学管理与教育研究》2018年第21期）

新课标视域下组本研修的路径与策略探究

杜威（Dewey）说："如果我们仍用昨天的教育培养今天的儿童，那么我们就是在剥夺他们的明天。"在信息时代，教育面临着巨大变革。新课改、新课标、新教材、新高考对教学提出了新要求。《普通高中语文课程标准（2017年版2020年修订）》（以下简称《课程标准》）观照时代要求，凝练了学科核心素养，力图促进教与学方式的变革，实现高阶思维推动深度学习发生。

教育的关键在于人。新课标视域下，教师应该如何跟上时代的脚步，实现与新课程同步发展，与新课标共同成长？学校管理者又应如何快速提升教师的专业化水平？组本化、情境化、学科化的研修有利于实现教师专业培养的日常化、系统化、深入化。组本研修应该是教师专业化成长的一个重要平台。本文就新课标视域下组本研修的实现路径与策略进行深入探究。

一、组本研修是提升专业化、落实核心素养的重要路径

深度学习是落实立德树人的根本任务，是实现学生发展核心素养的重要途径。教师专业发展是确保深度学习有效发生的重要条件。我们关注的更多是国培计划、校本研修，虽然这是解决共性问题的有效策略，但要有针对性地解决教师在教学中存在的困惑，就必须充分重视以学科为单位的组本研修。

（一）问题导向：教研组功能定位是课程改革的必然选择

教研组（学科组）是教师切磋业务、交流经验的平台，是教师专业化发展的摇篮。教研组应是教、研、训一体化，重视研究、合作、反思。但在实际工作中，仍存在着如下问题：一是教研组功能行政化。本质属性被弱化，教研意识淡化，教研活动的时间被传达通知和工作安排大量挤占，研究合作时间过少。二是教研活动方式线性化。不能适应新课标的要求，以集体

第三篇　教学研究

备课和理论学习为主,没有具体的教研目标和翔实的教研措施,多"纸上谈兵",缺乏可操作性的教研策略。三是教研组活动内容浅表化。不能根据新课程、新课标、新教材、新高考的需求,对综合、情境、深度学习、核心素养的落实进行深入研究,缺乏具体明确的教研主题。整个教研活动在促进教师专业发展、提升教育教学质量等方面缺乏有效的专业引领和细致的统筹安排。四是教研成果低效化。教研组活动过于简单,流于形式,不能有的放矢地就教学方面出现的问题集中教研组的力量展开深入研究,教师之间缺乏深层次的探讨与交流。

教主要是为学生的发展,研主要是为教师的发展。组本研修可以有针对性地解决以上"病症",面对新课标,它的功能应该是:发挥组织学习功能,提高教师课改意识;抓好常规教学,发挥指导、激励功能;重视行动研究,实现行为转变;倡导教学反思,形成合作文化;抓好课题研究,发挥研究功能;提高教师教学技能,发挥培训教师功能;抓好关系处理,发挥协调功能;建设教研组文化,促进教研组内涵发展。为教师提供提升专业化发展的方法,同时可解决教师职业懈怠问题,切实促进教师自主学习、合作探究、实践反思,从而保证持久发展。

(二)任务驱动:落实学科核心素养,提升教师主动应对能力

正如托尼·瓦格纳(Tony Wagner)所说的那样,今天的世界不仅关心你知道了什么,而且关心你用知道的东西做了什么。换句话说,数字时代的社会要求拥有包括批判性思维、合作和独立工作的能力。我们的教育能够让"学生掌握课业内容,培养批判思维以及解决复杂问题、合作和有效沟通的能力,成为拥有学术心态的学习者"。

变革时代,对人才提出更高的要求,新课标更关注情境、综合、自主、合作,提高课程的参与度,深度学习。《课程标准》基于学科本质,将课程目标进一步凝练为学科核心素养,即学生修习学科课程后应达成的正确价值观念、必备品格和关键能力。新课标的落实需要教师的参与。刘月霞等编著的《深度学习:走向核心素养》中提出了建议:教师应更多地从发展学生学科核心素养的课程目标出发,站在学生学习和成长的角度重新定位教学目标、教学内容、教学过程和教学评价,系统思考教学改革问题。教师必须能够清晰把握本学科对于学生发展的独特价值和贡献,以明确教学的终极目标；必须准确认知本学科的体系结构、学科思想方法、学科大观念和核心概念，以选择和确定教学的内容载体；必须熟练掌握有利于学生核心素养培养的独特途径和方法，以确立适宜的教学过程与方法。当然，教师还需要掌握基本的评价方法和手段，以便开展恰当的教学评价，反馈教学效果，进而帮助教师自己检视和反思教学目标的确定、教学内容的选择、教学过程的设计等各个环节。总之，基于学科核心素养培育的教学改革对于教师的挑战是全方位的，检验着教师对学生的理解以及对学科知识、教学知识的掌握程度和运用能力。

基于新课标凝练的学科核心素养，开展丰富头脑风暴，让教师提升主动应对新课改、新课标、新教材、新高考的能力，让新课标平稳落地。

二、基于新课标的组本研修的路径与策略

要着力促进教师专业化成长，为新课程、新教材落地，完成立德树人任务提供师资保障。组本研修以"一组一品"建设为特色，以教研组品牌建设为统领，发挥组本教研在校本教研中的基础作用。组本研修的重点围绕新课标、新教材、新高考、课堂教与学方式、教师专业素养、学科学习方式等展开理论与行动、研究与实践，切实提高教师的课程领导能力、课程建设能力、课程实施能力和教研能力。

（一）推进基于新课标的新教材研修

高中统编教材是基于《课程标准》编写出来的，改动比较大，许多内容是新的，结构与任务是新的，体例和教法是新的，使用新教材时要认真学习新课标，要有"课程标准意识"，教师的思想和业务水平必须跟上，吃透教材，才能用好教材。如温儒敏教授在统编高中语文教材培训中强调，课标在论述"语文核心素养"时，提到要"通过语言运用，获得直觉思维、形象思维、逻辑思维、辩证思维和创造思维的发展"，还提到要帮助学生形成"正确的审美意识、健康向上的审美情趣与鉴赏品位"。诸如直觉思维、形象思维、审美情趣等，是新提法，以前我们教学中较少关注，新教材也在努力体现，我们备课时就应该多用心。有些单元阅读文学作品较多，在设计学习活动和问题时，应多考虑诸如直觉思维、形象思维、审美情趣等的培养，尽可能往"语文核心素养"的目标靠拢。这是组本研修的一个重点。

1. 专家指导

组本研修充分依托专家、教研员、一线优秀教师等组成的教师培训团队，开展专项培训与研修，初步提升教师新课程理念及育人能力。围绕新课程、新课标、新教材、新高考落实中的问题，开展微创新论坛、课例评比等活动，发掘典型案例，启发教师发现和解决问题。如，可以研读《课程标准》与新教材，交流讨论，使用教材时很好地把握课标要求，理解学科课程设计、教材编写的思路，把握学科的课程性质与基本理念、课标目标、课程结构、课程内容；挖掘优秀课例及典型教师，并通过经验交流、专家引领等方式，共同提高课堂落实新课程、新教材理念质量。

2. 多元培训

根据新课程标准，以提升师德修养、育人意识和能力为目的，提升教师培训与研修，依托"一组一品"建设，让教师深刻理解本学科对于学生成长的独特的育人价值，理解学科核心素养的内涵，落实学科核心素养。统筹发挥组本教研与校本教研、联片教研、网络教研等手段合力在提升教师育人能力中的作用。

3. 主题教研

如设计"新课标、课教材、新教学关系"主题学习研讨。认真研读《课程标准》，和新教材对照着读，以加深对教材编写理念和设计意图的理解。防止课标的精神"转化"为教学内容的过程中出现缺失。这样，我们对于如何用好新教材，站位就会高一些，而不至于"只见树木，不见森林"。如统编高中语文教材按照新课标要求，是以"学习任务群"来整合单元教学的。这样有什么好处呢？好处是突破单篇阅读精讲细析的固定模式，更加放手让学生自主学习，建构"语文核心素养"。教材的"学习提示"和"单元学习任务"的编写方式是新的，和以前的常见习题不太一样，学生的自主学习如何安排，其中都已经有所提示或者建议，组本研修要关注教材中的"单元学习任务"是如何引导学生的学习"活动"的，这种"活动"不能离开语文，主要是读书、思考和合作探究。对新教材有了一个全面的、系统的认识，会为教学工作的展开打下坚实的基础。

（二）扎实开展课堂典型教学方式变革策略与行动研修

课堂是教师发展和学生成长的核心场域，是彰显教师职业生命力的地方，没有课堂，就没有教师教育教学愿望实现的"根"。关于课堂研究的意义、视点、方略等问题，钟启泉先生在《课堂研究》一书中给予了全面而深刻的阐述。新型的课堂研究是基于"学习共同体"的研究，侧重学生、学材、学法的研究，本质上由教的设计与实施转向学习设计与反思的研究，其研究目标不再聚焦教师如何教，而是聚焦学生如何学，聚焦教与学的互动与交响。

《课程标准》实施建议明确"创设综合性学习情境，开展自主、合作、探究""探索信息化背景下教与学方式的转变"，要求教师要具有专业发展意识，努力建构教学共同体，"提高课程开发与设计的能力，实现教师与课程同步发展"。核心素养的提出为课堂转型提供了规格和依据，基于课堂转型的课堂研究势在必行。教师应重视课堂，重视课堂设计、课堂实施、课堂评价，更要重视课堂研究，做反思性实践者，促进自我发展。课堂转型的主体当然是一线教师，转型的前提是教师的课堂研究，组本研修的一个重点是教师课程力的提升。

课堂是体现教师素质与能力、学习与成长的多重平台。以课堂为阵地，组本研修才会有血有肉。

1. 教学行动研究——同课同构、同课异构、异课同构

集体备课是组本研修的第一要务。各校都有自己的制度与有效的经验。这些策略都是行之有效的，能够让教师学进去，理论升上去，课堂沉下来。这里建议大家关注如下课型的深入研究：

（1）坚持同课同构日常化。主要是就一篇课文或教学内容，集思广益，群策群力，用同样的教学设计，研究实施的智慧，形成最佳的教学方案，这就是同课同构。关键是在集备时还要研究基于讲授者特点与学情状态的实施策略，否则，同样的教案就会呈现大相径庭的效果。

（2）坚持同课异构深入化。同一课，不同教师的不同构想、不同上法，大家在比较中学习，扬长避短，共同提高。流程一般为：组内确定相同教学内容，由组内教师分别备课、上课，教师集体听课、评课。同课异构拓展了集体备课形式的内涵，不但促进了教师教学的创新，也促进了教师的相互交流和借鉴，使教师在"点"的创新和交流中，得到"面"上的诸多启发；既提高了教师群体提出问题、分析问题和解决问题的能力，提升了教师的教育实践智慧水平，又对上课教师个人的专业发展产生着深远影响。

（3）坚持异课同构共享化。这应该是组本研修走向纵深的一条路径。张祖庆教师在他的《给语文老师的新建议》一书中，提出了"异课同构"的三层意思：一是围绕着同一位名师的不同的课，研究他的课堂共性，把它读深读透，"你就能初步把握他教学思想精髓的教学艺术本质"；二是研究同一类型的不同的课，从中把握这一类课的教学规律；三是研究同一篇课文（内容）不同名师的精彩演绎，从名师"对对碰"的课堂中，寻找教学之道。这样的研究"把课置于更宽阔的背景下，在充分、反复的比较中，思考、辨析、提炼，往往能发现很多有意思的东西"。

2. 学习共同体——磨课、观课、研课、评课、辩课

对课堂的研究，还得在真实情境中。组本研修时开展磨课、观课、研课、评课、辩课活动，更能助力教师快速成长，走向卓越。这里重点说一下评课与辩课。

（1）评课，在组本研修中应有两重含义：一是别人听你的课，来点评你的课；二是你听别人的课，去点评他人的课。评他人的课其实评的是自己的教育理念、教学素养、课堂观与学生观，同时也可以从上课者处获得启迪，有所收获；他人来点评你的课，传递的是他的教学智慧与实践经验。

（2）辩课，其实是针对评课而言的，一个"辩"字展示了这种研课模式的精髓，必然有思维的交锋，必然有观点的碰撞。就是教师在备课、上课或者说课的基础上，就某一主题或教学的重点、难点和疑点，提出问题，展开辩论。以此加深对教学重点、难点或者热点问题的理解，真正促进上课教师与听课教师的共同提高。辩课就是为了双方有及时、充分的交流和互动，真正反思教学过程中的成败得失，使双方都明白哪些是值得肯定的，是可以学习借鉴的；哪些是值得改进的，是应该避免的。

评课、辩课能充分体现组本研修的质量与品质。不研习《课程标准》，就没有评课的方向；不熟习教材，就没有评课的底线；不懂课堂观，就没有评课的标准；不建构正确学生观，就没有评课的意义。辩课也是一样的，没有正确的打开方式，唇枪舌剑亦枉然。只有充分出现真正的智慧碰撞，"学习共同体"的成员才能有进步，才能在碰撞中建设课堂，创新教学。

3. 打造智慧课堂——说课、说题

说课是上课的教师把自己的设计意图、教学反思告诉听课的教师。组本研修可以自由地设计主题，让几位不同级别的教师进行说课，同时可以把说课的过程录下来，组织教师观摩、研讨，分析示范教学的成功之处和存在的问题，让教师及时看到自己的教学行为，并从中吸取教益。教师通过看自己的教学录像，对自己的许多不良语言习惯或多余动作等起到较好的矫正作用，更快地找到自己与专家的差距，从而提高解决教学实际问题的能力和提高自我反思的水平，促进教师的能力发展，提高教学效果。

说题是一种有效的教与学的途径，是"新生贵族"。特别是面对新课标与新高考，说题可以快速提升教师对课标的理解与对高考命题的把握。组本研修可以备课组为单位，每组展示一道经典高考题，围绕情景材料、核心素养、关键能力、必备知识、解题思路、迁移案例六大方面，将一道高考题细致地分析，透彻地讲解，真正做到将核心素养落实进课堂教学，发挥新高考的指导教学作用。也可以开展"说题比赛"，通过比赛，促进教师对教材例题、习题和高考试题的研究，从而更有效地把握教材和高考命题的方向，发挥教材中例题、习题和高考试题的作用，提高课堂教学的针对性和有效性，促进教师专业水平的提升。进一步促进教师深入研究课程标准、核心素养、高考评价体系，并将它们有效融入课堂教学，为课堂教学改革指明方向。

4. 课例专题反思研讨

主要是录像课的研讨，组织组内教师观摩名师的典范课例录像，开展交流研讨、反思总结其成功之处。实际上，任何一位名教师的成长过程都表现了自我反思的价值和意义，展现了一个专家型教师的理论素养和实践智慧。观摩名师的教学片段并集体剖析成了教师进行教育教学交流与借鉴的渠道，是教师沟通教育理论与实践的桥梁，更是教师反思自己和提升专业水准的最好途径。也可以录下本组内教师的课，执教者对自己的课进行反思，反思其成功与失败，这样既可以充分发掘教师中的典型，又促进了教师课堂教学水平的提高，进而使教师自身得到锻炼，促进专业成长。

（三）全面提升教师核心素养，有效落实课标

新课改、新课程、新课标、新教材、新高考的落实，其关键在于教师专业素养的提升。

1. 开展"教学经验共分享"活动

教育智慧蕴藏在先哲的思考与言行中，也蕴藏在每一位教师周而复始的教育活动中。充分挖掘本学科组教师队伍中的资源，教研活动时开展"经验共分享"交流活动，力图将做法上升为经验，将经验上升为智慧。在交流中，可以开展特色教师的专题介绍。给教师们搭建了一个新舞台，他们又为大家创造了一片片新天地。这项活动给予了更多教师展示自我、增进彼此了解的机会，给予了每个教师洞开视野的窗口和提升自我的平台。

2. 推进"悦读悦想"读书交流活动

鞭策全校教职工注重自身学识、修养、能力的进步。实施办法：按照教研组顺序，间周一位教师介绍教育名著内容、阅读心得、推荐理由，及在工作中的应用。虽然阅读不能改变人生的长度，但可以改变人生的宽度和厚度。一个人的阅读史即是他们的心灵发育史。教师还可结合教育实践写出教育案例，在组本研修时交流共享。

3. 倡导"教学困惑齐反思"

在新课改实施的过程中，我们努力使教师认识到：教学反思是教师成长必不可少的功课。一个从教二十五年的老教师，如果他只反思了三年，那么他的成长期只有三年，剩下的二十二年就是重复。在教学活动中，我们会不断积累教学经验，同时会有新的教学困惑在缠绕着我们。教师挖掘教学中存在的困惑，利用教研活动15分钟时间开展"教学困惑齐反思"交流活动，间周一次，解决困惑形成好的做法。这项活动是基于问题去研究，可以采用沙龙式、论坛式，给予更多教师展示自我、增进彼此了解的机会。可以建立教学反思的激励机制。首先为教师提供优秀的教学反思范例，经常性地对教师进行反思记录的指导；然后定期进行教学常规检查，并开展优秀反思案例评比活动。

4. 依托"草根课题"，助力深度学习

以课题为抓手，让组本研修有理有据。课题来源于课堂，又高于课堂，做到"人人有课题、个个做研究、天天有记录"。围绕教学中出现的某一个典型性和普遍性的问题，研究范围微观、内容具体、切口小、周期短，容易操作。发挥集体智慧来解决实际教学中出现的问题。教研组先征集问题，让教师选出有价值的最迫切的先公布，请教师们去思考学习，之后用每周的教

研活动和集体备课时间集中讨论。问题从教学中来，更有针对性。"草根式"小课题研究以问题解决、经验总结为研究目标，吸纳和利用各种有利于解决问题的经验、知识、方法，改进教育教学工作，同时提高教育教学水平，促进教师专业发展的课题研究。

（四）丰富研发学科典型学习方式，高阶思维助力深度学习

以活动为平台，组本研修会有声有色。教研组组织的活动可以分为教师活动和学生活动，也可以是师生共同参与的活动。教师活动可以从业务提升、素质提升、陶冶情操几个方面来考虑，而研发学生活动可以从普及与提高两个立足点来考虑，可以根据学科的需要来组织各种活动。如统编高中语文教材必修上第一单元属于"文学阅读与写作"任务群，开启学生高中阶段的文学阅读与写作的学习，组本研修集体备课时，可以设计学习任务，建构语言实践情境，以引导学生在运用语言的过程中提升语文素养。如可借鉴《朗读者》节目，创设"校园朗读者"学习活动情境，以带动学生在真实情境、开放空间中体会典型的学习过程，激活青春成长的情感体验。在课堂学习中，师生共同参与，课堂成为语文学习碰撞、成长的平台。

研发学科活动，推动深度学习。要让学生从被动的受教育者变成积极的自主学习者，学科活动是必不可少的。《课程标准》突出情境，如语文学习任务群是"以语文学科核心素养为纲，以学生的语文实践为主线"设计而成的，新教材充分落实。在教学中就要求教师设置学习情境，以恰当的活动为载体，让学生在语言实践活动中展开深度学习。以学生为中心的积极的教学方法有效地解决了两大顽疾——厌倦和消极的学习态度。这种更丰富更强调参与的学习方法是一种深度学习。它提高学生解决问题和合作的能力，同时增强学生的积极性，让学生更积极地参与学习的全过程，让学生用学到的知识在具体情境中提升解决问题的能力，而且在项目活动中巩固学生与教师、学生与学习之间的关系，这是传统课堂教学所办不到的。教师可直接让学生走进现实生活，或者将现实带入课堂，让现实生活成为学习过程中的一个组成部分。

实施《课程标准》，落实核心素养，实现立德树人的根本任务，变革教与学的方式，推进深度学习，打造新型课堂，都需要高素质的教师队伍。这就需要教师掌握专业发展的策略，并持之以恒地探索、反思，提高自己的

第三篇　教学研究

理念，改进自己的教学，自觉提升自己的专业素养。教师要坚持专业发展理念，具有专业发展意识，增强学习意识，提高教学素养，提高研究能力；建构教学共同体，善于与同行、学生合作，实现与学生的共同发展；学会自我反思。这些需要组本研修的助力与实现。

"合作已经成为一项关键的21世纪技能"，"在这趟全新的教育之旅上，没有一个人是孤单的"。学科教研组是教师成长的"家"，组本研修是教师专业化发展的平台，是教师生发教育能力和产生教育智慧的源头。组本研修可以改进教师的教学策略和方法，提升教师的反思意识和能力，改变教师自身的生活方式，实现教师的专业发展。

参考文献：

［1］王永和.教研组建设简论［M］.上海：华东师范大学出版社，2008.

［2］R.马丁内斯，麦格拉思.深度学习［M］.唐奇，译.北京：中国人民大学出版社，2010.

［3］刘月霞，郭华.深度学习：走向核心素养［M］.北京：教育科学出版社，2020.

［4］温儒敏.学习与研习［J］.中学语文教学，2020（8）.

［5］纪秋香.吟唱青春拥抱未来［J］.中学语文教学，2020（2）.

教学修行路上，贵在有"我"

——写给初入职教师的新建议

虽然这件事情已经过去了二十多年，但我印象颇深，感慨诸多。一位新入职教师听完我的课后，也复制过去，照搬到课堂上，但效果不佳。于是把这个疑惑抛给了我，也咨询于他人。我如约听了她的课，只问了她一个问题：是谁在上课，是你还是我？每一个人都是不同的，每一个课堂是全新的，每一班学生是鲜活的。因此每个课堂的预设与生成应因学生而不同，也因教师而不同。教师的成败源于课堂的成败，课堂贵在有"我"，才可能上出"新"意。

一、"我"的视角研读教材——难在有"我"

新手上路，无可措手。面对新教材与教学内容往往难于驾驭。这时就会出现以下两种情况：一是向身边有经验的教师学习，每课必听，照猫画虎，用他人的语言传递他人的教案；二是充分利用网络的便利，学向全国。新手初上路，去学习，甚至去模仿，都无可厚非。新人模仿其实是一个必经的阶段，但模仿不是拷贝照搬。有许多教师是还没看教材的具体内容，就直接上网搜教案，几篇教案整合成一篇"自己"的教案。没有自己思考的教案是没有灵魂的教案。如此下来，习惯整合他人的智慧，没了自我，那么如何成长？没有"我"的教学是没有成长的教学。"我"应该是自己独特的想法、独到的眼光，以及对自己教学风格的审视与定位。正如齐白石先生所言"学我者生，似我者死"，要想走得远，必须寻找适合自己的路。教学中"我"的存在是在时刻唤醒教师自我的专业发展意识。走自己的路，才能有自己的风格，才会拥有诗与远方。

赫拉克利特（Herakleitus）说："你是你选择的集合体。日复一日，你的选择，你的思考，你的行动，成了你。"建议初入职的教师在备课时，要确立对待教材的正确态度，一定要先认真阅读教材，把握"先学后讲""先通后教"的原则，认真研习教材，与教材编者对话，与文本作者对话，当真正读懂教材内容，驾轻就熟，明确了"教什么"以后，才可能做到"用教材教"。同时要去琢磨教材编者的设计意图，特别是新课标"关注学生个性化、多样化的学习和发展需求，促进人才培养模式的转变，着力发展学生的核心素养"。如语文学科"更新了教学内容，重视以学科大概念为核心，使课程内容结构化，以主题为引领，使课程内容情境化"。对语文教材中的课文应该多读几遍，读出自己的理解，再来确定教学目标，设计教学。有了自己的教学方案后，这时可以去借鉴他人的经验来丰富教案，提升自我；否则永远只能是重体力的"搬运工"。教学中有"我"，是在成长；没有思考，教龄只是重复，不会形成教师自己的教学风格。而且无论教过几遍，千万不要复制自己的教案，每一次都要与自己进行纵向的"同课异构"，要当作新课文来读，随着教学经验的积累，人生阅读的丰富，你对文本会有不同的理解。如果复制，其实是你在拒绝成长。没有了"自我"，教师就会出现舍不得自己的教案与预设，等不及学生的自主学习，以师为本，以教为本；放不下自己的讲台，高高在上，滔滔不绝；闲不住，课堂成了独角戏，学生成了观众。没有了"自我"，语文教学就失去了自我；没有了思想，语文教学就失去了灵魂；没有了灵魂，我们的教学何谈"鲜活"？只有"我"在，教师才能自如驾驭教学内容，大胆取舍，而不是主次不分，重点不突出，面面俱到，唯恐没讲到。这样的课堂本身是压抑的课堂。

人民教育家、著名语文特级教师于漪认为："一个不会思考的人是成不了优秀教师的。"所以，教师在备课时，应该把文本反复读上多遍，直到读出自己的思考，自己的感悟，自己的"课眼"，自己的教学设计。只有熟悉了文本，才能更好地把握，才能设计出有鲜活生命力的教学设计。我在讲授陶渊明《归园田居》（其一）时，尽管讲过多遍，但每讲一次，我还是反复诵读，期待读出新意，寻找新的教学抓点，与过去的自己进行同课异构。传统的教学设计是以"归"字为中心，探讨"为何而归""从何而归""归向何处""归去如何"四个问题。我在读中，不仅读出一个"归"字，还有一个大大的"美"字。于是我有了一个新教学设计，那就是从"美"引出"归"，从语言美、结构美、田园美、意境美、人格美五个方面入手分析作者的情感变化。上课时，我也引领学生反复读，体味字里行间的美，在一种淳朴自然、宁静安谧的意境中，自然而然地引出了作者的人格美。在反复的诵读中，学生也抓住"美"与"归"两字，这首诗意、境、情就可以完美体味出来。这个教学设计是在读中体悟出来的，融入了"我"在其中。如果没有自我的思考，也只能复制传统的"归"来单线理解。

张祖庆教师在《我的败课史》一文中谈到，"这一课，之所以败走麦城，关键在于没有找到自己。只是受别人启发，却没有自己独特的发现"。他告诫自己"一定要有独特的发现，否则，会活在别人的阴影中。找到自己，上出自己，才能演绎让自己满意的课"。所以，行走在教育的路上，你要成为你自己。这是一个教师成长过程中的灵魂。教师要提升自己的课程力，就必须在自己的课堂里打造专属自己的教学思想。一个好教师应该有当教育家的追求，摆脱平庸的匠气，多一点师者的灵气和才气，做一个有思想、有特色的专业化教师。

二、"我"的课堂，与众不同——贵在有"我"

第一，要翻转师生关系，转变教与学的方式，打造"新"课堂。首先要解决教学观与课堂观。有些教师身在课堂，却不识课程真面目。课堂是什么地方？课堂是学生自主学习、自由学习的地方，是师生情感与信息交流的地方，是学生共同质疑、释疑、生疑的地方，是学生感悟做人道理的地方。所以，课堂才是学生学习、成长的主阵地。我们的课堂要洗尽铅华，回归本真。教与学的关系是课堂教学的最基本关系，是处理好其他各种关系的前提和基础，是准确理解和把握课堂教学的关键。教与学要解决两个根本性问题：一是学生在课堂教学中的地位问题。主导有尺，主体有度。协调好师生教与学的关系，才能有助于学生的发展。二是课堂上要学会倾听。倾听是一种尊重，学生会产生安全感。心理安全是学习的前提，正如《第五十六号教室》的成功正是在于创设了一个安全的班级与课堂。而且，教学最怕的是思维替代，如果教师说得太多，"满堂灌"，那么学生就很难有自己的想法，无暇提出自己的问题。我们在课堂教学中不能在思维上"绑架"学生。课堂不应该是所有眼睛都集中在授课教师身上的"个人秀"，教师要"俏也不争春"。不要把"演绎课堂精彩"当作教学的唯一追求，而是要帮助学生学习，协助学生成长，不要"灌入"，而是要"引泉涌出"。一定要搞清楚，教得好不好的评价指向是学生学得好不好。要翻转师生关系，"教"服务"学"，而不是"学"服从"教"，使从"教"走向"学"成为必然。在研究教学内容时要突出有"我"，形成自己的思考，在教学风格方面要突出有"我"，凝练出自己的教学风格与理念。但在课堂生成过程，你要正确定位你自己，要始终问自己一个问题：教学，精彩教师还是精彩学生？

第二，要创设综合性学习情境，让学生深度参与学习，提升"新"课堂。课堂变革的方向是促进每一位学生的深度学习。美国学者弗伦斯·马顿（Ference Narton）认为，"深度学习是处在认知的高级水平，涉及高阶思维，可以发生迁移"。其具有六种相互关联的核心竞争力，"掌握核心学业内容、批判性思维与问题解决、有效沟通、协作能力、学会学习、学校心志"。我们经常能看到或亲身经历着课堂上总会有一些学生不参与学习，精神游离或昏昏欲睡，我们往往将此归咎于学生，如此这样，我们将失去变革学习的机会。在课堂上，我们应创造有活力、有深度的学习空间，激发学生深度与创造性思维。美国心理学家威廉·戴蒙（William Damon）认为："当今，成长过程中的最大问题其实不是压力而是无意义感。"不参与、不融入，如何会寻找到个人意义，自然不会产生深度学习。所以课堂上，教师要学会倾听和鼓励学生提问质疑。在课堂上，如果教师是讲得最多的人，学生不仅容易心不在焉，而且很难参与到讨论、探究和批判思考的活动中去。这就会削弱学生的自我效能感，将会产生如心理学家卡尔·罗杰斯所说的"课堂上的观光者"。所以美国国家年度教师获奖者莎娜·皮普斯（Shanna Peeples）在所著《深度教学》一书中提出，运用苏格拉底式提问法，有效开展备课设计和课堂教学。她主张构建鼓励提问的课堂文化，围绕学生的问题，创造更深层次的学习体验，把学生的问题应用到教学中去，营造鼓励学生探究的课堂氛围。过多的"讲"产生的是浅表性学习，甚至虚假性学习。没有质疑与思考的课堂是没有生命力的课堂。要实现学生的深度学习，教师要进行高品质的学习设计，让学生在具体情境中进行实践，让学生"行"动到"神"动，这是课堂教学质量的重要保障。如2020年修订的《普通高中语文课程标准（2017

年版）》以学科大概念为核心，使课程内容情境化。以学生的语文实践为主线，设计"语文学习任务群"。在课堂上，我们应以任务为导向，设计活动，让学生参与其中，在解决问题过程中深度学习，提升语文关键能力，增强形象思维能力，发展逻辑思维，提升思维品质，构建生态课堂。

第三，要发展学生核心素养，构建学习共同体，深化"新"课堂。合作越来越成为现代社会的必备技能。课程改革的核心是"由重教向重学转变"，构建"探究合作学习"的新模式，创建"学习共同体"。在课堂上落实核心素养，更强调学生的体验、体悟，更强调学生的深度参与，更突出高阶思维的深度学习，激活思维，2020年修订的语文新课标在实施建议中提出"开展自主、合作、探究学习"。这也是应对时代迅猛发展与社会生活深刻变化和新时代人才培养质量的新要求。佐藤学在《学校的挑战——创建学习共同体》中提出"学习的三位一体论"。所谓"学习"，就是同教科书（客观世界）的相遇与对话，同教室里的伙伴的相遇与对话，与自己的相遇与对话。学习是由三种对话实践——同客观世界的对话、同伙伴的对话、同自己的对话——构成的。它是作为一种活动、合作、反思所构成的"活动性、合作性、反思性实践"而实现的。合作学习的教学是由每个个体的互动所形成的意义链和关系链构成的。共同学习的关系通过教师的"串联"活动得以实现。只有合作，学习才能真实地发生。学习共同体不仅仅是一种课堂教学方法的变革，还通过改变课堂来改变学生的学习方式。关键是学习共同体的课堂让每一位学生得到了尊重，都获得了高品质的学习权，在平等的环境中成长，学生就会尊重他人、温暖他人，倾听他人、回应他人，才会真正学会学习。陈静静在《学习共同体：走向深度学习》一书中认为："学习共同体实际是在改变整体的教育生态，学生们每天都在与自己对话、在与他人对话、与世界对话，只有这样的教育生态培养出来的学生才能真正成为优秀的学习者。"

三、"我"的成长，走向卓越——成在有"我"

教育肩负着立德树人的根本任务，要为党育人，为国育才。作为教师，我们如何顺应时代变革、教与学的方式的革新？

《普通高中语文课程标准（2017年版2020年修订）》基于学科本质，将课程目标进一步凝练为学科核心素养，即学生修习学科课程后应达成的正确价值观念、必备品格和关键能力。新课标的落实需要教师不断提升的课程力。刘月霞等编著的《深度学习：走向核心素养》中提出了建议：教师应更多地从发展学生学科核心素养的课程目标出发，站在学生学习和成长的角度重新定位教学目标、教学内容、教学过程和教学评价，系统思考教学改革问题。这就存在一个教师专业化发展的问题。需要个人自觉与管理方的设计，策略与路径多元。一是个人的职业规划与实现，二是理论的学习与经验的提升，三是个人教学历程的反思、诊断与调整。我曾写过一篇文章《新课标视域下组本研修的策略探究》，提出了组本研修对教师成长的作用，里面提出一些设想与发展路径。今天只想谈一个问题：如何面对信息时代，瞬息变化；教育对象，不断更新的现状。教育要求教师要跟上这个全新的时代。那么读书就显得格外重要了。

吴非在《课堂上究竟发生了什么》中写道："在学校里，最可怕的是一群不读书、缺乏智慧的教师在辛勤地工作。因为这样的教师会辛辛苦苦地把本来聪明的孩子教得不会学习。"

要落实新课标、培养核心素养，要推动新课改、变革教与学的方式，教师任重道远。《深度学习：走向核心素养》一书提出教师必须能够清晰把握本学科对于学生发展的独特价值和贡献，以明确教学的终极目标；必须准确认知本学科的体系结构、学科思想方法、学科大观念和核心概念，以选择和确定教学的内容载体；必须熟练掌握有利于学生核心素养培养的独特途径和方法，以确立适宜的教学过程与方法。当然，教师还需要掌握基本的评价方法和手段，以便开展恰当的教学评价，反馈教学效果，进而帮助教师自己检视和反思教学目标的确定、教学内容的选择、教学过程的设计等各个环节。总之，基于学科核心素养培育的教学改革对于教师的挑战是全方位的，检验着教师对学生的理解以及对学科知识、教学知识的掌握程度和运用能力。

所以，建议教师做一位终生学习者，做一位"专家"的同时，不妨做一个"杂家"。读书，你的教学生涯才能升级更新，你的课堂才能生成"新"意，你对教学的思考才会更有深度、高度、广度，你的实践才会更有力度、准度、温度与效度。

课堂是彰显教师职业生命力的地方。谁不希望在课堂上旁征博引、妙语连珠？谁不想用智慧和魅力征服学生？但谁都知道，要成为这样的教师，需有深厚的阅读功底作为支撑。火锅好不好吃，主要取决于底料。教师的教学能力如何也取决于"底料"。这个"底料"就是书，"底料"是否"够味"取决于教师是否读过足够多的好书。"底料"足则上课"充满底蕴"，呈现"大家风范"。大量阅读后思考，然后就积极地去实践，这时你就会发现自己似乎有了很多想法，似乎有了教育智慧，有了工作创意，把普通的小事也能做出新意和精彩。阅读和思考中，对比各方言论，辩证地看待，在继承中发展，从中汲取最有价值的东西为己所用，加工提升变成自己的东西。

读书，丰厚教师的底蕴，是教学丰富鲜活的开始。

多年前，行业内在纠结"一桶水还是一杯水"时，我的观点是教师要有流动的水，只有流动的水才是活水，而静止的水将会成为死水。只有不间断地读，才会有"活"水。教师与医生不同。教师更需要新鲜活水，因为这个行业所面对的是日新月异的、每时每刻都在成长的鲜活的生命。所以对教师来说，训练的"题海"可以不要，但阅读的"书山"何患其高？

课程改革的主力军是教师，温儒敏教授倡议教师做"读书种子"，提升业务水平，发挥创造性。教师通过广泛阅读，不仅能够重塑自我，还将阅读的激情外化为一种影响力，播撒给渴求知识的学生，这正是阅读的魅力。书到底要怎么读？对师者而言，读要"杂"读，也要"专"读。杂读可以感受穿越时空的非凡远见、透彻洞见和独特创见，吸纳深邃思想和智慧；专读可以提高学科教学专业认知，提升学科教学专业能力。当然，不妨因教而读，读所要教授课文的作者的文章著作，读与作者有关的传记文本，读与文本相关的文体著作，如此融会贯通，可拓宽教育视野，滋养人文情怀，完善知识结构，提升专业智慧，就可精彩你的教学，成就你的学生。

职业开启，抑或是正行走在教学的路上。你时刻要认识自己，时刻要记住做自己。专业化发展的过程，要有自己的思考；成就学生的历程，更要有自己的创意。从新课标的解读中走出一个新"我"；从新教材的研习中成长出一个新"我"；在变革教与学方式中，课堂上站立一个新"我"；在落实核心素养，完成立德树人根本任务，为党育人、为国育才的使命中，脱颖而出一个新"我"。

参考文献：

[1] R.马丁内斯，麦格拉思.深度学习［M］.唐奇，译.北京：中国人民大学出版社，2019.

[2] 刘月霞，郭华.深度学习：走向核心素养［M］.北京：教育科学出版社，2018.

[3] 陈静静.学习共同体：走向深度学习［M］.上海：华东师范大学出版社，2020.

第四篇

教育思考

学校德育工作序列化的探索

德育工作是学校的首要工作之一，是关系到学生人格塑造、做人立身的系统工程。德育工作必须要适应新形势，正面新课题，搞好继承与创新的关系。走入21世纪，当我们以理性的目光审视学校的德育现状，我们由衷地感到：机遇和挑战同在，艰巨和光明共存。作为从事学校德育教育的实践者，对德育要有所思考，在教育改革不断深入、素质教育全面推进的背景下，如何贯彻落实德育工作的各项要求，按学生身心发展的特点，在德育工作中逐步实现德育序列化，提高德育工作的实效性，从而达到新时代背景下学校德育的要求。

一、实施德育序列化是提高德育实效的有效手段

德育工作是一项塑造人的系统工程，本身就有一定的时序性、次序性，且要形成系列化体系，方能凸显效果。也就是说，一个人的成长本身就具有时序性、发展性，这就要求我们的教育必须遵循规律，依据不同年龄、不同学段学生的身心特点，分层实施、有效衔接，形成目标、内容、途径、评价等相契合的序列化工作体系。让德育走进学生心里，使学生在爱的氛围中快乐地健康成长。突显德育工作特色，以切实可行的行为规范引导人，以生动活泼的群体活动教育人，以丰富多彩的校园文化熏陶人，力争把学生培养成知书达礼的文明人、身心和谐的健康人、堂堂正正的中国人、开拓进取的现代人。那就需要在德育目标、内容和途径的确定中，不仅要注重其整体性，把握方向，把握全局，而且要注重它的层次性，把握阶段性、渐进性。

所谓"学校德育序列化"，实质上是遵循系统论原理，把渐进且复杂的德育工作当作一个可控的系统工程，就是根据社会发展要求和学生成长规

律，确定学校德育工作的总体目标，科学地规划各年级教育的具体目标、内容及实施途径，保证学生在校期间接受系统的政治、思想、道德和心理品质等方面的教育。在纵向上，对各个阶段的教育目标、内容提出相应的要求，由浅入深，分层递进；在横向上，每个阶段层面上的教育内容和各种教育力量、途径整合一致，产生共振效应。

德育的内容、目标、要求都应视学生的年龄、文化成绩的差异特点来分层教育。根据学生的认知层次而达到相应的程度，根据学生的身心发展规律，适量择其所需，务求德育的实效，是当前我们在德育工作中应做到的。

在以往德育工作中，许多学校对学生在校几年的教育内容缺乏整体安排，只图目的的实现，而不顾客观规律，急功近利，无视实际情况，而追求短期教育效益；只顾局部，而忘却教育整体，容易出现"蜻蜓点水"式和"一阵风"式的口号和活动。经常是在同一个教育目标下，各年龄段的学生教育目标和内容雷同，形式单一，从而出现不分学生年龄高低、认识差异，都参加同一种教育活动的现象，这就造成教育缺乏针对性。所以，德育工作要取得一定实效，在确定教育目标、内容和途径时，必须努力做到整体性和层次性的有机统一，使学校德育工作走上序列化轨道。《中共中央国务院关于深化教育改革，全面推进素质教育的决定》指出："按照德育总体目标和学生成长规律，确定不同学龄段的德育内容和要求，在培养学生的思想品德和行为规范方面，要形成一定的目标递进层次。"朱开轩同志在《新时期学校工作的纲领》一文中明确地提出："遵循青少年学生品德形成的规律和社会发展的要求，根据德育工作的总体目标，科学地规划各教育阶段具体内容、实施途径和方法，既要划阶段、分层次、有重点，又要由浅入深，形成序列，一以贯之。"

二、德育序列化方案的构建与实施

1. 构建德育序列化方案应从社会发展和学生实际出发

实施德育序列化，首先应制定德育序列化方案，确定德育序列化工作的基本框架：学校德育纵向序列化，凸显德育教育的渐进性和全程性；横向主题化，凸显德育内容的全面性和完整性。力争实现德育管理的网格化、德育工作的立体化和德育效果的最优化。而德育序列化方案的构建既要体现社会发展的要求，也要结合学生与学校的实际，形成富有本校特色的教育序列。从心理学的角度来看，高一、高二学生开始进入思维发展的初步成熟期，智力基本上趋向定型，记忆力的发展达到高峰；虽然意志和自觉性增强，但易于出现独断性，争强好胜，常容易坚持错误意见；群体意识强烈，爱交往，思想上带有片面性和不稳定性，易受社会各种思潮的影响，部分学生由于学业受挫，会产生消极情绪。高三学生的认识能力得到发展并趋向成熟，生活经验不断丰富，意志的果断性与坚定性有了很大发展，性格趋于成熟，具备较强的独立思考的能力，不轻信他人说教，对人生、社会、现实等问题有自己的观点。我校是一所普通高中，在大连市没有执行全市统一招生之前，学苗比较差，是经过多次选拔之后的"弱势群体"，虽然他们渴望能考入理想的大学，但缺乏艰苦奋斗的精神，基础比较差，没有养成良好的学习习惯，自卑心较重。同时由于现在的学生是独生子女，往往唯我独尊，不善于理解、关心他人，缺乏与人合作的意识，此外，他们对道德观念的判断容易停留在利益区分层次上，不能从人与人、人与社会的关系上考虑。在行为上、言谈举止还不够高雅，文明礼仪程度还不高；在心理上，意志不够坚强，开拓进取精神不足，对环境适应性不强。因此，学校在德育内容上重点选择理想奋斗、道德品质、文明行为、心理健康四条支序列，并对每条教育序列的具体内容确定重点。如，道德品质教育着重进行关爱他人、关爱集体、诚实守信、团结协作教育，并且收到了喜人的效果。

2. 德育序列化方案应做到纵向分层递进，横向整合一致

（1）德育序列化方案中的各阶段教育目标和各支序列在同一途径上的教育内容应体现分层递进

从德育阶段目标来看，根据学校德育总目标，确定各年级阶段目标，目标的分解针对不同年级、学段，呈现明显的由浅入深、由低到高的层次化特点，又体现出目标的一致性，符合学生成长中的由感性到理性、由感知到感受再到深入感悟等认知和思维发展的特点及规律。找准三个支点：高一年级以"适应"为德育支点，高二年级以"人格"为德育支点，高三年级以"成年"为德育支点。高一年级以"养成教育"为重心，以"规范行为"为目标，培养合格的学生；高二年级以"发展教育"为重心，以"陶冶情操"为目标，培养成熟的学生；高三年级以"理想教育"为重心，以"健全人格"

为目标，培养优秀的学生。此外，在学生中开展自我教育、自我管理，特别是着重干部的自立、自理能力的培养，完成从"拉着走—并肩齐步走—放手走"的过程，高中三年中，班级日常工作逐步从教师管理向学生干部管理过渡，最终达到调动学生积极性、发挥学生主体作用，实现学生管理的自化。

（2）序列化方案在横向上应体现整合一致

一是各教育支序列要围绕阶段教育目标整合一致。同一主题内容的安排依据不同学段呈现由简单到复杂、由局部到全面、由浅显到深入等递进化特点，同时又保持着主题内容的延伸性和展宽性，以及一致性和连贯性。如从高一阶段来看，教育总目标是要"引导学生认清人生价值的意义，确立人生理想新起点，规划好自己的学习、生活和工作"；道德品质教育的目标是"使学生关心他人、关心集体，诚实学习，在活动中与同学团结协作，学会处理人际关系"；文明行为教育的目标是"养成良好学习习惯和生活、卫生习惯，言谈、仪表符合要求，学会校园交往礼仪"；心理健康教育的目标是"适应高中学习环境与学习要求，增强集体感和人际交往能力，掌握自我调适与自我改变的技能"。二是各种教育力量、途径要整合一致。健全了德育管理网络。抓好五条德育工作线：班主任教师的教育主导线、班主任教师的生活指导线、学科教师的学习指导线、学生自我管理线、家庭社会辅助线。如从高二学生的心理健康教育来看，根据"增强社会责任感，培养积极乐观的态度，增强持久进取的信心和抗挫折能力，并发展创造力"这一教育目标，培养学生的创新思维和社会责任感。

（3）德育序列化方案的实施应建立相应的评价体系

为保证德育序列化方案的有效实施，应使班主任、学生干部、学科教师、家长等和学生建立评价体系。如对班主任评价，我们可从开展主题教育活动、班部培养、学生行为规范等方面每学期进行考核，考核方法既有学生问卷评价、检查评比等量化考核，又有主题教育、经验论文等评优活动；对学生班干部则可建立每学期一次的述评议制度，肯定其优点，指出其存在的不足之处，帮助其完善提高；对学生个体的评价可采用自评与互评、形成性自评价与终结性评价、管理性主评价等多样化、多维度的评价方式。

三、德育序列化方案实施时应注意的问题

（1）德育序列化纵向分层应是螺旋向上的、递进的，应考虑到教育目标的实现而需要一定的反复，所以并不是绝对的阶梯式，而应在递进中有一定的反复，在反复中递进，在内容安排上应螺旋形上升。

（2）各教育支序列的内容在各年级要合理安排，内容在各年级分布的比例要恰当，如理想奋斗教育，高一到高三逐步增强，文明行为教育则逐步减弱。

（3）教育具体内容应与时俱进，方案的框架结构、各阶段的教育目标制定后，经过一定时间的完善可以相对固定，但具体内容应体现时代精神，注意把握时代脉搏，不断更新、充实，使内容可亲、可信，提高教育的实效性。

德育走入信息化的今天，有许多问题需要研究。德育工作需要新思路、新举措，但万变不离其宗，任何思路、办法都要遵循教育本身的发展规律，考虑学生的身心特点，这样才能提高德育的实效性。

（此文2002年发表于《辽宁教育学院学报》）

立足校园主阵地，探讨教育干预新举

在思考青少年成长的各类命题中，当代传媒对青年的影响已变得十分深刻。传媒给中学生的发展提供了广阔的发展空间，为他们的健康发展提供了必要的养料。但是，大众传媒作为商品经济的产物，市场机制控制着大众传媒的发展，中学生的思想意识、价值观念尚不成熟，受到大众传媒的负面影响显得尤为严重。学校道德教育应该在无处不在的大众传媒面前，通过何种方式和途径，去积极引导，有效控制青少年去积极面对大众传媒，提高青少年的自我控制能力，促进青少年的和谐发展呢？

一、明确教育干预的指导思想

大众传媒一旦投入运行，就被赋予了选择信息和解释信息的权利，鉴于大众传媒的广泛性和青少年的特点以及高级中学教育的实际，我校课题组确定了以"以科学的理论武装人，以正确的舆论引导人，以高尚的精神塑造人，以优秀的作品鼓舞人"为开展教育工作的指导思想，培养学生对大众传媒的选择能力，树立正确的方向，这在一定程度上抵制了大众传媒的消极影响，确保了其积极作用的发挥。

二、提高教育者信息素质和分析能力

国家的希望在于教育，教育的希望在于教师，教师承担着教书育人的重任，因此，首先要教师提高自己的信息素质。信息素质是指在各种信息交叉渗透、技术高度发展的社会，人们所应具备的信息处理实际技能和对信息进行筛选、鉴别和使用的能力。包括信息的敏锐意识，即对信息的内容、性质的分辨和对信息的选择达到的高度自觉的程度；信息能力，即获取、处理信息的能力。课题组教师通过自主学习和集体辅导的方式，掌握信息素质和分析能力，了解青少年对各种传媒的倾向性，帮助学生对大众传媒的性质和功能、局限有较为完整公正客观的评价和认识，有的放矢地引导学生对大众传媒进行选择，充分发挥大众传媒的积极作用，从而提高对学生的监控和指导能力。

三、改进干预方式，发挥各科教学综合功能

尽管大众传媒已成为人们接收信息的主渠道，但是利用大众传媒进行思想政治教育却处于起步阶段。我们不能因为大众传媒对思想政治教育产生了负面影响，就回避它、拒绝它、否定它，大众传媒以其负载的信息量大、信息传递的速度快、传播范围广、交互性良好以及冲击力、渗透力强等优势可以为思想政治教育所用。在大众传媒日益发达的今天，各科教学也可以充分发挥引导作用，相互协调，综合运用，实现优势互补。如语文教学向学生推荐"读一本好书""读一篇小说"，历史教学向学生推荐"历史知识科学""历史故事"、一部历史题材的电影和电视剧，政治教学可以向学生介绍国际国内新闻、经济节目，等等。中学教学的每一学科各有特点和优势，充分挖掘德育教育的素材，充分利用这种优势互补，既有利于开展思想政治教育活动，又可以在一定程度上抵制和稀释大众传媒对思想政治教育的负面影响，提高思想政治教育的效果。

四、充分发挥党、团、队和各种群众组织的作用，加大教育的广泛性

学校党组织、团委、少先队、学生会等组织是开展德育工作的重要力量，要充分利用他们在德育中的优势，加大教育的广泛性。身教重于言教。学校党支部应把主要精力放在抓好党员的思想教育上，重视教职工的自身思想修养和师德教育。要加强德育队伍建设，建立一支高素质的德育队伍。提高教师的政治素质，充分发挥党员在各项工作中的堡垒和模范带头作用，激励全体教师真正做到教书育人、为人师表。同时，我校在学生中建立业余党校，对党校学员进行党课教育，并积极培养其中的优秀学生成为入党积极分子，使他们在学生中起表率作用，并能引导帮助其他学生正确面对大众传

媒。学校团委和学生会应加强对学生干部的培训，通过他们去带动全体学生提高自己管理自己的能力，充分发挥自我教育作用。各种群众性组织更应该齐抓共管，发挥群众组织的特殊优势。团委应组织学生观看原国家教委推荐的好电影，读好书，唱好歌，培养学生高尚的思想情操。利用学校教导处开展学生百分考核活动，确定如何利用大众传媒，选择什么内容的规定和要求，强化对学生接触大众传媒的引导。

五、建立社会、学校、家庭相结合的思想政治教育模式

实行社会、学校、家庭三方面密切结合，共同实施思想政治教育的模式，是我校的历史传统，在相当长的时期里收到了显著的效果。但是，随着信息时代的到来，各种媒介铺天盖地，层层包围着人们，对人们思想的影响作用越来越大。在这种情况下，我们必须重视媒体的作用，建立社会、学校、家庭相结合的思想政治教育模式。我校和派出所一起对学校周边的网吧进行监督，在家长会上向家长介绍如何引导学生选择大众传媒并确定学校和家庭反馈机制，以便在学生思想形成和发展过程中做到理论上指导、思想上启迪、情感上交流，全方位渗透，从多渠道、多角度促进学生思想政治素质的提高。

六、加强校园文化建设管理，形成浓厚的文化氛围

学校十分重视创建有特色的校园文化。校园内板报墙报内容丰富；《守则》《规则》悬挂得体，名人名言清晰，有教育之功能；校训、三个"面向"、教育方针耀眼醒目，升旗设施气势非凡，国旗下演讲深入人心；图书藏书量达标水平，图书室配置专职人员负责并有规范的管理制度；《人民日报》《中国教育报》《大连晚报》《新商报》成为学生的精神食粮；校刊《清源》定期出版，并发到每个学生手中，同时班级图书角作用显著，每周向图书室成批出借，学生阅读量不断扩大，读书看报兴趣有增无减；班级板报墙报定期出版，内容丰富多彩，各种形式班队活动生动活泼，内容健康向上，校园里到处呈现出一派生气勃勃的景象；"校园之声"充分发挥了对学生的导向作用。

（此文收录于《大众传媒与青少年教育》一书，辽宁人民出版社2007年出版）

行走在教师专业发展的路上

——学校教师专业发展状况调研报告

一、问题的提出

（1）教师专业化发展已经成为教育改革的趋势。然而在过去的教育现实中，有的教师曾经肤浅地认为教师的存在只是为向学生这一中心进行单向的传递，而忽略了教师专业化成长这一重要环节。教育的发展需要迫切地要求教育研究者在专业化发展方面进行更深层次的研究。

（2）青年教师专业化发展对我校的发展至关重要。青年教师的专业成长过程是客观条件与主观努力共同作用的一个过程，有着其自身独特的规律。就我校而言，尽管平时十分重视青年教师的培养，但尚未从专业化发展这一高度去研究和关注。因此青年教师需要快速地成长，必须走专业化发展之路，这样才能有效增强我校的教育实力，推进我校教育可持续发展。

（3）我校课题"有效教学，提高课堂45分钟的效益"的研究工作已全面展开，并取得了一定成效。本次开展了"教师专业化发展状况调查"，调查数据的完整、准确，可为课题的顺利进行提供有效保障。

二、调查目的

"深入学习实践科学发展观"活动在学校的开展必将有力地推动学校的科学发展。实现学校的科学发展应该落实在教师的专业发展和学生的全面发展上。而教师专业发展是学校科学发展最有力、最直接的动力。

对我校教师专业发展情况做专门调研，目的在于了解我校的教师专业发展状况，更好地把握教师在专业发展方面的需求和特征，探索新形势下"有效推进教师专业发展"模式，为寻求富有针对性的促进我校教师专业发展特别是有效教学技能的实践策略奠定基础，更好地促进教师专业科学发展，从而推进学校教育又好又快的发展。

三、调查方法与工具

我们结合我校教师队伍的实际情况，拟出《大连市第三十六中学教师专业发展现状调查问卷》，对全校教师进行了调查，问卷主要从教师的基本情况、教师对自身专业发展的认识、教师的专业知识与技能、教师的教学反思能力、教学交流和教科研活动及需要学校所创造的条件等多个方面着手。本项调查发放问卷88份，收回有效问卷80份。

四、统计结果与分析

（一）教师的基本情况

我校教师共96人，其中女教师较多，为73人，男性教师为23人。教师的年龄分布比较均衡，既有经验丰富的中年教师队伍，又有一群朝气蓬勃的青年教师。从整体上看，25~30岁的占全体教师的17%，31~40岁的占65.9%，41~45岁的占10.5%，46岁以上12人，占13%。偏年轻化的年龄分布表明：教师思想比较活跃，新的教育理念和教学行为比较容易被教师所接受。

从学历层次来看，具有硕士研究生学历的占10%。这表明我校教师整体学历较高，教师主动学习、持续发展的意识较强。

就职称结构而言，中学高级32人，中学一级45人，中学二级17人。由此可见，学校教师的职称层次虽总体偏高，但职称晋升还有不小的空间，学校管理者应抓住这个契机，有效促进全体教师的专业发展。

（二）教师对自身专业发展的认识

教师对自身专业发展有着强烈的内在需求。对自己专业成长的态度54%选择比较重视，但25%的教师表示听从学校领导安排，缺少自觉主动性。有近半的教师认为，内因是发展变化的重要因素，教师们尤其看重自己的后天努力，如32%教师主动研修，并有明确的目标；认为学校环境是专业发展的重要外因之一，占31%，其次是专家引领26%，借助网络23%。26%的教师认为同伴互助是最适合自己专业发展的途径，说明校内教师有互帮互学的良好教风。教师普遍认为工学矛盾严重阻碍了自己的专业发展，占62%，此外，学习、研究意识不强，理论修养不高（25%），校本研修的机制尚未完善（18%），存在职业倦怠（17%），等等，都是阻碍教师专业发展的主要因素。

（三）教师的专业知识与技能

目前教师最想学习、最需要的知识依次是：与教学方法、技能相关的知识（34%），与担任学科相关的学科知识（37%），信息技术与学科整合知识（28%），有关学生身心发展和评价知识（30%），与教育科研有关的知识（21%）。另外教师认为专业发展必须注重的是研究自己的学生，为学生的发展着想（74%），解决教学中实际问题（48%），立足自己的课堂、不断努力上好课（43%）。教师比较强调追求个人发展（15%）。

在教学中，有95%的教师经常使用电视、广播和网络资源辅助教学，这说明我校教师具有较强的运用现代教育技术的意识和能力；教学参考书依然是教师最广泛运用的教辅材料，选此项的占43.8%。不过，仅有3%的教师经常使用社区、生活资源，这说明教师比较缺乏将教育融入生活的意识，不能充分地利用社会资源为教育教学服务。

在教学中，大多数教师经常使用现代教育技术作为辅助教学的手段，90%的教师经常使用多媒体计算机辅助教学，43%的教师经常使用课件、模型和模具展示，27%的教师经常使用录音机、录像机。

被调查的教师中，有46%的教师认为需要增强对教学内容进行合理组织加工的能力，38%的教师需要学习如何选择恰当的教学方法，21%的教师缺乏与学生进行有效交流，尤其是非班主任的任课教师很少有时间和机会与学生做较深层次的交流，20%的教师认为欠缺制定科学合理的教学目标的能力。

在课堂上，教师采用丰富多样的教学手段活跃学生的思维：85%的教师喜欢组织学生讨论，将每一个学生融入教学活动之中，81%的教师注重培养学生自主学习的能力，36%的教师鼓励学生阅读有关教学指导书籍，另有11%的教师用其他自己创新的形式。

在新课程的实施过程中，很多教师对如何开展教学科研感到困惑，37%的教师认为自身缺乏教科研能力，24%的教师希望能加强多媒体技术运用能力的学习，22%的教师希望提高学科的信息接纳的能力。教师对如何评价学生以及与同事合作交往的能力都表现得比较自信，没有一人认为自己欠缺这两项能力。

（四）教师的教学反思能力

教师在完成一节课的教学后，最常使用的后续策略是在脑子里回顾一下，选择此项的教师占总人数的37%，其次是和同事就某些问题展开讨论占19%，在教案后面写几行占8%，11%的教师会征求学生对本节课的意见，只有12%的教师会系统思考并写下来。说明教师比较缺乏总结教学经验并记录成长历程的意识，甚至个别教师从教以来就从来没自己主动写过教师反思。

在开展教学反思时，教师的困惑主要有：12%的教师不知道如何表述，6%的教师不知道反思什么。可见，教师们的理论水平需要提高，须多读教育类书刊，增加积累。但调查显示，只有35%的教师有计划地选读专业著作，14%的教师一年能读两本以上，49%的教师只是偶尔看看，2%的教师一本不读。

教学反思之后，多数教师都能有意识地调整自己的教学行为。43%的教师一定能调整，59%的教师有时能调整，没有很少能调整和不能调整自己教学行为的教师。说明教师能根据教学的需要，灵活地处理教学中出现的问题，有较强的提高教学水平的动机。

（五）教学交流及教科研活动

从调查结果来看，教师普遍具有开放的心态和交流的意识，能在教学中取长补短，互通有无。50%的教师经常与同行交流经验或看法，43%的教师有时与同行交流，6%的教师有其他形式的交流，没有教师从来不与同行交流。对于适合自己的研修方式，29%的教师选择研习优秀教学案例，29%的教师认同集体备课，23%的教师喜欢专题培训，20%的教师借助专业引领。

我校教师较多参加的教科研活动是教学观摩占92%，其次是说课评课占53%，再次是课题研究占34%，有12%的教师开展教学实验，说明我校教学研究活动比较丰富，教师参与的积极性也很高。对学校教研活动的认识与态度，69%的教师认为重要，需要加强，但仍有20%的教师认为没有实效性，更有5%的教师不愿参加。对我校集体备课的态度，65%的教师给予肯定，认为切合实际，值得深入开展，31%的教师建议改进，让大多数教师真正参与。可见，有效加强教研组建设，提高教研活动的实效性，是我们应该思考并重点解决的问题。同时，学校在开展课题研究时，可以考虑进一步调动教师参与研究的积极性，吸引更多的教师加入课题研究的队伍，鼓励教师多形式地进行校本研究，开发校本课程，编写校本教材，为教师的专业成长搭建良好的平台。

（六）促进教师专业发展的途径

调查数据统计结果表明，教师希望学校能通过以下途径促进教师的专业发展：

（1）邀请专家开设相关的课题研究讲座，指导教师开展教育教学研究的方法。

（2）多组织教师外出参观，学习先进地区和学校的经验，感受直观的教育成果。

（3）希望能与名校结对，推选学科骨干，组织业务竞赛。

（4）加大经费支持，采取一定奖励措施激发教师提升专业发展的动力，形成积极向上的学习氛围。

五、存在的问题

（1）很大部分教师专业发展遭遇高原时期。教师生涯发展的高原期对应的教师年龄在35～45岁，这一时期的教师从教十多年，虽然积累了一定的专业经验，但常因自身的经验及资历而自以为是，也会因"职称"到顶而不思进取；会因自己对岗位工作的熟悉，在"小环境"的显赫成就而骄傲自满，也会由于满足已有的成就或地位，产生"职业懈怠"的心理，从而失去进一步发展的动力和可能。我校教师平均年龄正处于这个之间，其中，35～45岁的教师共87人，占专业教师总数的49.3%。从调查结果来看，44.4%的教师认为自己目前工作达到胜任水平，35.9%的选择为能手，但对于第二栏"您的下一个发展目标是什么"，仅有16.2%的选择为能手，21.4%的选择为专家。这表明大部分教师对专业发展缺乏思索，没有系统的生涯规划，他们满足现状，教育理想不鲜明。还有53.3%的教师认为下班后很疲惫，不愿再想学校的事情，这些都证明我校教师普遍感到职业的倦怠。从以上种种迹象来看，我校有相当一部分教师处于专业高原平台期。

（2）教师本体缺少及时的自我反思。原因大体有二：一是忙于日常教学，无暇反省，38%的教师认为目前工作存在的主要问题是忙于教学进度，缺少及时的自我评价与反思。二是教师自主学习、自主研究的积极性不高。调查表中显示，44%的教师一学期仅有一篇教学反思，25%的教师甚至没写过，73%的教师对自己已有的知识比较满足，没有迫切想充电的欲望。这一系列数据表明教师本身缺少积极进取的强烈动机，学习欲望不强烈，自主学习、自我反省意识比较淡薄。这与教师专业的自主发展要求存在较大距离。

（3）教师群体缺少有效的学习交流和专业引领。23%的教师认为目前工作存在的主要问题是缺乏有效的合作伙伴和合作氛围，缺乏理论支撑，理论学习机会少，70%的教师对专家和同事听自己上课未持高兴态度。教学中遇到问题请求帮助，64%的教师没有选择请教专家，可见，教师对专家的认同感不高，专家与一线教学距离太远，一些专家教师未发挥引领作用。

六、建议与对策

总结上述各项调查，我认为，我校在促进教师专业发展方面已经做了许多工作，学校教师的专业发展已经有了良好的基础。下一阶段，我们要不断探索促进教师专业发展的规律，构建适合本校文化特点的发展机制，为教师专业发展提供优良的环境。

学校在教师专业发展过程中处于极其重要的地位。学校不仅是培养学生的场所，而且是教师专业成长的基地。教师任职的学校当然是其专业发展的主要环境。教师的专业能力主要是在教育教学实践中逐步形成并发展的。构建有利于教师专业发展的学校，促进教师专业团队成长是一个长期的过程。在这个过程中，我们要注意以下一些问题：

1. 科学具体的教师生涯规划是教师发展的重要保证

现如今，大部分研究都从学校管理者的角度为教师安排学习内容，制定考核标准进行考核，使很多教师都在被动接受着学习，没做到因人而异，制定适合自身专业发展的个人目标，这对教师的终身发展是有着不良影响的。"凡事预则立"，教师要根据自身的优点和长处，学会制定科学的目标，不能人云亦云，以保证少走弯路，快速发展。帮助教师明确自身的地位、价值以及今后发展方向的可能性，便于结合自身的特点制定合理的个人发展规划，在此基础上，学校制定出科学的教师发展目标体系。在此目标体系的引导下，教师建构个人年度成长目标。

2. 要进一步搭建有利于教师专业化发展的交流平台

首先是重视制度保障。教师的专业发展应该是全体教师的发展。学校要以教研组、备课组为单位，通过对全体教师的教科研需求调查，形成一种自下而上的教师教学研究的启动和支持体系。要在制度层面上将开展行动研究作为促进全体教师专业成长的一个重要举措，从而促进每一位教师的成功，实现教师专业的整体成长。二是注重骨干引领。骨干教师是促进学校内涵发展的宝贵财富。学校一方面要制定骨干教师培养计划，加大对骨干教师的培养力度；另一方面要充分发挥骨干教师的引领作用，通过师徒结对、教学示范、经验介绍、专业讲座等形式，为广大青年教师的专业发展提供路径。三是形成"专业发展共同体"。教师都是工作在教学一线，有着共同的经历，也面临着类似的问题。因此，形成"专业发展共同体"，搭建各种形式的教师交流平台就显得尤为重要。要继续抓实"以校为本"的教师专业发展研究，以学科教研组为单位，开展教研教改活动，如一直坚持的"集体备课""师徒结对"等均给予了教师相互学习、切磋，共同提高的机会。要让教师有机会走出校园，合作、探讨，进而促进教师队伍的凝聚与合力。如有计划地组织教师到各校观摩学习。要加大校园网络平台建设，扩大教师的交流空间，为教师的专业发展开辟新途径。

3. 要进一步构建有利于教师专业化发展的培训体系

教师的专业发展是一个持续发展的过程，专家的智慧引领、同事的合作互助、应势而生的各种形式的培训成为教师专业成长中的加油站。在培训的内容与方式上要注重教师个体的学科性与差异性。比如实行分层培训，对于教龄短、教学经验贫乏的青年教师采取集中培训，提供更多观摩名师、听取专家报告的机会；而对于已经形成一定经验和风格的教师，则可以采取互动式教学等校本培训方式。另外，要通过开展积极有益的读书活动激发教师的学习兴趣和热情，让读书成为支撑教师专业成长的支点。同时，要加强校本培训，特别是同一学科的"组本培训"。教师的专业发展不仅应关注理论学习而获得的知识积累，更应重视在实践中获得的智慧成长。学校要加强校本培训、组本培训，提高培训的针对性和实效性，调动教师参与培训工作的主动性和积极性，把校本培训落到实处。在教育行动研究过程中，使教师的教学、研究和培训得到有机的结合，使学校成为教师成长的乐园。

4. 要进一步推进教师专业化成长的教学实践

教学实践活动是教师发展成长的关键。教学实践是内外因作用于教师发展的聚焦点，也是推动教师发展成长的直接与现实的力量。在研究过程中，我们将以开展各种科学研讨活动为主渠道，以学科教研组为抓手，推进"一课例多阶段多反思"的案例研究，新老教师互动的传、帮、带为主的结对策略，青年教师基本功对抗赛的竞赛机制，随机的课堂教学展示等教学研讨活动，通过有效实践，让青年教师的综合教学能力得以充分锻炼，才华得以充分展示，从而得到成功的体验，同事的认同，领导的赏识，以期进一步的发展，如此形成一个良性循环，既满足了教师自身发展的需求，又提升了学校教师队伍的素质。

5. 建立教师专业化成长考评制度

要依据新课程的精神和教学改革的方向，科学制定考评内容和考评标准，努力使考评过程成为引导教师学会反思、学会自我总结的过程。要为教师建立成长档案，帮助教师全面了解自己，明确自己所处的成长阶段和进一步努力的方向。

6. 落实新课程理念，开展教育研习活动

"教师即研究者"是新课程改革对教师提出的新要求，培养研究型、反思型的教师是教师职前教育的一项重要任务。要使教师成长为研究型、反思型的教师，就必须让其参与系统的研究性学习，只有在研究性学习中才可能学会研究。所谓"教育研习"，是指教师运用所学的教育理论对教师职业专业化过程中出现的有关问题等进行分析、探讨和研究，在理论与实践的互动中提高反思能力和研究能力，进而提升自己的职业技能水平，以便更好地适应教师工作。教育研习有利于将教育理论与教育实践有机地结合起来，以及教师在教育实践的基础上对自己的各项技能进行反思与总结，从而进行及时调整，最终达到"有效推进教师专业化发展"的目的。

7. 倡导自主发展

教师的专业发展应该是一种内源性、主动性的发展，而不是外源性、被动性的发展。要倡导教师在反思自身工作中发展、在学习中发展、在调查研究中发展、在与专家和同行的合作与互动中发展。教师要不断学习新理论、新观念，反思自身的教育观念和教学行为，提高自身发现问题的专业敏感性。要提倡教师做"反思型教师""研究型教师""学习型教师""合作型教师"。

（2009年）

不要做"牧羊犬"式的班主任

　　这是一个荒诞的题目。最近我在处理学生问题时，一直在思考教师专业发展，特别是班主任的专业化问题。一个大大的问号刻在心里，一个不解的问题绕于脑际，或许正应了一句老话：日有所思，夜有所梦。前日睡中突然醒来，三个字清晰地突显——"牧羊犬"。是呀，我们有多少班主任一直在充当着牧羊犬的角色，而且乐此不疲，精于此道。我找到了问题的答案，虽然茅塞顿开，豁然开朗，却未见光明，我陷入了痛苦之中。辗转反侧，不能入梦，痛苦中苦苦等待着第二天的天明。

　　牧羊犬的作用是什么？我看过一则故事：主人在没有牧羊犬之前，羊总是被狼偷吃掉了，后来得到了一只牧羊犬，该犬勇猛善战，见狼则穷追猛打，置之死地方才罢休，自从它来了以后，狼的偷袭次数越来越少，丢失羊的现象也越来越少了，它的贡献如此之大，主人特别高兴，就尽量给它好吃好喝的，牧羊犬感恩图报，工作越来越尽心尽力。过了不久，狼斗不过牧羊犬，都远走他方，再也没有狼吃羊的现象了，牧羊犬的作用是管理羊群、保护羊群、驱逐恶狼的，仅此而已。

　　但教师（班主任）的作用决不能仅仅如此！

　　那么为什么会在现实教育中出现诸多"牧羊犬"式的班主任呢？

一、教师教育观念的滞后、僵化

　　师道尊严是许多教师，甚至青年教师在面对学生时的面孔。教师把自己生硬地从学生的群体中割裂出来，不顾伤口还流着血，高高在上，非要立于学生对面，认为只有这样，才能去管理学生，好像只有这样，学生才可能听从自己，服从自己。教育观念的落后，把自己与学生的关系简单地分为管理者与被管理者。说一不二，要学生唯师命听之；没有爱的交流，没有情的沟通，只有高高在上的生硬管理在役使着学生。二者都是可悲的。

二、教师教育艺术匮乏、苍白

教育是艺术。教育需要心与心的沟通，需要策略。但是许多教师没有办法，没有"着儿"。我常说这样的话：你可以想不到，但不能看不到；看到了，你不能做不到。许多教师不读书，对自己的专业发展不关心、不重视、不主动。我在《教师专业发展问卷》中提问：你对自己专业成长的态度是什么？许多教师的答案是听从学校领导安排。自己的事让别人来安排，把自己的生命交给别人来设计，这不是一种悲哀吗？所以他们只会管，只能想到管。

三、学校管理行为偏向、误导

不能不谈到这一点。许多学校对班级的评价往往是班级是否稳定，对教师的评价往往是能否管住学生。所以学校班主任评优时，会青睐那些管理好的班主任。这无疑是一种教育管理行为的偏向，对教师自然有一种误导。那么，班级快速稳定的最有效的办法是什么？强势管理。教师接收的信息就是这个，其他统统不要。功利的思想加上功利的方法，那么结果是什么？有些话不好直说，是谁在做学生工作？

关于教育是什么，这些我不想再多说，我在博文《爱在有"情"天》《体罚可导致孩童脑萎缩——写给老师们的话》中都谈到过。我想要走出这个教育的怪现象，学校的教育评价导向是一个有利的推手。同时，教育工作者不要再自以为是，固执于自己的观念。学习会让我们正确认识自我，会让我们纠正我们的观念，改变我们的教育行为。

教育是艺术，是科学，教育需要慧心与真心，更需要细心与耐心。我们在对学生进行教育时，应该做到三个紧密结合，即，应该与激发学生的学习兴趣、培养学生良好的学习习惯、提高学生的学习成绩紧密结合，与解决学生的思想困惑、生活困难与医治学生的心理创伤紧密结合，与培养学生健康的心志和情感价值紧密结合。教育要出效果，就要"深入人心工程"，走入学生心里。不了解学生的家庭状况与成长背景，不了解学生的心理特点与发展趋势，不了解学生在班级的处境，不与学生建立和谐关系，不融洽师生情感，我们的教育措施只能是事倍功半，抑或是事与愿违，甚至伤害学生的心理。可以开展"三爱""三送"活动，即关爱贫困生，给贫困生送温暖；关爱学困生，给学困生送信心；关爱特殊生（如单亲家庭子女），给特殊生送方便。

我们的教育应该是什么样子的？我们的班主任应该是怎样的形象与角色？其实，雷夫给我树立了榜样。雷夫，一位平凡的教师，他用创新的教育方式把学生变成了热爱学习的天使，他用热情的教育态度把教室变成了温暖的家，造就了自己不平凡的人生。雷夫在那个出自贫困家庭且非英语系移民的学生占多数的学校里培养了大批成绩优秀、人品出众的学生。这不能不说是一个奇迹。但是，如果只用"奇迹"二字来概括，似乎又不够贴切，因为这实际上是一种付出了爱、付出了心血的必然结果。《第56号教室的奇迹》告诉我们，教育其实很简单，只有三个字：爱、方法。但是，《第56号教室的奇迹》同样也告诉我们，要做到这三个字，却也不简单。

在读《第56号教室的奇迹》的过程中，我深深地感触到第56号教室之所以特别，不是因为它拥有什么，反而是因为它缺乏了某种东西——这里没有害怕。单纯的信任比害怕的威信更重要。雷夫和我们大多数教师一样，最开始都认为要给学生下马威，这样才能树立教师的威信，这样学生才会听话。但在深入反思之后，雷夫用信任取代了恐惧，做学生可以信赖的依靠，讲求纪律、公平，并且成为学生们的榜样。正如他所说的："孩子以你为榜样。你要他们做到的事情，自己首先要做到。我要我的学生和气待人、认真勤勉，那么我最好就是他们所认识的人之中最和气待人、最认真勤勉的一个。"

爱有多大，教室就有多大！我们可以反问自己：我的教室会有多大？我们是要做"牧羊犬"，还是做"带头羊"？正如伊建立所提到的，"一间教室能给孩子们带来什么，取决于教室桌椅之外的空白处流动着什么。相同面积的教室，有的显得很小，让人感到局促和狭隘；有的显得很大，让人觉得有无限伸展的可能。是什么东西在决定教室的尺度？是教师，尤其是小学教师。他的面貌决定了教室的内容；他的气度决定了教室的容量"。没有了爱，就不能从教师这个职业中获得乐趣，唯有出自内心的关怀与真爱才能创造出人间的奇迹。当然，单单有满满的爱心还是不够的，还需要教学工作上的经验、总结。任何事物都是从错误中、从失败中前行的。教师这份工作真的是需要从自己的错误中不断学习、不断吸取经验，逐渐寻找一条适合自己的教育理念、方法，进而有所提高。

有爱，才有教育。有爱的艺术，才会有爱的成长与传承。教育不需要"牧羊犬"式的班主任，而是需要以热情的教育态度，营造了一个温馨的家。在第56号教室学习是幸运的、是幸福的。希望我们的学生在成长过程中有这样一个安全的教室。

（2009年11月21日）

爱在有"情"天

　　每个人都在不同场合中、不同工作中扮演着不同的角色，而班主任却在自己教书育人、管理育人、服务育人的工作中扮演着多种角色，有和蔼可亲、关心体贴的父母角色，有循循善诱、严格要求的师长角色，还有平等真诚、同喜同悲的朋友角色。如果班主任在日常管理中只有严格的管理，严加斥责，疏忽了思想工作、情感投入，粗于情、理、行的关系，必将导致管理的家长作风，简单生硬，理不达情不通，使学生与教师产生对立情绪，所以在日常教育中，严格管理的同时，我非常重视情感的投入，并且取得了较好的效果。

　　在校园中，我们经常可以看到这样熟悉的一幕：由于学生早晨迟到或踢球回来晚了，班主任高声呵斥，并进行长时间的罚站。但我们也发现，这些班级迟到现象不断，而出现此类问题的往往又是这些人。许多班主任无可奈何，无可措手。在高二分班时，我的班级也"分配"来了一些在高一时出了名的迟到被教师拒之门外而不知悔改的学生。怎么帮助他们认识到问题，主动去改正错误？面对这些惯于迟到、踢球疯狂的学生，我陷入了深深的思考。

　　我设计了系列教育办法。我三次约他们谈话，却有意识地"迟到"了，最后他们表现出了不愉快，并提出了抗议（因为耽误他们踢球的时间了），于是第四次我非常准时，并郑重向他们道歉。同时我告诉他们："每个人都会有缺点不足。老师几次迟到，后来改正了，你们呢？"当看到他们不好意思的表情时，我开始了第二步，为他们分析迟到的原因："一是主观方面不小心起床晚了，二是客观方面公共汽车有故障，这都可以谅解，但在这样一个人人遵守时间、按时到校的生活环境中，别人能做到的，你们也应该做到。"和风细雨般的交谈使他们首先感到教师一视同仁，没有戴有色眼镜看待他们。我认为感情能增强师生之间的理解和信任，谅解是激发学生前进的动力。当他们反复出现"老毛病"时，我用关心的目光暗示他们，仍然心平气和地讲道理，分析遵守时间对他们现在及毕业以后的意义。而且在教育学生时，我一直用人格力量去熏陶感染他们。身教是激励学生情感的最有效方法，凡是我要求学生做的，我都要先做到。我家住在泡崖小区，每天5：20起床，5：45上班，6：30前进入班级，无论酷暑严寒，我都坚持着。有一天雾雨天气，我在向车站赶时，被迎面飞驰的摩托车刮倒了，我站起来后，觉得腿部疼痛难忍，车主要带我上医院检查，被我拒绝了，因为我想到了几十个学生在等着自己，我按时来到了学校，当我一瘸一拐走进教室，拧着被雨水淋湿、泥泞弄脏的衣服组织自习时，许多学生流下了眼泪。这件事发生后，我班级的学生无论家多远，路多难行，天气多么恶劣，从无一人无故迟到或缺席，特别是那几个爱迟到的学生，再没迟到过。

人是有感情的，心的沟通带来的是学生自觉遵守班规校纪，踢球时，他们总是专门安排一个人看时间，当别的班同学询问时，他们说出了至今令我激动不已的话，"我们老师一心为我们，我们不能给他添乱"。其中，王璞同学还成为副班长，严格要求自己，积极配合我管理班级，当时班级有一个口号："像王璞同学那样老老实实做人，像王小玲那样扎扎实实做学问。"一个后进生成为班级学习的榜样，我想，这不是靠脸红脖子粗的斥责和长时间的罚站，而是靠爱的投入，情感的交流。

我班还转入一位学生，是出了名的没人愿管，没人敢管，谁管也不听的人物，教师高声斥责他，他的声音比教师还高，教师向他瞪眼，他眼睛瞪得比教师还圆。学生给他起了绰号叫"大眼"，他似乎成了一些学生的"老大"。到我班后，我让他过上了"平常人的平静的日子"，冷处理其实是在寻找教育的契机，集聚教育的正能量。我悄悄地观察他，分析他，发现他身上其实有许多优点，如集体荣誉感强，愿意帮助别人，只是"一丑遮百俊"，优点常常被忽视。我对自己说："我的工作就是使他身上消极的一面向积极的一面转化。"我开始找他促膝谈心，给他讲人生，讲学习，讲生活，讲做人的道理。当他有了一点进步时，我及时表扬，私下鼓励；当他犯错误时，我批评时适当"留一手"。对他我是极尽教育之能事，对他集中力量，全方面包围"赤化"，在对他教育的过程中，做到以心换心，互相换位思考。这类学生在改正错误，前进的道路上一定会出现反复的，每一次我都是为他指出问题，指明方向，并时时在思想上、生活上给予照顾。一次上课时，他突然腹痛，而且非常厉害，当我得知情况时，我背起他这个个子比我还高、120多斤的大小伙子就向医院跑去，头上的汗水来不及抹一把，挂号、开药、打针、输液，我背着他在医院长长的走廊来回奔跑，当一切都平静下来时，他哭了，这是他第一次用这种方式倾泻自己的感情，即使他的亲人病故时，倔强的他都没哭。有人云："以诚感人者，人亦以诚而应。"我向他展现的是一颗为师的真诚的心，唤起了他对我的教育的理解、信赖和配合，他不再迟到，不再逃课，不再打架，他一天天地进步，当他犯错误，看到他脸上通红，低下头时，我知道自己的教育生效了。几个月的时间里，我用自己的心把一个近似社会小混混的他变成了一个真真正正的人，一个开始要求进步的学生。他曾这样对我说："老师您的人格力量感染了我，您的言行让我感受真诚，我们会成为朋友。"毕业时，他还光荣地入了团。那天，他说："老师，谢谢您，您让我懂得了怎么样做人——"

我有自己的人生信条："作为一个人，我要问心无愧；作为一个教师，我要问心无愧；作为一名党员，我要问心无愧。"还是中学生的我在选择了这个职业时，就准备着为这光荣的事业奉献自己的一切。我们知道家庭是学生生存的依托，而家庭出现问题时，受害最大的必然是学生。于是，为了我的事业，为了我的学生，我不但走近学生，还走进了学生的家庭，成为家庭矛盾的调解者。几年前暑假的一天，我由长海县探亲回校（当时住在学校宿舍），8个小时的路途疲劳和晕船呕吐之后的虚脱使我劳累辛苦，当我刚回到宿舍休息时，传来了急促的敲门声，我打开门，学生杨德出现在我的面前，他向我哭述着父母经常为了小事大打出手的事情，他感受不到家的温馨和温暖，想离家出走，不想再读书，他是专门来向我告别的，他说他无法割舍真诚的师生情。我安慰着他，引导着他，当我走入这家庭时，已经是晚上11点多钟。我真切地感受到了"战争"的硝烟味。我与他的父母谈起了社会与家庭，谈起了感情与理智，谈起了权利与责任，谈起了婚姻与情感……后来我多次走入这个家庭，时刻关心这个学生，那段时间，我熬红了眼睛，为了心中的一份神圣的责任，我苦口婆心，多次调解，当后来这个家庭平静下来时，他的父亲深有感触地说："在大连有许多亲戚，而家里出事，孩子首先想到的是您，这太出乎我的意料了。"

俗话说，"一把钥匙开一把锁"。我认为，帮助某些后进的学生不仅要有真情的投入，最关键的是找到帮助他们的"切入点"，做到因材施教。王明是今年高一的学生，父亲早年病故，由于继父的原因，孩子心理不健康，经常不回家，心理封闭严重，为了发泄内心的苦闷，他喜欢上了现代摇滚，弹起了吉他，为了摆脱这个充满矛盾的家庭，他甚至想到偷渡到美国去学现代摇滚。因为家庭的矛盾，他无法正常生活，无心向学，甚至撒谎逃课。当我与他谈现代摇滚时，我说服不了他。一次，他又坦然地借故逃课，我把他叫进办公室。开始时并没有直接谈逃课的事，而是请他坐下，问起了他母亲的情况，听完他的介绍，我语重心长地对他说："你母亲为了你真不容易呀！拖着有病的身体上班、加班，把好房子租出去，住在潮湿的小房子拉扯你，为的是什么呢？难道就为了你考试不及格、逃学？你爱你的母亲，但你就是这样回报她对你无私的爱吗？你感到委屈，但你想过你母亲为你受了多少苦吗？"我向他谈起自己的生活经历，谈起了一个儿子对母亲的责任，谈起了男子汉的自尊，谈起了学习的重要性。我告诉他，一个男子汉一定要通过自己的努力让自己的母亲在人群中抬起头微笑。于是他决心刻苦学习，但由于和继父的矛盾进一步激化，他再次出现了"老毛病"，并且离开家和一些人在酒吧弹琴卖艺。他在电话中对我说："老师我对不起你，我压力太大，你放弃我吧。"那一刻我对自己说："决不能让我的学生在外面流浪。"一连几个晚上我和他母亲到酒吧寻找他。我的真诚感动了他，他向我哭诉着心中的苦闷与委屈，发泄着内心的烦恼和忧愁。我向他谈起自己对人生的思考及他和他继父的关系，3个小时后，他哭着对我说："老师放心吧，我一定赶上去，我拼了。"我问他拼几年，他咬着牙说3年。当时我流泪了，那是一位教师教育成功后的自豪和喜悦的泪。他的母亲哭泣着长跪不起，感激地说："老师谢谢您，您挽救了孩子，挽救了这个家。"

爱在有"情"天，教育是爱的生活。爱是其发生、发展、兴旺的前提，爱是其存在的理由与基础，有爱才会有教育。从心底生爱，教育才会有生命力，才会有影响力，教育才会有明天。因被爱，学生心底会生爱，才会健康成长，我们的社会才会充满温情与阳光。

成就你的学生，精彩你的人生

——对青蓝工程师徒结对子活动的思考

"教师队伍建设"是学校发展永恒的主题，学生是学校发展的源泉和动力，教师发展是学生发展的根本，没有教师的发展，就没有学生的发展。近年来，更多的年轻教师加入教师的行列。年轻的教师给学校带来了蓬勃生机和无限活力，但年轻教师经验的缺乏同时也制约着教师自身的成长和工作的开展。所以，使年轻教师尽快成长起来，不仅是教师自身专业成长的需要，也是学校持续内涵发展的迫切要求。

拜师收徒是发挥校内资源、同伴互助、名师引领、提升青年教师的有效途径。这项工作其实是在搭建一个师徒相长共赢的平台。这个平台可以让年轻教师更好地走好教师生涯起始阶段的路，规划好专业化发展的进程。师徒之间应该扎实地做好以下三点：

一是导师认真做好示范与带培工作，做到既要带德又要带才，既要带教又要带研。教师是道德的化身，是传播、引领社会道德风尚的人，要有崇高的理想、正直的心灵，才能引导学生求真向善。我们要培养青年教师对教育怀有生命的执着和宗教般的情怀。要培养我们的青年教师"有菩萨的心肠、佛祖的胸襟、大师的眼界、先生的气度，宽容学生个性，包容学生奇想，使学生的自由心灵得到灌溉和滋养"。"没有爱就没有教育，没有责任就办不好教育。""爱与责任"是教育的永恒主题。"爱与责任"不仅是对教师的职业要求，也是对教育终极目标的一种新的解读方式。要培养青年教师通过自己的"爱与责任"，润物无声地唤醒学生对社会、对他人的"责任和爱"。要把自己丰富的教学经验、独到的班级管理方法、朴实严谨的教风、爱岗敬业的奉献精神，通过言传身教的方式传递给青年教师，要对青年教师进行业务指导，使他们具有一定的教育智慧，掌握一定的教育艺术，具备一定的教学机制；通过多种途径和方法，指导徒弟教育教学实践，帮助他们尽快掌握教育教学的技能和方法；在带领徒弟做好教学工作的同时，还要做好教学研究的指导工作，使他们研究教法，探讨学法，掌握一定的教育科研方法，帮助他们制定向研究型教师方向发展的规划。

二是青年教师要以导师为榜样，学习他们爱岗敬业的高尚师德，以及精湛的教学技艺。要做影子，形影不离，多听课、多思考、多改进，在学习导师丰富教学经验的基础上，逐步形成自己的教学思路、教学特色和教学风格，努力追求自身教学的高品位。要形成自己独特的教学风格，赋予课堂个性的魅力，要打造性格课堂，成长为风格教师。教育的本质属性决定了教师必须是学习者。学习有两个境界：一个是学，一个是思。学是广博，思是深邃。作为教师的我们与医生有所不同，医生更需要经验的积累，而我们更需要知识的更新。我们每天面临的是"新"的生命，他们与这个时代同时更新，求知欲强，信息更替频率快，涉猎广泛，如果作为教师不与时俱进地去学习，我们不仅将会被时代淘汰，更可怕的是将会成为学生发展路上的羁绊。美国著名学者波斯纳（Posner）说过："没有反思的经验是狭窄的经验，只有经过反思，经验方能升到一定的理论高度，并对后继的教学行为产生影响。"可见，反思是教师专业化成长的催化剂，反思可以激活教师的教学智慧。所以希望青年教师做有心人，做勤快人，做思考者，把每天教学中的点滴记录下来。亮点积累起来就是经验，不足反思过后就会豁然开朗。记住，"事先思，使行有序；事中思，使行少过；事后思，使行有得"。

三是结对子教师双方树立"教学相长、互帮互学、共同成长"的意识。作为师父，你就是他又好又快成长的担保人，要自始至终地进行全程跟踪帮教，把自己的工作经验和方法无私地传授给徒弟，从而使他们尽快提高教育教学水平。罗曼·罗兰（Romain Rolland）说："想要播撒阳光到别人的心中，自己心里得有阳光。"在一个年轻人成长的过程中，如果有人给予他们真诚的关注、无私的帮扶，就会赢得他们真心的尊重和感激，师父在成就徒弟的同时，也成就了自己，而徒弟在师父的鼓励与支持下，会走得更自信，更踏实。所以，师父要不断完善自我，要有个人的成长规划，要有更高的奋斗目标，做到教学相长，师徒共进；作为徒弟，要发挥自己的聪明才智，用勇于探索、大胆开拓、好学进取的精神来激发师父，促进师父，要敢于把师父往沙滩上拍，从而在学校形成一种互学共进、敬业奉献、比学赶超的良好氛围。

青年教师是学校优秀文化的传承者与发展者，我们要时刻点燃年轻教师自发自觉主动发展的激情。这就涉及一个很重要的问题，那就是确定教师专业规划目标的问题。我看过一个故事。传说唐太宗贞观年间，长安城的一家磨坊里有一匹马和一头驴，马在外面拉东西，驴在屋里推磨，贞观三年，这匹马被玄奘大师选中，出发前往印度取经。十七年后，这匹马驮着佛经回到长安，它重到磨坊会见驴子，老马谈起这次旅途的经历，老驴惊叹道："你怎么有这么丰富的见闻呀？那么遥远的道路，我连想都不敢想。"老马说："其实，我们跨过的距离是一样的，当我向西域前进的时候，你一步也没有停，不同的是，因为我和玄奘大师有一个遥远的目标，所以我们打开了一个广阔的世界。"其实在现实生活中，原来相近的人，为什么他们的成就往往有天壤之别呢？这并不在于天赋，也不在于机遇，而在于有无人生目标。就像那匹老马与驴子，当老马始终如一地向西天前进时，驴子只是围着磨盘打转。尽管驴子一生所跨出的步子与老马相差无几，可因为缺乏目标，它的一生始终走不出那个狭隘的天地。老马面对的是纷繁复杂的世界，不断克服着一个个前进道路上的艰难险阻，它所收获的是一种"一路豪歌向天涯"的成功的喜悦和"一览众山小"的豪情，而老驴却墨守成规，日复一日、年复一年地重复着它自己都懒得看的磨道生涯，孤陋寡闻是其必然的结果。其实，我们的教育生涯也是如此，如果没有一个明确的目标，我们就不会去主动提升自己，就不会去精心设计方向，规划路径。没有人会计划失败，但没有计划的人往往会失败。对于没有目标的人来说，岁月的流逝只是意味着年龄的增长，平庸的他们只能日复一日地重复自己。

青年教师还要牢记两句话：一句是，静在心间，不在山水间。既然选择了做教师，就要稳住神，静下心，沉住气，做好自己的事。什么叫责任，就是努力把自己的事做好。另一句是，方向对，就不要怕路远。有一种美丽盛开在坚韧的土壤上。王国维在《人间词话》中谈到读书的三个境界，"昨夜西风凋碧树，独上高楼，望尽天涯路。"此第一境也。"衣带渐宽终不悔，为伊消得人憔悴。"此第二境也。"众里寻他千百度，蓦然回首，那人却在灯火阑珊处。"此第三境也，其实这段话也概括出了教师专业化发展的三个阶段。教师的成长需要潜下心来钻研，要耐得住寂寞。独上高楼，望尽天涯路，是教师对教育过程不断实践、不断探索后的一种独立的思考。"衣带渐宽终不悔，为伊消得人憔悴"是一种过程，一种对理想执着追求的忍耐过程。什么叫忍耐，过程坚韧，最终才会有能耐。学生只完成作业是达不到高考对知识与能力的要求的，教师只忙于日常教学的备课上课也是远远不能适应教育改革的需要的。学习与反思会让你开阔视野，提高境界，充实你的实力，提高你的魅力，"终不悔"的信念和"憔悴"的付出必将获得成功。"众里寻他千百度，蓦然回首，那人却在灯火阑珊处。"灯火阑珊处的"他"就是成功，是一个不断寻找、不断探索过程后的结果，是教育理想实现后的一种回报，是"待到山花烂漫时，她在丛中笑"的境界。如果我们不努力，尽管"他"脉脉含情地青睐着你，注视着你，钟情着你，或者你根本就发现不了他，或者是相看不相识，两眼凝望，竟无语擦肩而过，我们错过的不仅仅是一时的美丽。

所以，希望青年教师们生活在对教育理想实现的期望中，生活在对自己教学提升的不断实践中，像教育家顾明远先生所说的那样："像松树一样做人，坚挺不拔，像小草一样学习，随处生根，像大海一样待人，容纳百川，像细雨一样做事，润物无声。"希望青年教师要珍惜年轻，正视责任，把握机遇，做到一年站稳讲台，三年站好讲台，五年成就讲台。燃烧你的智慧，点燃你的激情，发展你的专业，提升你的水平，成就你的学生，精彩你的人生。

（2011年）

加强有效教育，提高学校德育的实效性

——应时任局长的要求写给大连市教育局的建议

德育的实效性指的是教育者通过道德教育过程对受教育者施加道德影响所产生的实际效果。我想解决实效性问题，要着重解决两个问题：一是态度——如何正确理解德育工作的重要性（做不做）；二是能力——如何充分发挥德育的艺术性（怎样做）。我的肤浅想法是，加强有效教育，提高学校德育的实效性。所以提出"有效教育"是因为在德育教育过程中存在着大量浮于表面、流于形式的"无效教育"。在教育过程中，我们教育者既要研究教育的目的，教育要为学生的终身学习与发展打好基础，又要研究达到目的的有效手段，追求教育过程的完美。

一、德育课程化可使过程落实、结果平实

课堂是培养学生人格精神的主渠道。我认为，德育是需要讲授与"灌输"的。尽管提高学生认知水平的途径众多，但课堂是其中不可或缺的重要途径。

（1）课堂是传授知识的场所

德育不仅仅是需要培养情感，塑造人格，"德"也有知识需要学习。学校德育应不仅仅停留在日常习惯和基本行为上，还应追求更多更高尚、更深刻的东西。我认为德育应该分为三个层次：制度约束、道德内化、文化塑造。课程化可以保证文明礼仪、道德规范、文化常识、法律条文、心理知识有一条正常的、稳定的、科学的途径得到落实。否则学生从哪里得来这些知识，何时得到？仅从班主任随意或随机的"教育"中得到，片言只语，不全面、不系统是次要的，关键是教育的及时性与有效性体现在哪里。我们的学生有时犯错、犯法，是无心无意的，因为他们并不知道应该怎么做。

（2）课程序列化

按每学期一门学科，一周一课时，高一、高二、高三上学期共计五学期五种课程，如《生存与生活》《文明与修养》《道德与他人》《法律与社会》《心理与健康》，是可以分类分层进行的。结业考试成绩输入学生《综合评价手册》，作为学生毕业的成绩评定的组成部分。

（3）教材特色化

建议由教育局组织本市专家充分调研，编写一套适合我们大连的高中德育教材。或许更贴近学生，贴近实际。

二、德育活动化可使过程精彩，结果明显

没有活动，就没有德育。道德知识能否成为道德观念，主要取决于其情感的投入程度。人格的养成需要学生的自我体验。体验来自行为活动。活动化可使德育发挥潜移默化的功能。变"言语德育"为"活动德育"，让学生在感动中成长，在感悟中成熟。

（1）德育活动的序列化、科学化

应该根据学生的身心特点与发展趋势，制定出主题教育活动。序列化才能科学化。各年级德育目标：高一年级，规范行为，打好基础，立志成才；高二年级，关爱生命，学会尊重，健全人格；高三年级，强化责任，关注社会，报效祖国。根据目标，预设活动。

（2）实践是情感形成和转变的基础，社会实践的改变是情感变化的依据

学校德育要加强实践活动，产生互动互促的教育效果。学生参与实践会促使学生的道德判断从他律向自律发展。学校不可能将学生与社会隔绝，应让学生在社会实践中运用自己的内在力量去吸取正确的东西，抵制错误的东西。重视组织学生走进社会，形成互动，在实践中感悟体验，这就丰富了学校综合实践活动课程，丰富了学生学习的体验，对培养学生的探究兴趣、合作与共享的个性品质、收集处理信息与独立思考能力、尊重事实的科学态度起到了重要作用。

三、德育人文化可使过程和谐，结果情真

著名教育家夏丏尊说过，"教育没有情感，没有爱，如同池塘没有水一

样。没有水，就不能成为池塘，没有情感，没有爱，也就没有教育"。现在我们经常感慨，学生缺少情商。那么，我们又给了学生多少呢？

我认为现在我们的学生最缺失的是信仰教育。信仰可以自由，但不能没有。没有信仰，就如水中浮萍，风中断线风筝。信仰可以让我们充满信念、不竭的动力与敢于向前的勇气。我们给了学生前行的力量，但前行的方向呢？

我看过一则材料，现在仍记忆犹新。在中国某地，一小孩子落水，国人围观，伸出温暖的援救之手的是一位外国友人。当记者采访他时，他说，小时候父母有自己的信仰，每次饭前要做祈祷，他对教义理解不深，但他从小养成了感恩的心、回报的心。我想，他是养成了一种优秀的习惯。或许这就是信仰的"润物细无声"的效果吧。

我们有必要加强信仰教育，要让我们中国的学生有源于中华优秀传统文化的信仰，让我们的学生向上时有扎实的根。

四、德育专业化可使过程艺术，结果科学

教师教育方法和技能陈旧单一制约着道德教育的实效。传统的思维方式崇尚求同，忽视求异思维，这种从众心理影响到德育领域，造成对学生进行道德教育时，模仿多、创新少、灌输多、诱导少，难以激发学生的兴趣。另外，教师的教育艺术也会影响德育效果。入耳入心的教育源于对学生心理特点的了解，合情合理的奖惩源于对教育时机的把握，如只具有"恨铁不成钢"的热情，而没有"润物细无声"的能力，教育效果往往适得其反。教育者先受教育，应提高教师的素质。德育队伍应该专业化。

总之，加强学生的德育，关心青少年的健康成长，是一项非常复杂的系统工程。有关德育实效性问题，有诸多学者、专家通过课题或调研等形式进行了多年的思考与研究，我的想法只是从实际工作中的需要出发来谈的，不当之处，请各位斧正。

（2008年）

教育的本质属性决定了教育者必须是学习者

最近，我参加了清华大学教育管理者高级研修班的学习，课程既有高度，又有深度，令我耳目一新，开阔了眼界，拓宽了思路，受益匪浅。更可贵的是，这次培训的内容并不仅仅局限在教育理论的范畴内，内容涉猎广泛，更有利于教育者增加积淀，开阔视野，跳出教育而研究教育。由此，引发了我对一直在思考的问题的再思考：现代教育需要教育者成为"杂家"，教育的本质属性（文化的传承）决定了教育者必须是学习者。

一、教育的本质属性决定了教育者必须是学习者，是有文化的"杂家"

教育的本质属性是文化性，是文化的传承。这就需要教育者必须有文化。何谓文化？文化是从一个人的素质中体现出来，从小节中体现出来。台湾作家龙应台说："文化是随一个人迎面走来的——他的举手投足、言语谈吐，他的一颦一笑，他的整体气质。他走过一棵树，树枝低垂，他是随手把树枝折断丢弃，还是弯身而过？一只长了癣的流浪狗走近他，他是怜悯地避开，还是一脚踢过去？……他独处时如何与自己相处？文化其实体现在一个人如何对待自己，如何对待他人，如何对待自己所处的自然环境。"正如18世纪法国学者沃夫纳格（Vauvenargues）所说："文化是指训练和培养心智的结果和状态，用来描述受过教育的人的实际成就，指通过教育能获得的东西。"可见，文化和教育是紧密联系在一起的，一个有文化素养的人必须通过教育来实现，是通过教育获得的实际成就。这就需要我们的教育者首先必须有文化，必须加强学习，而且应该是终身学习者。

荀子是我国历史上最早提出终身学习思想的人，他在《劝学》中写道：

"学不可以已。"意思是说,学习是一件永远也不能停止的事情。近代著名教育家陶行知倡导终身教育,他主张"活到老,干到老,学到老,用到老"。当今世界,科学技术突飞猛进,知识经济扑面而来,知识更新的周期不断加快,而处于现代社会中的人,学习是不能一次性完成的,而是需要继续教育、终身教育,终身教育是现代社会的产物。人生应该是不断学习的过程,用学习来武装自己,充实生活;持续学习,与社会共同进步。唯有不断学习,才能保持大脑清醒,有效提高知识的高度和宽度,进而增加人生的智慧。虽然学习不能改变我们的人生起点,但可以改变我们的人生终点。因为人生就是不断学习的过程,只有学习才能不断充实自己,才能活得越来越有自信,从而拥有成功的人生。但在物欲化的今天,学习不断被淡化或者功利化,最需要学习的群体现在有些厌学。

教师不但要深入研究专业,提高专业化水平,更要广泛学习文化。教育者必须是学习者,必须是有文化的人。有文化的人包括思想文化、理论素养、心理健康和知识结构等。有知识的人不等于有文化的人,有时在评价一个人时,说"某某人有知识,缺文化",可见,文化与知识不是一回事。

在学习中,教师不妨就从做个"杂家"开始,丰富自己、完善自己,最终由"杂家"走向"专家"。教师的职业性质要求教师必须拥有过硬的基本功、高超的语言表达力、形象生动的课堂表现力、灵活机智的教学应变力……这些技巧与能力可以使教师在课堂上如鱼得水,游刃有余,更是教师赢得学生信任、吸引学生注意的强大动力。但这或许只能满足做一个"教书匠"。更高的目标不仅需要专业的学科知识作底色,需要科学先进的教育理念作支撑,而且需要深厚的文化素养作底蕴,需要博杂的知识信息作补充。教师不仅要读专业书籍,也要涉猎百科,去读所谓的闲书。书读得愈杂,教师的知识面愈宽广,这样才能在课堂上引经据典、旁征博引,才能坦然面对性格各异、喜好不同、充满个性的学生,才能灵活应对学生五花八门的提问,才能以自己完善的知识结构征服学生,给学生以引领,让学生从心底深处佩服自己,从而让学生亲近自己、靠近自己、喜欢自己。

教师做个"杂家",其实,在这诸多"杂"的背后,正是教师"专"的体现,因为"杂"的目的是教育教学的需要,是给学生一个优质而精彩的课堂,是给学生一个更加专业的教育。

二、学校的管理者不是"官"，而应是学习者，更应是学者

因为教育的本质是文化传承，所以学校应该是文化的殿堂。学校的教育教学管理者不应该是"官"，而应该是文化传承的实践者，是文化传承的研究者，是文化更好传承的示范者，是文化传承的组织者、引导者。还应是教师发展的推动者，是学生发展的促进者，所以他的身份应该是学习者，是学者。但是，我们很遗憾地看到，有许多学校管理者在享受着"官位"，习惯做官，就会不思进取，不肯学习，不务正业，就会琢磨人，而不研究业务，一个没有教育目标的人只能是混日子，那么这所学校只能是一盘散沙。只有对事业负责的人才会去主动学习、研究。连学习者都不是，又怎么可能是学者？正如这次学习中郑委教师所说的，什么是责任，那就是把分内工作努力去做好。学校的下滑总是从学校管理者下滑开始的。一所学校的退步，其根本原因并不一定是在外部，也有可能在内部、在自身。正所谓："灭六国者，六国也，非秦也。"陶西平说："要想成为一个优秀的校长，首先必须是一个学习者、研究者。"只有学习无止境，才能发展无穷尽。

蔡林森就是一个永远充满工作激情、有教育责任心的学习者。他没有将自己当作"官"，也不去做官。他自己说："有人说我是'奇人'，有人以为不该办的、不能办的，办不成功的事，我却办好了；有人以为我上不成学，当不成、当不好老师，我却成了名教师、名校长；有人以为该撤并的、不该存在的薄弱学校，我却把它办成了名校；……因为我能吃苦、在岔路口、关键的时刻，我选择了'吃苦'；在成功时，在辉煌时，在退休后，我都坚持'吃苦'，不停地学习，不停地追求……"现在我们在学习洋思的两条经验：一是教学改革的"先学后教，当堂训练"，二是管理中的"教书育人承包责任制"。这些正是以蔡林森为代表的洋思人在学习中、在实践中、在思考中总结提炼出来的。但是为什么许多去参观考察的人，回来后却模仿、移植、嫁接不了洋思经验呢？其实答案也很简单，只要思考蔡林森在洋思课改中的作用与价值，就不言而喻了，每个学校的课改的成功都需要一个"蔡林森"。课堂改革是一项系统工程，从教师管理、教学管理到学校的制度建设和文化建设都需要整体推进，没有配套的改革是不可持续的。

蔡林森64岁时应邀到河南沁阳永威学校当校长，把一个刚刚成立、名

不见经传的民办学校在几年时间里就发展成一所名校，原因在哪里？就是因为他没把自己当作官，而是一个学习者、研究者、实践者、学校管理的协调者、教师课改的引领者、学生发展的推动者。他每天早上5点起床，洗漱、看书，思考一天怎么工作，上班不是坐在办公室喝茶、看报、上网、炒股，他每天都在参加教师的赛课、评课，研讨如何有效地教学生学，他每年听课在1000节以上。他实行靠前指挥，走动式管理，不断发现问题、解决问题。有人把洋思的发展概括为"一个朴素的教育奇迹"，我想这得益于蔡林森是一个学习者、学者。正如在《人民教育》2010年第21期的一篇文章中，蔡林森自己所说："我的人生观是，人活着，就是要自学。这样才能成人、成才，才能有所作为，实现人生的价值。一辈子吃苦，一辈子自学，一辈子创新，就一辈子幸福，一辈子快乐。"

学校的管理者必须加强学习，这是他所处的角色所决定的。只有志存高远，才会富有学习与工作的激情。美国当代企业家杰克·韦尔奇（Jack Welch）说："激情是成功者的首要标准。"

苏霍姆林斯基认为：所谓学校管理者绝不是习惯上所认为的"行政干部"，而应是教育思想家、教学论研究家，是全校教师的教育科学和教育实践的中介人。一个成功的教育管理者必须拥有自己独到的而且是正确、先进的教育思想，能够以此形成教师集体共同的"教育信念"，统率教师进行教育教学的改革。要在学习和研究过程中，不断建构出自己的教育思想，形成自己的教育理念。然后去感召、启发、引导教师去面对新形势，迎接新挑战，解决新问题。我们的教育迫切需要学者型的学校管理者。

学校的管理者应是一个教师的"教师"，是一个学校的首席教师——特殊"教育者"。这句话有两重含义：首先，学校的教育管理者应该懂教学业务，熟悉教学业务，是一个教学能手、高手，因为"外行根本不能领导内行"。其次，学校的管理者不能认为自己是官，高高在上，与教师隔离开来，而应该成为教师中的一员，与教师共同谋求学校发展的大计，共创学校的未来。

学校的管理者要成为一个学者、一个专家和"教师的教师"，就必须随时补充自己的知识储备量。同时，"教育在任何时候和任何地方都不是什么已经完成的和完善的东西"，它需要学校的教育管理者不断进行调整和自我教育。

正如我们生存需要阳光与清泉一样，我们的发展需要学习与思考。特别是作为教育者，第一步应该是学习，第二步才是教育。这样才能做到丰富自我，提高他人。我们常说七彩阳光，这就说明我们不但要学习，而且要广泛涉猎。我们的职业是特殊的，教育的本质属性是文化性，是文化的传承。这就需要教育者必须有文化。

好好学习，努力去做一个有追求、有责任、有文化的学习者吧。

（此文2013年12月发表于《中国教师》）

真我与自我

——来自未名湖畔的思考

真我，需要底气；自我，需要勇气。北大教师的气质中融合着真我与自我，广博学识中有自己独到的思考，有"一家之言"，而不仅是借鉴，是谓真我；治学中兼容同时又有霸气，舍我其谁，是谓自我。一支粉笔，一块黑板，旁征博引，娓娓道来，让人如沐春风，这难道不足说明北大教授的学识吗？作为教师，从北大教授身上要学习的一个重要理念，不正是治学的严谨、广博，不正是教学的自信与从容吗？这需要深厚的积淀，而这种反思需要时间的连续。

——题记

一周的北大学习生活结束了，然而我的心情却久久不能平静。未名湖、博雅塔仍历历在目，名师教诲萦绕耳畔，心中的自豪与深思还在继续。

市教育局举办的普通高中优秀年轻干部提高培训班让我有幸走入心中的神圣之地——北京大学。真心感谢领导和组织给了我这样一个难得的机会，也感谢北京大学培训中心的领导和教师们（特别是班主任白老师）付出的艰辛劳动和辛勤的汗水，使我有幸融入北大浓厚的学习氛围中，感受到了北大开拓、开放的思想气息和作为国内一流大学的宏大气魄，开阔了眼界，拓展了思路，增强了信心。

此次培训教学内容上的精心编排、课外活动上的周密部署、名师的言传身教，无一不体现出市局领导的高度重视和良苦用心。几天来，我一共聆听了11位名家大师的讲座，教师或幽默或儒雅的风采让我们为之倾倒，严谨的治学态度让我们为之震撼。深邃的理论、跳动的思维似和风细雨在导师们的言谈话语中不经意地浸润着我们的心智，陶冶着我们的胸怀。理论与实践的火花在脑中碰撞，心灵的启迪和升华让大家感悟频生。

北大有着"囊括大典、网罗众家、思想自由、兼容并包"的开放胸怀，无论是睢中余教授的《科学发展与宏观经济分析》，还是马骏教授《战略思维》的全新现代视角、张辛教授《国学智慧与领导者素质》、周旺生教授《目前法治的基本态势》、唐登华教授《压力管理与自我调适》，无论听课或交谈，还是所听所闻，每时每刻都带来了心智的启迪、精神的享受，让我们饱享了高规格的"文化大餐"。正是：一朝掬饮，终身受用！

北大教师的气质中融合着真我与自我，广博学识中有自己独到的思考，有"一家之言"，而不仅是借鉴，是谓真我；治学中兼容同时又有霸气，舍我其谁，是谓自我。一支粉笔，一块黑板，旁征博引，娓娓道来，让人如沐春风，这难道不足说明北大教授的学识吗？作为教师，从北大教授身上要学习的一个重要理念，不正是治学的严谨，广博，不正是教学的自信与从容吗？这需要深厚的积淀，而这种反思需要时间的连续。

我深刻体会到了学习的重要性及紧迫性，自身还存在着很大差距。我认为学习不仅仅是一种态度，更是一种能力。我要努力刻苦学习，虽然不一定能实现目标，但关键在于能够解决如何学，学什么的问题。在北大学习期间，我们的课程涉及当前经济、社会及管理等方面的前沿热点和形势分析，教师们的讲解内容丰富、旁征博引、深入浅出、生动形象，且观点鲜明、见解独到，使我深刻地感到自己的认识明显存在局限与不足，自身在很多方面都还存在一定差距。面对当前知识日新月异的更新速度，以及各种新知识、新理论、新观点的快速涌现，我们深刻体会到学习的重要和紧迫。时代在前进，知识在更新，科技在进步，不断遇到的新情况、新问题逼着我们要不断学习，不断吸取新知识，不断掌握新技术，不断探索和创新。只有这样，才能适应形势的发展，才能赶上时代的步伐，才能干好自己的本职工作，这是时代发展的客观要求。所以，我们要树立勤学习、终身学习的思想，不断充实自己。

我受到了极大的启迪，开拓新能力得到进一步提高。北大教师的思想观念和意识境界推陈出新，既有引人深思的深厚学理，又有催人奋进的人生智慧。它使我拓宽了视野，更新了观念，提高了认识能力，思想受到了很大冲击，促使自己去反思以前的思想方法和观念，反思自己过去的工作方法和思路，深受启迪与教育。使自己能以新的、全面的理念去看待问题、思考问题，以实事求是、历史发展的全面眼光看待事物，从而提高了认识问题、解决问题的能力。因此，这样的创新学习模式值得进一步推广和拓展，也需要着手研究分类培训机制，以满足和适应不同层次的培训需要。

在实际工作中，很多制度、机制问题需要我们去完善，去创新，去发展。通过在北大的学习，使我认识到，当前工作中存在的许多问题其实很多都反映在我们观念落后、按部就班、害怕突破、制度创新不足上。所以，在今后的工作中，我们要敢于创新，敢于突破，用全新的视野去审视问题，用全新的理念去解决问题。

时间匆匆，令人依依不舍，北大培训，这将是我们人生中最灿烂、最珍贵的一页。每每回顾之际，总是思绪万千：时间虽短，受益匪浅，是启发、是鞭策、是鼓舞。

培训结束了，但思考没有结束，行动才刚刚开始……

（此文发表于《中学语文》2014年第 8 期）

正视自己，找回自己

——写给中考学生及家长

中考早已尘埃落定。但参与者的情绪还在继续，录取结果出来之后，有人欢喜，有人忧愁，有人迷惑，当然也不排除骂娘声。

不谈对学生与家长负责，学校应该如何在一个平等的平台上竞争，真实宣传；也不谈如何指导到位，让家长清楚志愿的报法，及招生录取的顺序。接到数个电话，问及的都是要报一校为何却被另一校录取的问题，我肯定地指出，你的统招2报了录你的学校。而电话另一端又都是一样的惶恐：不是录完第一志愿才录第二志愿吗？我只能苦笑。不知道自己走哪条路，谁之过？谁之痛？

跑偏了。其实今天要谈论的话题是，中考之后，失落吗？

每年此时经常听到这样的论调："俺孩子没考好，平时成绩很好，老师都说能上某某重点。"

我经常是冷峻地回答："你孩子就该考在这里。这就是你孩子的水平。"

家长与学生是不愿意听到这样的话的。他们希望你把他当作祥林嫂，去顺应他的话题，做出惋惜的表情，让他的面子过得去。

其实，我说的是真话。这确实是学生的真实水平。

近年来，我在每一年的新生教育讲话中都郑重明确我的观点。考试考什么？两方面。一是你学习的知识，并形成的能力，另一方面是心理素质。我说你孩子二者一定有不过关的。许多家长承认孩子的心理素质不过关。有人说，考试就是在考心理素质。美国的一个心理学家指出：心理不安全，有效的学习是不可能产生的。同样，心理素质不过关，有效的考试可能吗？

在我接触的学生中确实有诸多认为自己"心比天高，命比纸薄"。有的无目的地开始了浪费自己，放纵自己，不仅仅是混日子。记得三年前，有一名学生以前100名的成绩录取到我校。我认识他的原因是他的班主任多次向我汇报该生的恶劣。只要是学校的规定，他都不愿意去遵守。对学校的制度漠视，对教师的教育仇视。几个月就是这样你来我往，与教师"顶牛"。大家都是以后进生来对待他的。柔情感化无效，狂风暴雨无效，他被定性为"滚刀肉"，整个一个"死猪不怕开水烫"。

报到我这里，那就要谈及纪律处分的层面了，而且班主任以结束自己班主任生涯为代价强烈拒绝该生。我清楚地记得在"心灵沟通小屋"，我没有给这个学生反驳的机会，用半个小时痛斥他高中以来的种种行径。之后我说："你的做法是有理由的，我要听你的理由。我相信你不羁行为的背后有一颗苦闷无助的心。你可以拒绝我的帮助，但不能拒绝我的倾听。"

之后是死一般的沉寂，我一直在注视他桀骜不驯的脸。

汗水在他的脸上，也在我的心里。

接下来的是让我一生惊愕的情节。

他痛哭——

我知道那是一个男子汉释放的泪水。

他向我全部地讲述了中考后的一切。父母的失望，教师的失望，自己的失望。父母的指责，教师的埋怨，自己的悔恨，还有别人的嘲笑，一个16岁的生命如何能承载这些，于是他开始了叛逆，开始了放纵，开始了敌视，开始了封锁，开始了压抑。

我们谈了好久，我从来不在学生面前掩饰我的感情和我的泪水。我知道我改变了他的人生轨迹。我的泪水是我幸福的见证。之后他变了，开始了"新生"。今年的高考，他考出了优异的成绩，他实现了我对他说的话，用自己的努力，三年后让嘲笑你的人仰视你。高考后，他轻松告诉我，他做到了。

在班主任会上，我以这个案例谈了自己的感受。不能只看到学生违纪的行为，而是要去分析行为背后的理由。我在学校开展了"深入人心工程"，教师要走入学生心里，触摸学生的心灵，感动学生的情感。教育是"心"的工程，但如果没有"爱"，是无法开启这项工程的。

这个学生成功的关键在于正视现实，找回了自己。人的一生其实就一件事，那就是知道我是谁，做好自己。

所以，正视自己，找回自己，是我每年对学生进行教育的第一课。我觉得找回自己是找准方向、快速前行的不竭动力。

今天我仍重复着这个话题——正视自己，调整自己。许多学生不是缺失在知识与能力方面，而是心理方面。今年高三备考时，我带高三文科重点班的语文，我在不动声色地调整着学生的心态，从整体到个人。每个细节都是我再三思考后的办法。看在不经意间，却教育无痕，润物无声。

希望高一新生，无论你身在哪所学校，心一定要随形而动。要告诉自己适合是最美丽的。而你所在的学校是最适合你的。正视自己，分析知识与心理哪一个有了问题，用心去弥补，去调整，三年的时间，你一定会做得更好。

每时每刻找回自己，每时每刻用心去做好自己。这是一生的课题。

爱心感化比体罚更有效

——写给老师们的话

我国《义务教育法》第二十九条规定，"教师应当尊重学生的人格，不得歧视学生，不得对学生实施体罚、变相体罚或者其他侮辱人格尊严的行为，不得侵犯学生合法权益"；《教师法》第三十七条规定，"体罚学生，经教育不改的"，要给予教师"行政处分或者解聘"，"情节严重，构成犯罪的，依法追究刑事责任"；《未成年人保护法》第十五条也明文禁止体罚或变相体罚学生；中小学教师行为"十不准"第二条规定，"不准侮辱、歧视、体罚或变相体罚学生"。法律颁布了，教师体罚学生的情况是不是就不存在了？回答是否定的。像拧掉学生耳垂、一巴掌打聋学生等教师体罚学生的事例还常见于报端。有些教师对学生轻则训斥、谩骂，重则罚站、打耳光，名目繁多，无奇不有。仅罚站就有面壁站、定时站、站太阳、站风雨等花样。

日本熊本大学研究结果表明，体罚会对学生大脑造成直接影响。研究发现，孩童时期长期受到严重体罚的人，其大脑额叶萎缩程度要高于未受过体罚的同龄人。研究人员认为，体罚会使被体罚者长期处于精神压力之下，最终表现出脑萎缩。研究人员以23名美国人为调查对象，这些人在4～15岁的时候，有过每年12次以上被扇耳光或被用鞭子抽屁股等经历，并且受这种折磨的时间超过三年。研究人员用磁共振成像仪分析这些人大脑的断面图，并与未受过体罚的22名同龄人相比，结果发现，前者大脑中与感情和意欲相关的额叶皮质区内侧部分平均要比后者小19.1%，与注意力相关的扣带前回以及与认知力相关的额叶皮质区背外侧部分分别要比后者小16.9%和14.5%。此前的研究显示，孩童时期受到过度体罚会导致行为障碍和抑郁等精神症状，但体罚会对大脑直接造成影响还是首次发现。

一、教育行为要有教育目的性

教育者对受教育者的行为是教育行为。教育行为应该有指向性、目的性。是为了达到教育目的而采用的一种措施。应该是教育者遵循教育规律，结合学生的身心特点有针对性采取的。那么，因为学生迟到，没写完作业等而对学生施以罚站的目的是什么？对学生的教育有什么作用与价值？有的教师很喜欢罚站这种办法，好像它是万能牌，只要是犯了错误，就驾车就熟地罚站，根本就没想过教育行为的目的性。

二、教育行为要有教育的艺术性

教育是艺术，教育行为自然就讲究艺术性。对人的教育过程必须要有艺术性。我们的先哲在教育实践总结出诸多优秀的教育经验，有些确实有神奇的效果，起到了事半功倍的作用。但总是有一些教师固执地使用着罚站的愚蠢办法。一站就是一节课，甚至是半天、一天。学生到学校来的目的是什么？是来接受教师教育的，来学习知识的。对于学生，教师有教育权，有惩戒权。但惩戒不等于体罚。我曾给教师们举了一个例子。王五因迟到被罚站一节课，而这节课是他最喜欢上的课，你又不让他去听课，学生会听你的教育？你说的道理再正确，受众的心门关上了，教育还会有效果吗？本来他已经有了悔意，有了羞惭之意，但你的罚站让他有了叛逆心理，他会接受你的教育吗？"亲其师，信其道。"如果我们做不到亲其师，那就应该做到让学生敬其师，信其道。和学生"顶牛"的教师能说明其高明吗？

罚站反映出来的是教师教育艺术的苍白，是教育无可奈何时所本能地抓的救命草。

无论是学生，还是你的同行，都会看到你心底的胆怯与无奈。

罚站，罚的是学生，但暴露的何尝不是教育者教育思想与教育行为的无知与苍白？

三、教育行为要有教育的实效性

教育是要有效果的。但体罚是一定不会有正效果的。而体罚学生的副作用却是非常明显的。外伤可见，内伤难防。内伤只有爆发，我们才会感到，但那时的救治或许已晚，学生的心理健康尤为重要。

可见，教师不经意中的无奈之举——罚站，显示教育者的无奈与无知倒也无妨，但对受教育者身心的伤害太大了，或许会影响一个人的发展，一个家庭的发展，一个家族的发展，一个社会的发展。又会不会影响一个国家的发展？一个民族的发展？

我想起一则伊索寓言：风和太阳比赛，看谁能让游客自动脱下斗篷。冷风呼啸而来，使劲吹，游客反而拼命抱紧斗篷不松手。太阳出来了，暖洋洋地用爱心关照着游客，不一会儿，游客"感动"得自动脱下斗篷，到树荫下乘凉去了。这则寓言告诉我们：用爱心来感化比教育惩戒更有效，教育的本质是要有一颗爱心。希望教师们都读读这篇寓言。

（2008年）

失去了责任担当，我们的孩子将走向哪里？

现在社会上热议的话题是"扶不扶"，一件件扶起老人反被讹的事件让老人与民众之间的信任度急剧下降，从而降低了整个社会的信任度。当信任度伤痕累累时，人们发出了沉重的疑问：老人怎么都变坏了，不再是德高望重，慈眉善目的形象了？也有人说，其实是坏人变老了，所以社会才世风日下。当我们的核心价值观发生改变时，我们的人生也会处于失衡的状态。没有了是非，颠倒了黑白，根本原因是我们失去了责任的担当。我比较担心的是，我们的孩子会成长，变老，如果没了担当，我们的孩子将走向哪里？我们的民族、国家会走向哪里？

上周在一个小学的美术辅导班上发生了这样一件事。女生新新的家长接孩子时，看到孩子眼含着泪花气嘟嘟地跟着小男孩阳阳。原来是上课时，阳阳碰倒了墨盒，弄脏了新新的鞋子和裤子。新新的家长说对方不是故意的，应该宽容原谅他。小男孩也说自己不是有意的，并向新新道歉了。当天，男孩不是家长来接的，于是新新的家长就把被污染的鞋子照片发在了班级的微信群里，这引发了家长的热议。有的家长说，小男孩都道歉了，为什么还不依不饶地纠结，有的家长说自己的平板在上美术课时被小朋友把屏幕踩坏了，坏了也就坏了，连是谁踩的都没问，毕竟都是孩子——

看到这些，我陷入了深深的思考。我们现在的思维是，只要孩子不是故意的，承认了错误，道了歉，就可以了，没有责任的承担，没有经济的补偿。一句简单的"不好意思"就了事，其实是把我们的孩子往不负责任、变"坏"的方向推去。在孩子的意识当中，以后就会发生了事只要道个歉就万事大吉了。

大家还记得药家鑫吗？2011年，发生了西安音乐学院大四学生药家鑫撞人又杀人致死的案件。21岁的药家鑫是钢琴系的高才生，他长得白白净净，有一双修长柔软的手，可正是这双能够在钢琴的琴键上弹奏出美妙流畅的旋律的手，让他犯下了人生路上的致命错误。在开车不慎将一位年轻的女性撞倒后，他不是勇敢地承担责任，将受伤女性送进医院救治，而是抽出了随身携带的尖刀，刺向了那个在他的车轮下呻吟的女子，直到那个女子停止呼吸，他才停下。而他杀死女子的唯一理由便是不想让人知道是他撞了女子。他以为用这样的方式便可以使自己逃脱法律的制裁，却不知反而把自己送上了一条不归路。药家鑫案到底给了我们什么样的启示？药家鑫的心里缺少正义与良知的信念，也没有明确的是非观，甚至连最起码的法律意识都不具备，这直接导致他在犯了错误以后更加错误的选择，缺乏担当意识、没有责任感的他天真地以为把车轮下的女子杀死就是解决问题了。我想在他的心里，从小就没有犯错要认错并承担责任的意识。公民道德的集体下滑，以及责任感教育的长期缺位，造成了目前社会上一些无法让人接受的现象出现，这无疑让我们看到了责任感教育的重要性和不可或缺性。培育孩子的担当意识，引导孩子建立起自己的责任感体系的教育迫在眉睫。

孩子犯错是很正常的，虽然孩子可以犯错，但不可推卸责任。此时正是家长对孩子进行责任教育的好时机。家长要引导孩子反思原因，告诉他勇敢地承认错误并承担后果，让孩子想办法补救自己所犯的错误。在日常教育中，我们会发现一些学生犯错后，不"抓到手脖子"，他是不会承认的，甚至一些学生在面对确凿的证据时，也镇定自若地抵赖。这样的孩子走向社会后会有益于社会的发展吗？当他们也渐渐老去，"坏人变老"的话题是不是仍旧会继续？

如果一个人缺乏担当责任的勇气，就会在很多方面出问题，没有责任甚至能使人发生异化，人的个性片面甚至畸形发展，为自己赖以生存的社会所不容，最后走向沉沦、颓废或者成为社会的异己力量。

所以，这不是一个杞人忧天、耸人听闻的话题，从小就去教育孩子承认错误，勇于担当，在他们老了的时候，才不会变坏。

（2016年）

带着光荣和梦想并肩奋勇前行

——写给家长的话

在这里，我对各位家长一直以来对学校工作的大力支持表示诚挚的感谢！近年来，家校联手，风雨同行，促进了学校的跨越式发展，实现了学生的最佳发展。

利用这个时间，我与大家沟通几个话题。

一、看成绩：正确认识成绩的积极作用，激励学生不断前进

在这次考试中，许多学生有了明显的进步。我们家长已经拿到了自己孩子的成绩，我想，分数是学生发展的催化剂，学生的成绩有优有劣，分数有高有低，名次有先有后。利用得好，低分也可以成为促进学生发展的动力；利用得不好，高分也可能打击学生学习的积极性。分数应该成为促进学生学习的一种强有力的手段，正如苏联教育家沙塔洛夫所说，每一个分数都应该成为一种动力，应该引导学生正面的反响，否则分数就失去了它的教育意义。

那么如何发挥分数积极的作用呢？下面我讲三点：

（1）激励作用

用分数激发学生的学习动机，使学生明确教育目标，知道家长的期望；家长对分数要做积极的肯定评价，使学生从肯定的方面看待自己，增强自信心，提高自我意识，推动学习。

（2）诊断作用

检测学生的知识和思维漏洞，这也是阶段性考试的主要目的。发现问题才能解决问题，越早暴露问题，越可以及时解决，同时也及时给学生一次警示。如同医生看病一样，教师与家长要充分利用分数发现学生学习困难的表现所

在，寻找学生学习困难的原因，从而为学生下一步学习提供正确的信息。

（3）调节作用

用分数调节学习内容、学习方法。教师和家长要能够根据学生反馈的信息来指导学生对原来的学习习惯、学习方法作出必要的、适当的、及时地调整，以取得最优的学习效果。

请我们家长与学生一定要有这样的观念：高考考三年。因为高中是三年，所以备战高考就不仅仅是高三的任务。我们学生与家长要有高考意识。准备高考不只是高三学生要做的事情，也是我们高一高二学生、家长、教师要面对的任务。我的观点是高考从高一开始。因为高一是高中三年学习生活的起始年级、基础阶段，是直接影响学生高中三年学习的关键一年，高一又是学生学习习惯养成的关键阶段（习惯决定效果，自然习惯就会决定命运），高一时没有养成良好的学习习惯，没有系统准备，高考来临时就会束手无措。所以我们要高度重视，高一是基础，高二是关键，高三是决战。每一个年级都很重要，特别是作为起始年级的高一。我们要更清晰地认识到高一乃是促进全局发展的核心和关键，高一成功，全盘皆赢。从高三教学反映的情况分析来看，影响学生成绩提高的首要因素不是解题能力问题，而是学生对基本知识的深刻理解和掌握问题；首要不是智力问题，而是学习境界和学习方式问题；首要不是勤奋刻苦问题，而是学习兴趣、学习自信心问题。在众多问题中，兴趣、基础、习惯和态度是根本，是核心，而高一是培养这些基本要素的黄金时期和关键阶段，失去了高一对根本的、核心的要素的关照，也就失去了成功的基础。有经历高二、高三的学生在文章中说，高一是失败人生的开始。有时，学生的感受比教育者更具体，更深刻。由此，培植兴趣、关注基础、发展能力、养成习惯应该成为教师在高一教学中应共同遵守的底线和起点。培养良好的学习方式是课堂教学的重要任务，高一更是任务艰巨。初高中学习衔接教学是高一教学的首要任务。初高中衔接教学的核心不是知识的衔接，而是思想方法和学习方式的衔接，这样的衔接更应该看作培育和纠偏。从教学实际和对学生未来的影响分析，培养自主学习的习惯和主动探究的能力是培养学习方式的重点和内容，这其实也是提升学生整体素质的主要方向和路径。为此，我们要求把培养学生自主学习和主动探究作为常态课教学的重要内容，坚持不懈地推进。

心有多大，舞台就有多大。为了高考获得好成绩，只有决心和热情还远远不够，应做好学习计划，制定高考目标，要有三年的学业规划，更要有职业规划与人生规划。有些学生会觉得"高考离我还很远，我在高一、高二轻松一下，到高三总复习的时候再好好努力，这样就能追赶上去"。事实上这是很难的，因为在高三，每个学生都加倍努力，而努力的结果是高三前的学习基础和高三的努力的相乘的结果，所以高三前的努力可以说和高三的努力一样重要，一丝也不能放松。对于高一高二的学生与家长，现在就应该认真思考高考，确定目标。我记得观赏鱼中有一种鱼叫锦鲤鱼，这种鱼放在鱼缸中只能长到5~8厘米，但是放到大的水族馆或小池塘中能长到15~25厘米，放到江中能长到90~120厘米。锦鲤鱼根据自己呼吸和生活的空间大小，有可能成长为观赏小鱼，也能成长为大鱼。决定锦鲤鱼大小的是环境，但是选择什么样的环境，即选择"鱼缸""水池""大河"，是我们自己的决定。这样不断改变自我想法、行动，达到自己目的地的过程就是自我实现，就是人生的智慧。

一定要制定明确的目标。一定要明确四个目标：复习有目标、分数有目标、自招有目标、大学有目标。这四个目标是有递进关系的。学生必须先要明白自己在半年后想要进哪一所或哪一个档次的学校，这样才能有针对性地制定自己独有的复习计划。不同的大学决定了不同的录取分数段，也就决定了学生现有的分数和录取分数间有多少差距需要填补，也才能决定是否要参加自主招生，以及具体的复习计划应如何制定等。很多学生的心态是"我先学着，等到明年四五月看看学成什么样，再决定报什么学校"，这样的心态缺乏明确的方向和动力，是很难在分数上有所突破的。

树立目标之后，要学会逐个突破。1984年，在东京国际马拉松邀请赛上，名不见经传的日本运动员山田本一出人意料地获得了冠军。当记者采访他成功的秘密是什么时，山田先生只说了"凭智慧战胜对手"一句话。人们对此很是不理解，马拉松比赛凭的就是体力和耐力，个子不占优势的山田本一岂不是在故弄玄虚？过了两年，山田本一又参加了在意大利米兰举行的国际马拉松邀请赛，他还是一路领先，轻松摘取桂冠。同一个记者采访他时问了和两年前一样的问题，性情冷淡、木讷寡言的山田先生还是只回答了同样一句话："凭智慧战胜对手。"

十年后，山田本一退役当了教练，在其自传中首次披露了其成功的秘密。原来山田本一每次比赛前，自己先驾着车沿着比赛的线路走一圈，并把沿途醒目的标志记下来。比如第一处是银行，第二处是红房子，第三处是一棵大树……一直记录到终点。比赛时，他就以百米冲刺的速度跑完第一段，然后信心百倍地向下一个目标冲去。这样，全程四十几公里被他分成若干个小目标轻松地跑完了。以前比赛，他总把目标锁定在彩旗飘扬的终点，只跑到十几公里，他就全身疲惫，被后面遥远的路程吓倒了。

首先，我们既要确立高考这一大目标，也要重视自己的小目标，学会把大目标分解成小目标。

其次，在制定目标后，一定要细化自己的具体操作办法。如果只有一个宏伟的目标而没有切实达到它的途径，那么这样的规划是不具备任何可操作性的。比如说，一个学生的高考目标是600分，在努力向这个目标迈进时，需要在自己的规划中将这个分数分解细化下去，比如，600分这个分数具体分解到各科应该分别是多少分？我的哪个科目较强，可以多分摊一点分数？我现有成绩和这个目标差多少？这个差额分摊到各科，我每一科应该进步多少分？这些分数应该落实在哪个知识模块？哪个题型？我哪一科还有较大的进步空间？应该给每科分配多少时间？有了这样的一番思索，这个目标才有了一步步去实现的可操作性。

最后，一定要做到专心致志，心无旁骛。瓦伦达（Wallender）是美国走钢索的杂技演员。钢索一般悬在离地几十米的高空，没有任何人身安全保护措施，还有来自风雨等不利因素的干扰，人在上面行走，其危险可见一斑，但他始终能获得成功。对此，瓦伦达说："我走钢索时从不想到目的地，只想着走钢索这件事，专心致志地走好钢索，不管得失。"后来，心理学上把这种专注于做自己的事情、不为赛事以外杂念所动的心理现象称为瓦伦达心态。对于每一位高三学生来说，都希望高考一次就获得成功。考试要想能发挥出自己的最高水平，就应该具有这种瓦伦达心态。瓦伦达在最后一次表演中从钢索上坠下致死就是因为他有了患得患失之心："这次只许成功，不许失败。"所以，面对高考，要保持一种稳定的瓦伦达心态，现在我们不要去想我高考到底能考多少分，而是要多去考虑今天我学到了什么，今天老师讲的知识点我有没有熟练掌握，如果每天都很充实，每天都能学到东西，高考胜利的大门必然是向你敞开的。

现在我们应该研究的一个课题是：学生成绩的提高，关键点在哪里？学生在学校学习环境是相同的，得到的教育资源也是相同的，可以说是相同的学校，不同的家庭。家庭是孩子发展的关键。这包括家庭的环境与情感是否让学生有安全感，是否有温馨感，家庭教育是否有合理的必要的他律。在家里，学生能学习，能够有效地学习，这是家长工作的重中之重。学校在教育学生的作用上是家长无可替代的，同样，家庭教育对学生的成长成才也同样重要。只有双方达成一致，形成合力，才能更有利于你们的子女、我们的学生的进步。

教育需要学校和家庭相互配合，在几次家长会上，我都讲过。17世纪英国诗人乔治·格尔贝（George gerby）说："一个父亲胜于一百个教师。"德国教育家福禄倍尔（Frobel）说："国民的命运，与其说是操在掌权者手中，倒不如说是掌握在母亲的手里。"这都充分强调家长对孩子成长的重要影响。我也是一名学生家长，我经常换位思考，用家长的眼光来审视我们的教育。应该说，没有家庭教育的支持和有效配合，学校是不可能单独把孩子教育成材的。为了更好地让家长参与到学生的教育中来，我校与中国电信合作开通翼校通，家长可以真正做到随时随地关注孩子的学习成长过程，实时观看学生在学校的上课情况，参与到我校的教育、教学管理之中。通过翼校通平台，家长可以随时接收到孩子到校、离校时间的短信通知，还有学校、班主任教师发送的学校通知、作业通知、成绩查询、班级管理、互动留言、互动交流等，利于家长帮助孩子进行课后辅导，具体情况由班主任来讲解。

二、谋假期：要把假期变成养精蓄锐的驿站，更是蓄势待发的加油站

我们要达成一个共识：假期是养精蓄锐的驿站，更是蓄势待发的加油站。假期时间虽短，然而对于我们的学生来说却是很关键的。这段时间，他们不仅可以在紧张的学习之余适当休息放松，更是调整心态、反思总结、查缺补漏、全面调整的大好时机。学习无止境，假期莫休闲。平常在学校学习是公开的竞争，放假在家自修是看不见的较量。从某种意义上讲，后一种较量更关键，更重要。因为寒假虽然短，却是难得的自由支配时间。在不受约

束的情况下，能不能充分利用一切可以利用的学习时间，全身心投入、高效率学习，更能体现一个人的志向、精神和毅力。综观一些学生的成功之路，很重要的一个方面就是能管住自己，始终全力以赴，持之以恒，不做第一，就做唯一。今天，我想向家长再提一个建议。人的成长是需要有目标的。无论高一，还是高二的学生，现在我们要去思考我们要报考什么样的大学。以前光知道要考大学，但考什么大学或者大学是什么样子，大家只有茫然。我们要让目标具体可感，真实确切。所以建议家长假期领孩子走入其心驰神往的大学，或者听说的名校，感受名校氛围。拉近学生与高等学府的距离其实就是在拉近学生与目标实现的距离。让学生参观大学校园，与大学校园"亲密接触"，感受大学的校园环境、人文环境，近距离接触名校名师，留给学生们的是无尽的眷恋和向往。在以后的学习生活中，学生心中就会有一个大学的蓝图，并为了心中的校园而努力学习，从而成为自身的一种追求，萌发出强烈的学习兴趣和意愿，激发出强大的学习动力，这会为他们确立明确的学习目标、制定科学的学习方法起到重要作用。这样的经历会让学生更坚定目标——只有靠现在努力学习，才能拥有想要的一切；只有把握了现在，才能拥有美好的未来。

去年寒假，我提出学生与家长不要留下遗憾。今年，我的想法是，要把寒假真正变成养精蓄锐的驿站，更是蓄势待发的加油站。这是一个高标准的要求，要让孩子在家里能学习。我们一定要分工好。有办法才能有成绩，提高成绩离不开"想学、善学、坚持学"。想学是一个目标问题，善学是一个方法问题，坚持学是持续的动力问题。所以建议家长在假期要和学生共同做好几件事。

建议一：问题归因

期末考试是阶段性测试，如果您孩子期末考试的成绩不太理想，请您少一分抱怨，多一分理解，或许他并不是不用功，他可能是方法不对，也可能是没有找到感觉。目前他最需要您的理解，最需要您的鼓励，最需要您的出谋划策。期末成绩存在的差距有必要很好地利用起来，以便从差距中找到考试成绩不理想的真正原因。

您要心平气和地和孩子一起坐下来分析如下一些问题：

① 是态度问题、功夫问题，还是方法问题？

② 课堂上有没有全身心投入？

③ 自习课效率高不高？

④ 遇到不懂的问题有没有去及时问同学、问教师？

⑤ 课堂笔记有没有记？记了有没有经常去翻、去用？

⑥ 作业有没有独立完成？有没有高质量完成？

⑦ 错题有没有订正？订正了有没有定期去回味、去领悟？

⑧ 每门学科有没有形成良好的学习习惯？有没有掌握科学的学习方法？有没有就此与教师沟通？

只有厘清了上述这些问题，您才能真正找到孩子成绩不理想或退步的症结，才能真正帮助孩子对症下药，并依据原因对学习进行调整。同时重视错题和典型题的积累。高一高二学生都有错题本、积累本，建议学生将错题和错因进行整理，以自己做错的习题为线索来检查基础知识和基本方法的掌握情况。把经过查漏补缺找到的知识点详细地记录下来，作为以后复习时的参考。（高一学生更需要认真反思回顾半年来的高中生活，去改变学习观念、学习方式、学习方法，高中更强调学生的自主与自觉学习）

建议二：制定合理细致的学习计划

"我的假期我做主、我的发展我规划"，希望学生在进行规划时要包括整体规划、具体措施和预期目标三个部分，并明确要求学生要以规划书的形式呈现出来。在今年假期的每一天，当学生完成一天计划的任务后，家长和孩子都要在指定的位置上签字，把自我发展规划落实到位，家长来考核评价学生的落实情况。

首先，制定一个合理的寒假学习计划。可以将每一天分为四个时间段：作业时间段、休息娱乐时间段、阅读时间段、预习新课时间段。放假期间，有两种情况会发生：第一种情况是作息时间被严重打乱，例如，熬夜上网，半年来养成的学习习惯和生活习惯被抛弃；第二种情况是没有合理安排时间，前松后紧，使得大量的作业滞后，最后的结果是作业质量一塌糊涂，没有任何用处。

合理的学习计划大约包含两个方面的内容：第一，安排明确的任务表。任务表应包含：①学校教师安排的学习任务，比如每天的作业量；②学生自主安排的学习任务，这块主要是学生针对自己的薄弱环节进行重点突破的内容；③课外拓展、课外阅读内容等。第二，安排可以实现的计划表，分时段定内容。可以天为单位，每一天每学科的大致安排都要在计划表上体现，比如早晨读语文的背诵内容和英语，上午思维比较活跃，可以复习数学、物理或者地理等学科，下午复习化学、生物或政治等，晚上可以留出机动的时间，安排教师布置的任务或是进行课外阅读等。

学习计划是否合理十分重要，很多学生之所以寒假学习计划会落空，主要是因为定的目标过多、任务过多、计划过密、内容过空。比如，每天每一个时段都排得满满的，没有回旋的余地；或者是计划过空，而没有具体到科目的具体内容。

建议三：找到适合自己的学习策略

根据自己的学习成绩，给自己一个定位，如优等生、中等生或是学困生。或者明确自己的优势学科与薄弱学科，然后根据定位，安排适合自己的学习策略。对于优等生或者优势学科来说，他们在完成教师布置的作业以后，可以适当进行拓展延伸，比如说可以看一些参考书做些习题，或者是补足自己的课外阅读书目；对于中等生来说，完成作业之外，可以根据自己的兴趣，针对某个学科进行加强，发展自己的优势学科；对于学困生、薄弱学科来说，我们必须要明确一个观念，那就是学困与薄弱是暂时的，寒假是个补缺补漏的好时机。除了完成作业之外，建议重点补一两个薄弱学科，或是某学科的一些薄弱章节，不要贪多求全。在补缺补漏上，建议这些学生应该回归课本，多阅读教材，对知识点进行系统的梳理，抓住重点薄弱的科目和章节，通过自己看书，以及做教材后面的习题，再认真地巩固一遍，如有不懂的可以请教教师。许多成功者在介绍经验时，都会谈到回归教材这一点，但这一点又经常被我们所忽视。许多人热衷到外面补课，其实效果往往不好。教材当中的例题是最科学的，课后的练习题是最符合课标要求的，如果这些都搞不明白，没有坚实的地基，就不可能有稳定的知识大厦。所以，假期找到适合自己的学习策略尤为重要。它决定了我们学习的方向与速度，更决定了我们学习的质量。

建议四：保证学习时间，提高学习效果

哈佛大学图书馆自习室墙上有这样一句话：此刻打盹儿，你将做梦；而此刻学习，你将圆梦。假期保证学生学习时间，保持学生学习劲头，是家长责无旁贷的当务之急。我们家长全部的心血都花费在了学生身上，全部期望都寄托在孩子身上，我们的家长也有梦，那就需要家长不仅当"红色政委"来苦口婆心地教育孩子应该怎样，更需要家长做指挥官，弯下腰去指挥孩子如何去做。家长是否圆梦，就要看能否管理好、指导好、调动好我们的学生。梦是需要自己去圆的，而不是一味地依赖他人。圆梦不是口号，而是行动。要告诉我们的学生，学习时的苦痛是暂时的，未学到的痛苦是终生的。学习这件事，不是缺乏时间，而是缺乏努力。谁也不能随随便便成功，它来自彻底的自我管理和毅力。

在这里，我想与大家分享一个故事：一年冬天，猎人带着猎狗去打猎。猎人击中了兔子的后腿，受伤的兔子拼命地逃生，猎狗在后面穷追不舍。可是追了一阵子，兔子跑得越来越远了。猎狗知道实在是追不上了，只好悻悻地回到猎人身边。猎人生气地说："你真没用，连一只受伤的兔子都追不到！"猎狗听了，很不服气地解释："我已经尽力而为了呀！"而兔子带着伤成功地逃生了，回家后，兄弟们都围过来，惊讶地问它："那只猎狗很凶呀，而你又是受了伤，你是怎么甩掉它的呢？"兔子说："它是尽力而为，我可是竭尽全力呀！它没追上我，回去最多挨一顿骂，而我若不竭尽全力地跑，可就没命了呀！"所以这个假期对高二学生来说是非常重要的。各科教师都留了针对性很强的作业，希望我们的学生能竭尽全力，而不是尽力而为。

如果说，一个学期的学习过程是一场漫漫长跑，那毅力就是胜利的基础。那么，在这个假期，不要忽视我们的学习，不要遗忘我们的梦想。"日习则学不忘，自勉则身不堕"，这个道理我们肯定都懂。30天的假期为每一位学生提供了一个自我查漏补缺、知识整理与消化和不断提高的大好机遇。这里我希望所有的学生在假期结束时，每个人感受到的是充实、进步与提高，而不再是后悔。希望家长在假期与学生梦想引路，汗水奠基，披荆斩棘，舍我其谁！

我们要清楚地认识到，家庭不仅是学生的能量储备器，更是学生知识的消化器，有效地使用家庭时间是学生成功的关键所在。学生成功的重要因素有两个：一个是学校，一个是家庭。对学生来说，学校是相同的，但家庭是各不相同的。我相信，只要我们珍惜每一天，过好每一天，我们将继续书写着学校的神话。

各位家长朋友，家庭教育和学校教育的目的是一样的，都希望把孩子培养成才。那么，让我们给孩子以尊重和理解，给学校以尊重和理解。也只有尊重和理解，学校才能按教学规律办事，孩子才能产生学习的动力。真诚地希望各位家长遵循教育规律，参与到学校的教育教学中来，成为学校教育的参与者、支持者和同盟军，让我们家校携手，共同为学生营造一个温暖、健康、积极向上的学习氛围，从而使学生真正健康成长。

各位家长，过去的历程，因为有你们的相助，我们用辛勤和汗水迎来了荣誉，以智慧和胆识换来了辉煌。俗话说："土地不种荒一年，子女不教误一生。"让我们携起手来，为了我们的共同心愿，为了我们共同的目标加倍努力！唐代诗人杜审言写过这样一句诗："寄语洛城风日道，明年春色倍还人。"有各位家长的鼎力支持，有各位教师的辛勤培育，有各位学生的刻苦自励，我相信今年将是学子在腾跃中不断超越的一年，明年的春色一定更加明媚动人！

三、谈家庭：家庭教育是学生健康成长最重要的、不可替代的教育

促进学生不断进步是我们共同的心愿，既然通过学生，我们学校和家长已经紧密地联系在一起，我们就应该有共同的目标、共同的行动。我们的共同目标是让每一个学生成人、成才、成功。我们要和学生一起胸怀着这样的目标，做好每一天的事情，为了学生的前途，我们必须共同努力。

在这里，我想和家长一同来学习美国的家庭教育，或者我们能从中有所启示。

美国人很注意家庭教育，他们的家庭教育是以培养孩子富有开拓精神、能够成为一个自食其力的人为出发点的。美国的中学生有句口号："要花钱，自己挣！"

在美国，教育孩子是有法则可依的，家长对孩子的爱体现在一些法则中。现在把他们家庭教育的12条法则介绍给家长，供大家借鉴。

（1）归属法则：保证孩子在健康的家庭环境中成长。

（2）希望法则：永远让孩子看到希望。

（3）声音法则：要倾听他们的声音。

（4）力量法则：永远不要与孩子斗强。

（5）管理法则：在孩子未成年前，管束是父母的责任。

（6）榜样法则：言传身教对孩子的榜样作用是巨大的。

（7）求同存异法则：尊重孩子对世界的看法，并尽量理解他们。

（8）惩罚法则：这一法则容易使孩子产生逆反和报复心理，应该慎用；我们提倡"自然惩罚"，少用"人为惩罚"。

（9）后果法则：让孩子了解其行为可能产生的后果。

（10）结构法则：教孩子从小了解道德和法律的界限。

（11）二十码法则：尊重孩子的独立倾向，与其至少保持二十码的距离（1码＝0.9144米，20码＝18.288米）。

（12）"四W"法则：任何时候都要了解孩子跟谁在一起（who）、在什么地方（where）、在干什么（what），以及在什么时候回家（when）。

希望各位家长在事业成功的同时，也是家庭教育的成功者。一直以来，我有一个想法不知道是否正确。家长的前半阶段应该是创业，让自己事业成功，后半阶段应该重点转移，促进自己的孩子走向成功。孩子的成功才是家长的真正成功。

我们的共同行动有三个：一是共同设计发展路径。家长和班主任、任课教师要根据学生的表现、学生的学业成绩，对孩子进行系统的分析，找出学生当前的主要优势和主要不足，精心设计优势保持办法，找出补弱的方法，制定出改进或保持的计划，明确在计划中家长干什么、班主任干些什么、任课教师干些什么，家长要全程参与学生的教育教学活动中来，切实地把每个学生的发展抓在手上。也就是说，对每一个学生的下一步发展要有计划、有措施、有检查、有落实、有总结、有二次规划，一定要抓好过程，抓好细节，抓好落实。二是要以共同的目标管理学生。没有严格的制度，就不会有稳定的秩序；没有稳定的秩序，就不会产生有效的学习。学校的校规校纪是在保证学生的学习环境不被破坏。希望家长和学校配合，教育学生自觉遵守校规，引导学生自我反思、自我完善，由他律逐渐转向自律。把遵规守纪作为自身发展的内在需要。三是共同为学校发展献计献策。各位家长，孩子在学校上学，学校不仅是我们的，也是他们的，共同建设好学校是我们共同的责任。希望加强和家长的沟通，真诚地征求家长对办学的意见，目的就是要畅通学校和家庭联系的渠道，互通声息，增强工作的针对性，减少误解，同心同德、齐心协力把孩子教育好。我们认为，只要我们真诚合作，以孩子健康发展为第一要务，就没有解决不了的问题。

在教育孩子的问题上，家长必须明确两点，并充满信心：第一，培养好子女是家长义不容辞的社会责任；第二，学校教育只有与家庭教育紧密配合，才能收到最好的效果。同时希望家长能尊重和理解学校的教育方式、方法，全力配合学校和教师做好教育子女的工作。学校教育有它的科学性、规范性，各门学科教师也都各有所长，学有所专，教学方式和方法也不尽相同，但宗旨只有一个，那就是尽心尽力地关心帮助学生。家长们都要密切配合教师的教学工作，维护教师的威信，这样，教师的教育才有效益和作用。只有配合学校和教师，使学生有正确的学习态度，掌握正确的学习方法，养成自主学习的能力，才能帮助他们健康成长。

我们的学生渴望成功，我们的家长期盼成功，我们的教师更期待着成功。而成功的取得来源于我们的学生刻苦努力，我们的教师辛勤耕耘，还有我们家长的热情支持、密切配合。

（一）默默无语当好勤务兵

多关心孩子的饮食起居，多加强他们的营养，使他们有健康的身体迎接下一阶段的复习。晚上他们学习累了，倒一杯牛奶、削一个苹果都会使他们获得巨大的动力。这样平凡而伟大的父爱母爱往往比批评责骂来得更有效。

（二）温馨关注当好知心人

多一些沟通，多一些激励，多一些家庭的温馨。我们的家长应多抽点时间陪他们谈谈心，帮助他们缓解心理压力。不要吝惜一句温暖的话语，因为一句温暖的话语可以让他们激动好一阵子。（但不要一味地说教，意义作用孩子都懂，他们也把自己的前途看得很重，过多的唠叨只能产生双方心情的焦虑）

父母应努力创造良好的家庭环境。不在孩子面前红一次脸、吵一次架，能不参加的应酬不参加，更不能聚众在家里打麻将、看电视、搞聚会。

（三）恰到好处当好指导员

一是要做好子女高考目标的指导者。家长要了解子女的实际水平，不能期望过高，要让子女心中有"底"。我们家长放下"面子"了，心态平和了，才能更科学地、更理智地认识子女、指导子女。二是要做好子女复习备考的指导者。进入高三，学生学习负担重，心理压力大，考试、测验频繁，进步往往可能是曲折的，成绩的起伏是常见的，因此对个别考试、测验的结果别太在意，以免影响自己和孩子的情绪，现在的测验和考试是让学生了解自己当前的知识掌握程度，及时发现问题，通过考试和测验能发现自己学习上的问题和缺陷，考试、测验的目的就达到了。

希望各位家长注意几个问题：一是过分保护。家长高考前把孩子重点保护起来，全家都围着孩子转，实际上这不利于孩子以一颗平常心备考，反而会给孩子造成太大的心理压力。二是过分干涉。对孩子的自由进行限制，效果反而适得其反。三是过分家教。有些家长望子成龙，不惜下血本请来名师"助考"。其实在最后的时间里，让学生自己系统地整理，自由消化才最重要的。四是忽视心理健康。高考一要考知识能力，二要考心理状态，不健康的心理不会产生有效的学习。五是不能转嫁紧张情绪。在高考前，"千万不要紧张"是家长对孩子常说的话，这其实是家长内心紧张的表现，而越向孩子传达这样的信息，孩子越容易感染到紧张的情绪，而导致高考发挥不利。所以高考前，家长一定要在孩子面前保持冷静，营造"战时"如"平时"的学习环境，用平和的心态去感染子女。

作为家长，我知道家长有时的辛酸与无助。在对孩子的教育过程中，有些家长无奈地选择了放弃和放纵。认为，我该做的都已经做了，能不能成才是孩子你自己的事。我想对大家说：在非洲的沙漠里，生长着一种叫依米的植物，它要用整整五年的时间，蜿蜒盘曲着将根插入地底深处，到第六年春天，才能开出一朵四个花瓣的小花。上次家长会，我建议家长与教师们静下心来，因为静在心间，不在山水间，静下来，我们才会理性地知道我们应该做什么。今天，我想对家长与教师们说，依米花不正是在昭示着坚韧和执着吗？我想，有一种美丽，盛开在坚韧的土壤上。我建议大家静下心来想办法，并坚持自己的努力，我们一定会收获一种美丽。

家长朋友们，我们的目标统一，任务一致，希望我们能相互合作，学校全面负责，家长竭力支持，把我们的学生、你们的孩子教育好、培养好，为将来学生的升学、就业乃至整个人生的发展打下坚实基础。

一是教师备课要入境，要用心去读、去研、去想、去设计。"把工夫用在备课上"，"台上十分钟，台下十年功"就是这个道理。尤其要重视学生，对课堂上学生可能出现的问题，教师要有预案，这样才能胸有成竹地走进课堂。预设美丽，生成才能精彩。

二是教师上课要入情。教师要善于创设愉悦的学习氛围，以饱满的激情走进课堂，用简洁、富有启迪的语言激励学生，带着愉快的心情走向知识，激发学习欲望。兴趣是最好的老师，学生一旦对某种事物产生了兴趣，有可能就是他走向成功的开始，往往就是因为教师入情入境的教学深深吸引了他。这次学情调查，学生对教师的学识水平是肯定的，但对一些教师上课情况反映比较多的一个是缺少课堂管理，一个是缺少激情。

三是教师在课上要学会倾听。教师在课堂上要做一个清醒的倾听者，要学会欣赏、尊重、理解学生，帮助学生发现自己的潜能和兴趣爱好。教师更要有一双慧眼，及时捕捉学生课上闪过创新思维的火花，爱护和培养学生的好奇心和求知欲，使学生变得聪明起来，进而培养学生的创新能力。

四是教师的教要服务学生的学。教师要蹲下身来服务和适应学生的思维方式，教师的教案不是一成不变的。课堂教学也不应要求太完美、太完整，要因学生而异，要帮助学生在学习活动中形成有效的学习方法。

在组织过程中，如果能在每位教师说完课以后及时点评，可能对教师能力的提高更有帮助，而本次说课决赛由于考虑时间安排，就省略了这个步骤。这个步骤留在教研组进行。

第五篇

同行共进

5

关注教师的职业精神，塑造仁爱之师

——在大连市高中会议上的经验介绍

教师的脚步是匆忙的，如何让教师在匆忙中稳步发展、幸福成长？教师的肩膀是沉重的，如何让教师挺起脊梁，享受职业的幸福与快乐？教师的成长应该从硬件和软件两个方面加以考量。硬件是指教师的教育观念、知识结构、成长反思、教育研究方法、教育技术等内容，这些可以通过指导和训练得以快速提升；软件则是指教师的精神世界和受之影响的人格、信念等，这些一般较为稳定，需要花大力气进行改变。教师若想获得真正的成长，硬件和软件的升级改造缺一不可。如果只重视单纯的硬件提升，不重视教师的精神成长和精神家园的归属，就不会有真正意义上的教师成长。

教师的职业精神是教师应该具有的一种职业意识、思想活动和心理状态，是对实现自我的自觉超越。具体地说，教师的职业精神是一种向理想的教师形象拼搏进取的精神，体现了人类对真善美的追求，其价值取向是更加重视全体学生。教师的职业精神包括对教育事业的执着和对自己的激励，以及对教育事业的热忱、对教改未来的坚信。我们认为强烈的敬业意识和忠诚自己本职工作的事业心，以及敬重本职工作的责任感和成就本职工作的使命感，这是从事教师职业并堪负使命不可或缺的。

教师这项工作是在塑造美好的心灵，包括教师的心灵，也包括学生的心灵，所以说，学校应该是塑造师生美好心灵的摇篮，让师生体验成功感、幸福感。为此，学校把教师的专业发展作为人的发展，不仅关注教师业务能力的提高，也密切关注教师职业精神，重视教师职业道德的培养，努力使教师成为幸福的教师。

近年来，由于我校高度重视教师职业精神的培养，不断创新师德教育模式，采取得力措施力抓师德师风建设，目前，学校已拥有一支品格优秀、业务精良、职业道德高尚的教师队伍。每位教师恪守"学而不厌、诲人不倦"的行动准则，坚持以德立身，自尊自律，以自己高尚的情操和良好的思想道德风范教育和感染学生，以自身的人格魅力和卓有成效的工作赢得社会的尊重。在职教师中，研究生学历的有38人，高级教师已达46%，有30多位教师荣获国家、省、市优秀教师称号，各个学科均有市、区级骨干教师任教，有多名教师在国家、省、市教学大赛上获奖。

一、领导率先垂范，为仁爱之师的成长营造和谐氛围

学校领导班子"和"。这个"和"表现在于工作和谐。我们力图打造一支甘于奉献、志存高远、以身作则、以学校发展为己任的班子团队。学校领导团队善思善学，不断更新教育理念，不断研究新课程改革的理念，不断探寻学校发展的有效途径。学校领导班子团队任劳任怨，务实求真，不断提高指导新课改的能力，带领全体教师积极走在新课改的路上。学校领导班子团队倡导民主作风，实行人文化管理，营造和谐宽松的工作、学习和发展氛围。干部们敢管真干。对犯错的教师严肃批评，对优秀的教师予以奖励，充满正气。

学校领导"和"表现在对教师们的亲切和善，关心关注。生活上的困难，如子女就学，甚至子女就业，校长都亲自去过问。在工作上，新课程实施过程中，不是逼着去学习，而是一同学习。

我校积极开展"教师身心爱护工程"，制订了教职工体育锻炼健身方案，倡导教师在业余时间积极参加体育锻炼与文娱活动，党政工团齐抓共管。把此项工作列入常规工作。倡导教师在没课时可以到操场运动，请来教练教授大家太极拳，工会组织排球赛、踢毽比赛、跳绳比赛，利用周末组织教师远足，通过开展联谊会、节日庆祝会和教工趣味运动会等活动，为教师的健康和成长提供娱乐、锻炼和展示的平台。学校高度重视教师的心理工作，积极组织教师参加市教育学院举办的"中学生心理健康辅导员培训班"，既有利于工作，同时教师也学会了自我调解的办法。

二、师德教育到位，引领仁爱之师的成长

1. 以学养德，用正确的思想引领

组织教师学习《中小学教师职业道德规范》《教育部关于加强中小学

教师职业道德建设的若干意见》、十七大重要精神、《公民道德实施纲要》等，树立广大教师的职业光荣感，增强他们的责任感和使命感，使他们自觉做内强素质、外树形象的带头人。

近年来，我校制订了严格的《教师职业道德建设考评制度》，强化服务意识，以良好的职业道德树我校教师形象；强化人文意识，加强人文的教育与陶冶；教师要做到以学生为本，用爱滋润学生成长，建立同伴互助制度，共同打造互相合作、互相促进的团队精神。

把提高教师政治理论素养作为师德建设的首要任务。通过学习，进一步明确教育改革与发展的形势，增强实现素质教育的自觉性和紧迫感。树立正确的教育观、质量观和人才观，努力提高自身素质，不断适应实施素质教育要求的需要。坚持通过各种途径，每周教师政治理论学习，切实做到有计划、有检查、有考核，时间保障，内容落实，形式多样。

2. 以例导德，用优秀的典型激励

坚持把教师职业精神建设列入学校精神文明建设之中，一方面要及时组织教师学习全国全省全市优秀教师的先进事迹，如赵二冬，以他们为榜样，争当先进；另一方面，坚持用身边的典型教育感染身边的教师，用正确行为来导航。校本研修，同伴互助，塑造教师良好的职业心态，周三例会坚持开展"经验共分享"活动。在周三教师例会上，教师介绍教育教学经验，每学期一个教研组涉及两位教师介绍经验，大家共同分享彼此的成长经验。这是一个同伴互助的平台，真正实现了教师与同行对话；这是一种互信互助的历程，是教师作为专业人员彼此的交往、互动与合作。近年来，我校坚持评选"仁爱之师"和"感动校园杰出教师"，用身边的事迹激励教师。举办大型师德报告会，组织多种形式的研讨会，观看优秀教师事迹录像。通过活动，掀起了树良好教师职业道德风尚的热潮。

3. 以动育德，用丰富的活动教育人

广泛开展讲座、培训、报告会、经验交流会、演讲会等教书育人主题活动，加深教师对教师职业道德规范的认识和理解，更加广泛深入开展以"三爱"（爱教育、爱学校、爱学生）、"三全"（全面贯彻教育方针、全面推进素质教育、全面提高教育质量和效益）、"三让"（让家长放心、让社会满意、让子女成才）为主题的师德师风教育活动。结合讲文明、树新风和创

建文明行业等专题活动，在教师中继续开展争先创优活动，不断创新活动思路，更新活动内容，提高活动实效，增强教师的事业心和责任感。

4. 以评促德，加强教师职业道德建设考核

严格实行教师职业道德考核制度。对教师的先进事迹和日常表现随时记入教师档案，作为教师职业道德评估、考核、评聘、晋级、奖惩的重要依据；对于师德高尚、业务精良、学生爱戴、家长信赖的教师在评优工作中给予倾斜。

三、启发自觉，为仁爱之师成长搭建平台

（1）个人职业规划也就是一个预判的过程，是对决定个人职业的个人因素、组织因素和社会因素等进行系统分析，制定出对个人一生中在事业发展上的战略设想与计划安排。职业规划必须以自身特点、最佳才能、最优性格、最大兴趣等条件为依据，在了解自我的基础上，确立职业目标、制定职业发展计划并适时调整职业目标，成就自我。教师都制定过自己的三年发展规划，它来自学校的外在压力，是否成为自身发展的内在要求呢？这些规划制定得是否切合自身特点呢？让我们的教师回头看，再及时地对自己的规划进行调整看来是非常必要的。教师的职业化其实就是指我们教师专业化水平的不断提升，在这个过程中，我们专业水平的发展离不开"成就学校、发展自我、成长学生"三个关键词，因为这是我们职业化水平高的三项标志。

（2）搭建"提升职业精神、感受职业幸福"的平台。

① 内容：充分挖掘校内资源，发挥引领示范效应，名师讲述心路历程，感悟、分享职业幸福；"读书与成长"教师读书汇报会教师职业精神感言征集活动（主题为"提升职业精神、促进专业成长、感受职业幸福"，形式不限，选取教师职业精神的某一个方面，开展读书笔记、阅读反思展评等活动）。

② 活动形式：在校报、网站上发表教师读书笔记、阅读反思，交流和分享个性化理解。

进一步抓好师德建设，着力提升教师的人格魅力，让教师在提升师德过程中体验幸福；进一步促进教师专业成长，着力提升教师的学术魅力，让教

师在专业成长过程中体验幸福；进一步抓好读书活动，以读书、荐书活动为载体，着力提升教师的文化内涵，让教师在读书思考过程中体验幸福。

（2009年12月23日）

给追求一个智慧

——在营口市教育大会上进行办学经验介绍（提纲）

一、课堂高效的核心是让学生高效学习，目的是学生的优质发展

教师的高效教学是学生高效学习的前提。教师队伍建设是学校发展永恒的主题，教师是学校发展的源泉和动力，教师发展是学生发展的根本，没有教师的发展，就没有学生的发展。

1. 校本研修——教学经验共分享

教育智慧蕴藏在先哲的思考与言行中，也蕴藏在每一位教师周而复始的教育活动中。我们充分挖掘本校教师队伍中的大量资源，周三例会开展"经验共分享"交流活动，力图将做法上升为经验，将经验上升为智慧。

在交流中，有特色教师的专题介绍，如"提高课堂教学效益之我见"，有班主任谈班级管理方略的；有的教师介绍听课、学习的心得体会，有的教师则交流打破常规的创见，如"关于值日班长的商榷"。给教师们搭建了一个新舞台，他们又为大家创造了一片片新天地。这项活动给予更多教师展示自我、增进彼此了解的机会，给予每个教师洞开视野的窗口和提升自我的平台。

目标：打造书香校园。

创新来源于不断地学习和借鉴，在教师队伍中开展"学习心得共分享"读书交流活动，鞭策全校教职工注重自身学识、修养、能力的进步。

实施办法：按照教研组顺序，每周一位教师介绍教育名著内容、阅读心得、推荐理由。给教师们搭建一个新舞台，他们又为大家创造了一个新天地，掀起学习热潮。阅读不能改变人生的长度，但可以改变人生的宽度和厚度。一个人的阅读史，即是他们的心灵发育史。

2. 校本研修——教学困惑齐反思

目标：养成反思的习惯。

从教师个人专业成长方面，可将教师分为三个层次：三流老师忙于（教学）事务，二流教师满足积累，一流老师勤于思考。

叶澜教授说，一个教师写一辈子教案不一定成为名师，但如果认真写三年反思则有可能成为名师。

在教学活动中，我们会不断积累教学经验，同时会有新的教学困惑在缠绕着我们。教师挖掘教学中存在的困惑，利用周三例会15分钟时间开展"教学困惑齐反思"交流活动，间周一次，解决困惑形成好的做法，将做法上升为经验，经验上升为智慧。这项活动是基于问题去研究，可以采用沙龙式、论坛式，给予更多教师展示自我、增进彼此了解的机会。

反思的深度决定成功的高度。

3. 组本培训——提升教师业务素质、提高教学质量的关键

研究——使课堂高效优质。我把三十六中的课堂教学分为三个层次：有效——是教师合不合格的区别；高效——是教师是否成熟的区别；优质——是教师形成独特教学风格，有自己的教学思想，成为名师。

依托一个载体——教研组。

问题：教研组功能行政化，主要上传下达，繁多的常规事务。本体功能虚化、弱化，学习内容随意化，活动形式简单化，活动主体单一化。

教研组应该是教学研究体。我们高度重视教研组建设，充分发挥教研组的研究、合作、反思的作用，实现教研组的教、研、训一体化。

我们充分发挥教研组如下作用：

① 学习功能，提高教师课改意识。

② 抓好常规教学，发挥指导、激励功能。（备、评、查、析、管）

③ 抓好课题研究，发挥研究的功能。

④ 发挥培训教师的功能，提高教师教学技能。

⑤ 抓好关系处理，发挥协调功能。

⑥ 抓好学科活动的开发。

教研活动

规定动作：学习指定材料、研讨一个教学课题，评课。

自选动作：（参加教研活动）

4."小课题"——微研究

"人人有课题、个个做研究、天天有记录"，围绕教学中出现的某一个典型性和普遍性的问题，发挥集体智慧，利用一段时间全组研究，以此来解决实际教学中出现的问题。教研组先征集问题，让教师选出有价值的最迫切的先公布，请教师们去思考学习，之后用每周的教研活动和集体备课时间集中讨论。问题从教学中来，更有针对性，解决在教学中的问题，要有实效性。解决的途径：自我反思与汲取他人的经验。

5. 学科活动的开发

出发点：不死学，产生兴趣。走出课堂，学习方式的多元化。

丰富学习，更爱学习。

提升教师对学科的理解与把握。

二、一所学校教学质量的好坏在很大程度上取决于教学管理水平的高低

要提高教学管理的效益，就必须走精致化管理之路，切实向精致化管理要成效。精细严管理是注重过程和细节的管理，是追求卓越、周到细致、质量与效益同步提高的管理。我校教学工作以精细化管理为手段，以提高课堂45分钟高效益为重点，把教学常规的各个环节做深、做细、做实。

我们在实践中不断摸索，总结出来的"八化"，让教学工作科学、规范、协调、精细，保证学校教学工作有水平，上档次，明显地提高教育教学质量。

（一）集体备课——日常化

我校实行"三步走"集体备课：个备—集备—个备。

集体备课做到"五备四同"：备课标、备教材、备教法、备学法、备练习，备同一课、备同一个课时、上同一堂课、保持同一个进度，使全体教师切实将最优化的教学设计落实到课堂中。

中层以上领导按照要求，在集体备课时间到所负责的备课组参加集体备课，和教师一起研讨课堂教学，督导相关备课组将集体备课落到实处，提高备课质量和水平。教师电子教案上传到学校服务器，将教案、课件或教学资

料保存到自己的网盘中。（领导听课查教案）5月末举行集体备课评比活动，每个备课组提交一份自己满意的集体备课视频（时长为45分钟）。

（二）课堂教学——最优化

"如何提高效率"是我校的终身课题。我们分学科分课型研究高效益课堂教学模式的标准，积极建构科学高效的课堂教学模式。充分发挥教研组、备课组的积极作用，针对不同学科的新授课、专题课、复习课（包括试卷讲评课）等课型，以教研组为单位，继续积极探讨、研究、实践新课程下如何构建高效益的课堂教学，优化课堂教学模式。

此项研究，教研组定期总结、定期交流、定期反思，努力保证研究的实效性和科学性。都基于不同学生、不同课型等实际情况，尊重差异，避免形式主义，努力追求真正意义上的高效课堂。

去年学校以"减负增效，加快课堂教学转型"为校本研修的主题，开展"一周一科一评"等系列教学研讨活动，每周一门学科上课、一门学科大会评课，"听课、评课、议课"全体教师参与其中。活动中，各学科根据学科特点和学情展示了不同类型的课堂教学模式，体现了"以生为本，优质高效"的课堂教学观，让课堂成为学生思维奔跑的场地。"一周一科一评"教学研讨活动以实践型课堂教学为依托，抓住了减负增效的主阵地——课堂，让每位教师都走向课堂转型的实践和探索之路，积极促进各学科课堂教学向"生本课堂""高效课堂""生命课堂"转型。

怎样做到高效？讲得精彩不如学得精彩。

诊断——帮助老师提升。我的观点：打造三精二练一测结高效课堂。三精：精讲、精选、精导。精讲：目标明确、重点突出；精导：教程简明、指令清晰、互动充分、不替代；精选：训练到位（当堂训练）。二练：模仿性练习、巩固性练习。一测结：一题检测，小结课堂一测结。以往知识点的小结，会不会谁知道？选一题包含重难点，来检测学习效果，会不会师生都知道。

（三）作业布置及批改——精细化

（1）为了保证学生跳出"题海"，教师要跳进"题海"，作业布置的内容要典型，教师要事先做完，从大量题例中筛选典型的试题，针对当天讲过的知识布置作业，达到监测、巩固、了解掌握情况的目的。

（2）作业的数量要限定，当天没课不留作业，高三周六不留作业，比如数学、物理、化学不超过35分钟，语文、外语不超过30分钟，高一政史地适量留作业。

（3）作业批改要求到位，重在抓反馈，了解学情，以便于调整下一步的课堂教学内容。

（4）自习课时，教师不进入教室布置作业或批改作业，科代表不要将答案抄在黑板上。

（5）班主任不要强迫学生在规定的时间段做某学科作业，特别是自己所任教的学科。

了解教学情况的办法有很多，上课时三分钟走廊视导、辅导时两分钟黑板关注（记录）。

（四）走廊辅导——人文化

辅导答疑是课堂教学的重要补充，是完善、充实课堂教学内容，因材施教，提高教学效果的重要环节。

我校自习课全员走廊辅导，可以辅导学生作业，充分了解学情。教学有针对性，才能高效。三十六中教学成绩的提高，研究是前提，把握学情是关键，扎实是保证。保证"日日清"等教学目标的达成，满足不同学生的需求，实施个别化教学。学生针对自己学习上的困惑之处，可以随时找到任课教师，而且可以跨年级询问其他教师。教师面对学情，利用辅导时间有目的地对学生进行培优补漏，帮助学生尽快成长。

（五）随机展示课——规范化

随机展示课是一种以诊断性为目的的微格评价方法（个案研究方法），每周随机上两节展示课，督导教师注重平日课堂教学，保证教师认真备好每一节课、上好每一节课，使教师不断研究课改、研究课堂、研究学生。具体做法如下：①确定流程；②评课流程。就是把该堂展示课进行全程录像，评课流程：自评—组评—校评。根据我校随机展示课实施办法，利用周三全体教师例会对课堂教学进行评价，一评教学态度，二评教学过程与方法，三评教学能力，四评教学效果。

（六）特长培养——个性化

我校始终在思考和关注如何能真正实现学生全面而有个性的发展。近年来，我们扎扎实实做的就是尊重学生，尊重学生的个性和特长，尊重学生的发展需求。

2009届高三徐卢男同学在辽宁省美术统考中获得全省第35名的出色成绩，但错过了高考第一轮复习，于是学校特意为该生制定个性化课程表，进行一对一辅导，最后，该学生顺利考入北京电影学院。2010届高三穆道元同学高二结束后提出由英语转为日语学习的要求，学校专门为其外聘一名日语教师上课，高考如愿考入北京工商大学。

根据2010届杨茗月同学练习声乐的要求，高三一年时间，学校为其专门开放教室练习声乐，最后，该学生顺利通过自主招生考试，高考考入天津大学。

艺术生专业课考试结束，正值学生二轮复习，可是他们还没有进行过全面复习，根据学生和家长要求，艺术生（文科6人，理科6人）分文、理两个班，单独课表，单独上课，教师克服困难，系统地从第一轮基础复习开始，帮助他们备战高考。

这"八化"，使我们的教学从有效走向高效，走向优质。高效的学习预留了学生发展的空间。在实施素质教育的过程中，我们逐步形成了这样的共识：用有效的教学来实现学校合理的减负，靠高效的学习来换取学生自由支配的时间。应该说，我们真切地品尝到了这种高效带来的教育幸福感。

抓好学校常规管理其实就是在践行学校文化建设。学校文化不是喊出来的，也不是写出来的，而是扎实做出来的，这里有引导、强化、训练、感染和约束。这些都需要学校天长日久的历练、内化，形成一种习惯，一种工作风格，它会让学生受益一生，学校受益永久。

我校坚信通过精细的常规管理，能够让每一个细节都折射出文化的光辉，飘溢出文化的馨香。

有人说，我们学校不简单。

什么是不简单？简单的事天天都能做好就是不简单。

扎实融入我校教师的血脉。

认真能把事做对，用心能把事情做好。

教育是一个用心的事业！

（2013年）

遵循规律，提高德育的实效性，实现学生全面而有个性的发展

大连市第三十六中学在德育实践的探索与研究中，坚持"以学生为本、全面发展、关注未来"的育人观念，秉持"培养习惯、触及心灵、铸就品格"的育人模式，以切实可行的行为规范引导人，以生动活泼的群体活动教育人，以丰富多彩的校园文化熏陶人，突显我校的"养成教育"工作特点。培养身心健康、爱国守法、明礼诚信、团结友爱的，具有强烈民族自信心、创新精神和实践能力的发展型人才。

一、"四线"机制，确保德育工作高效

第一条线是建立以班主任为主体的"常规教育主线"，通过班主任工作，将学校的德育内容贯穿班级工作始终，并不断优化管理，关注细节，狠抓落实，确保德育内容的有效落实和日常规范教育的有序开展。

第二条线是建立以学科教师为主体的"课堂渗透德育线"，坚持以课堂为主渠道，全方位、多角度地对学生进行德育，课堂教学要设立德育目标。利用我校集体备课的有利条件，充分挖掘各学科的思想教育内涵，并在课堂教学中逐步渗透德育。

第三条线是建立团委、学生会、班委、团支部为主体的"学生自我教育主线"。建立学生会章程，坚持我校学生会特色选举方式，健全学生会机制，发挥共青团和学生会在学校德育工作中的主力军作用，引导学生自我管理、自我教育。

第四条线是建立值周队为主体的常规管理线。值周督导队是教导处对学

生进行教育管理的具体执行队伍，检查学生纪律，教育学生，负责学生的行为规范督导和日常检查评比。

二、确立德育目标，让德育有方向

三十六中总的德育目标是：培养学生明德、尚志、博学、敏行，使之成为知书达礼的文明人、身心和谐的健康人、堂堂正正的中国人、开拓进取的现代人。根据总的德育目标设立了三个阶段目标：

高一年级以"养成教育"为支点，以"规范行为"为目标，致力培养合格的高中生；

高二年级以"发展教育"为支点，以"陶冶情操"为目标，致力培养成熟的高中生；

高三年级以"理想教育"为支点，以"健全人格"为重点，致力培养优秀的毕业生。

今天我着重谈高一年级的习惯养成。对于学生来讲，习惯主要体现在两个方面，即学习习惯和行为习惯。对于学习习惯的养成与行为纠正，我们做到月月有重点，周周有目标。每年9月开学之初，重点强化学生上课听讲坐姿，形成良好的听课习惯；10月重点强化学生专心学习习惯，解决学生"注目礼"问题；11月重点强化学生课前准备，做到有效预习，形成良好的学习习惯；12月重点强化学生的自习习惯，形成有事做，主动学的学习氛围。对于行为习惯的养成，我们是从新生进校开始的，有新生第一课，有三十六中德育百分考核条例的学习与考核，有中学生日常行为规范的学习，学生在校一日常规的学习等内容，让学生入耳、入脑、入心，从而体现在行动上。比如就清扫这项内容就有很细致的规定，几点开始、几点结束、每个分担区清扫什么、清扫工具如何摆放等都要纳入每天检查的范畴。还比如通过德育百分考核条例记录表对每位学生的日常表现进行真实记录，评出"每月一星"：①3月、9月末：遵规守纪，行为文明星；②4月、10月末：学习刻苦，成绩优秀星；③5月、11月末：严格要求，不断进步星；④6月、12月末：尽职尽责，大胆管理星。

这些举措为学生树立了学习的榜样。检查的工作就由班主任、值周队、班委来共同完成，学期末根据记录的情况进行总结评定，这就把中学生综合素质评价与学校的德育百分考核条例有效结合起来了。

三、坚持德育"三个紧密结合"原则，让德育更科学

即与激发学生的学习兴趣，培养学生良好的学习习惯，提高学生的学习成绩紧密结合；与解决学生的思想困惑、生活困难与医治学生的心理创伤紧密结合；与培养学生健康的心志和情感价值紧密结合。

四、形式多样的德育途径，实现全方位育人

1. 人文关怀工程，让德育和谐亲切

学校开展"深入人心工程"，通过班主任的家访、建档、座谈、建互助组等方法深入了解学生实际情况。通过"三爱""三送"活动（即关爱贫困生，给贫困生送温暖；关爱学困生，给学困生送信心；关爱特殊生，如单亲家庭子女），给特殊生送方便。对特别生给予特别的关爱，使每个学生的身心都得到健康和谐的发展，都有幸福的感受，从而建立了和谐融洽的师生关系，让德育触及学生心灵。

2.《大连市第三十六中学德育百分考核条例》引领学生自律规范

学校德育工作是关乎学生做人立身的重要工程。德育工作制度要强调"以人为本"，真正为学生量身而作，顺应学生身心发展的科学规律，才能达成德育目标。我校在德育工作中，实行学生德育行为规范量化，通过《大连市第三十六中学生德育百分考核条例》（以下简称《条例》），将抽象的德育管理具体化，是一种调动学生自我设计、自我调控，自我发展、自我评价、自我完善的激励措施。《条例》为学生表现突出加分。对于行为规范、为班争光、助人为乐、拾金不昧、救死扶伤等进行加分。在《条例》制订之初，学校多次召开师生座谈会，广泛听取广大师生的意见和建议，不断完善制度的内容，规范条例的操作，做到内容公开化、遵守自觉化、执行公正化、处理透明化、条例自律化。《条例》实质是一种养成性道德教育，学生通过量化自己的行为，进行着自我的监督与人格的完善，是对学校教育的辅助，甚至起到了比直接教育更好的效果。

3. 学科渗透，让德育自然无痕

注重学科渗透实现全员德育一直是我们德育工作的重要途径，各学科的教学除了制定知识目标、能力目标外，还制定明确的德育目标并且通过集体

备课来实现目标的统一化。尤其政治教学非常注重对学生人生观、世界观的教育，增强了学生的爱国情结。

4. 主题化个性化的活动，让德育丰富实效

"细节孕育成功""文明校园""感恩与回报"等系列主题教育让学生在演讲、讨论、辩论中实现了自我的品德教育和成功教育。德育工作从小事着手，从细节抓起是我校德育工作的特点之一，开展"和谐校园"主题教育，构建融洽的师生、生生关系。以教育处坚持的"深入人心工程"为载体，积极倡导教师以平等的姿态与学生和谐相处，通过了解学生的家庭状况与成长背景，了解学生的心理特点与发展趋势，了解学生在班级中的处境，与学生建立和谐关系、融洽师生情感，进一步促进学生与学生的和谐。学生与学生和谐关系的核心是学会合作，要通过在健康有序的学习和其他群体活动中，让学生在交流、合作的过程中，正确认识和评价自己，懂得理解与尊重他人，增强团队观念和集体意识。在开展"细节孕育成功"主题教育活动中，从个人卫生、考勤、课前预备、听课、自习、课间活动、午休等细节抓起，规范一言一行、一举一动，培养学生良好的学习习惯、生活习惯，提高学生的综合素养。在"文明校园"主题教育活动中，一是开展好"五有十无"教育活动。"五有"即课堂有纪律、课间有秩序、言行有礼貌、心中有他人、学习有进步；"十无"即墙上无脏印、地面无垃圾、教室清洁无赃物、公共设施无损坏、用水用电无浪费、谈吐文明无脏话、穿着大方无怪装、团结友爱无打骂、完成作业无抄袭、考风端正无作弊。二是开展好"文明就餐"教育活动。倡导自觉排队就餐，不挑食，不浪费，爱护餐具，自觉维护餐桌卫生，养成节约、合理膳食的良好习惯，提高学生文明自律的水平。同时对全体学生进行中华传统文化、传统美德教育，传承文明。在三十六中，尊重传统美德，重视文明礼仪，已经成为校园的道德风尚。感恩教育，形成系列，让学生心灵受到震撼，懂得生命间的互育和关怀；感恩教育，深挖语文学科的内涵，实现教育入心，课程育人。将母亲节、教师节、感恩节作为感恩教育的重要载体，开展各式活动，如优秀毕业生探望母校活动、孝心作业、"孝"作文展等，使学生随着活动的开展，以及年龄的增长，不断受到启迪，塑造学生健全的人格，终身受益。开展"班级文化"建设活动，形成特色育人环境。班级是学生学习和生活的重要环境，是学校德育工作的重要平台。要通过丰富板报、美化窗台、桌角文化、名言励志、

德育考核、整洁教室等形式，使班级文化建设形成各具年级特色、各有班级特点的良好育人环境。高一年级（适应期）重点培养规则意识，以实现由教书育人、管理育人、思想育人到文化育人的突破；高二年级（发展期）重点是引导学生书写人生规划，确立职业志向和专业发展目标，从而不断提高认识自我的能力；高三年级（成果期）以备战高考，努力实现目标为主题，激励学生奋进，实现自我价值。

5. 每月一星，让学生有目标可追

开展"每月一星"榜样工程：严格要求，不断进步星；遵规守纪，行为文明星；尽职尽责，大胆管理星；学习刻苦，成绩优秀星。引领学生，每月一星的评选，在学生身边树立榜样，既增强了"星星"们的自信心、自尊心，又为他人的努力树立了榜样，优化了校园育人氛围。

6. 以活动为载体，让德育润物无声

我们改变以灌输为主要手段的旧模式，寓德育于各种有益的活动之中。

军训活动增强了国防意识，树立了自主、自立观念，磨炼了坚强的意志，养成了严谨的作风。通过此项活动，学生们在军营里形成的良好行为习惯带回了校园，融进了学习、生活中，并形成了自然、健康的自觉行为，表现出了良好的精神面貌。

校园文化艺术节，内容丰富而贴近学生的生活。歌会、大合唱、小品、课本剧用艺术的魅力陶冶学生的情感，滋养学生的心灵，使情感不断升华。

升旗仪式，统筹规划，将升旗、爱国、励志融为一体。从开学初制订详尽的计划，根据教学时间和各个节日安排教育内容，各个班级的主持人发言、国旗下演讲、教师演讲、教师主持并升旗等一系列内容，师生共同参与，充分体现了"养成教育"的德育工作特点。

体育节内容丰富多彩，主题明确，特色鲜明。主要体现在：体育与德育相结合、团体与竞技相结合、参与性与广泛性相结合、体育与艺术相结合。我们将广播操展演定位为：健美、强身、团队，不仅使学生得以健体、强身，同时也可为学生育德、启智，在青春明快的乐曲声中强化团队精神和合作意识。运动会作为学生的必修课，全体参与热情有序；啦啦操表演与篮球赛相结合，充分培养了学生自主发展和团队合作精神。丰富多彩的体育活动提高了学生的综合素质，2008年，在全国体育教学工作现场会上，由我校学

生表演的大型团体操受到与会者的高度评价。体育竞赛成绩喜人，先后荣获市排球比赛冠军、"市长杯"足球比赛亚军、踢毽比赛冠军，跳绳比赛多次获得单项第一名和团体比赛第二名；承办了首届大连市中学生英语口语大赛并进入前四；荣获大连市首届中学生综合素质大赛团体第二名。

还有成人仪式、社会实践活动等等，这些活动不仅满足了学生多元化发展的需求，而且使学生在活动中充分张扬个性，陶冶情操，实现了活动育人。

五、德育与心理健康教育相结合，让德育留在心里

学校教育的目的是培养学生成才，而健康的心理是学生成才和发展的最基本条件，也是进行学生思想品德教育的前提。通过心理健康教育改善学生的心理健康状况，使他们保持一种主动接受教育，积极完善自我的良好的精神状态，从而为他们接受思想品德教育和其他教育创造条件。这是我校心理健康教育工作的目标。出色的心理健康教育工作使我校得到了社会的充分认可，2007年，我校被评为作为大连市首批"心理健康教育基地校"。

（1）走班主任专业化发展之路。我校限于编制没有专职的心理教师，但是，我们根据实际情况，坚持走大力培训班主任之路。因为在学校中，和学生接触最多、对学生影响最大的就是班主任，所以三年来，我们对全体班主任都进行了心理健康方面的专业化培训，参训的22名班主任都获得了心理健康辅导员培训合格证书。我想这种培训工作力度在全省学校中可能也是最多的，效果非常显著。用王国军教授的话说，这就是符合中国国情的做法。因为在我们国家的学校里，与学生接触最频繁、对学生最有影响力的人就是班主任，他们每天十几个小时与学生在一起，是最了解学生的。对班主任进行心理健康教育专业化培训，就启动了学校心理健康教育工作最大的人力资源。班主任不仅担负着班级管理的任务，而且有学科教学工作，这样通过班主任的工作，心理健康教育就实现了贯穿学校教育的全过程。通过心理健康教育专业化培训的班主任，其工作起色表现在整体地优化了自己的工作，做到及时地发现问题，科学地分析问题，从而有效地解决问题。比如班级系列主题教育活动、心理剧、个别辅导谈心。让每个学生学会适应环境，融于班集体，认识自我，消除困扰，改变不良行为，从而形成各具特色的班集体。

（2）班主任把心理健康教育贯穿班级管理与教育工作的始终，做到只要有工作，就有心理健康教育。比如班风建设、班级文化、桌角文化、窗台

文化、励志名言、德育百分考核、班级系列主题教育活动、个别辅导谈心。让每个学生学会适应环境，融于班集体，认识自我，消除困扰，改变不良行为，从而形成各具特色的班集体。例如，班主任重视在各项德育主题活动中融入心理辅导。在高一开展交往过密题材的主题教育，通过主题班会课，引导学生把握异性交往，保持自尊、自爱等心理辅导活动，帮助学生把握生活的正确方向。比如我们把心理健康教育与班会相结合，班班开展心理剧演出。高一高二每次班会必有心理剧，及时针对班级的各种问题和不良现象，释放学生的消极情绪，疏导认知，引导适应，交流共享，有效地解决了学生中存在的心理问题。有的剧目还在家长会上演出，并且收到了良好的效果。如今，班主任和许多学生都学会了导演，工作能力越来越强，工作方法越来越多，出现了许多具有个性化的工作风格，让人深受鼓舞。这种个性化工作风格实质就是将心理健康教育与班级实际、个人实际相结合的结果，是教师在心理健康教育工作上的成熟。班主任具有个性化的工作风格，培养的学生相对就更加有理想，有目标。比如有一个胡伯韬同学，以他的实力，是完全可以进入北大，但是他的理想是学经济学，那么他就报考了中国人大的金融系。还比如赵金城同学，他的象棋水平属于国内的一流高手，他为了实现成为象棋大师的理想，就主动放弃了北京大学的单招机会，转到南开大学就读，现在是天津市象棋协会会员，初步实现了人生目标的自我调控。

（3）学科教师在各学科中渗透心理教育。充分挖掘各学科教育中包含的丰富的心理教育因素，使之相互渗透、相互促进。要求教师上课时充分调动学生学习情绪，使学生保持积极心态学习，激发学生学习兴趣，鼓励学生探索、创新，使学生敢于质疑，向高效课堂发展，充分提高课堂45分钟的教学效率。由于许多教师经过心理健康教育的专业化培训，因此这些活动有效地渗透了心理健康教育的元素。

（4）完善家校联系网，拓展心育途径。学生的心理健康问题与家庭的教养方式和家庭的人际关系有直接或间接的关系，有些甚至是家庭问题的表现和延续。因此，无论是了解学生心理与行为偏异的原因，还是咨询、矫治计划的制订和实施，都需取得家长的积极支持和配合，因此我们学校在家庭教育指导工作中很注重心理辅导。指导家长开展亲子沟通活动。每年通过家长会、组织高一和高三的学生及其家长，分别进行新生心理辅导和考前心理辅导。班主任在平时也通过家访、电话联系或约家长到校沟通，针对学生的实际问题，为家长支招，形成家校教育一体化。

（5）开展心理剧，丰富学生的道德和心理体验。对学生个体心理来说，再精彩再生动的讲授都无法替代个人的亲身感受和直接体验。所以，组织学生开展心理剧活动，并将心理剧与班会相结合，成为我校心理健康教育的有效途径。班班开展心理剧演出，每次班会必有心理剧，及时针对班级的各种问题和不良现象，释放学生的消极情绪，疏导认知，引导适应，交流共享，有效地解决了学生中存在的心理问题。有的剧目还在家长会上演出，收到良好的效果。如今班主任和许多学生都学会了导演，班主任的工作能力越来越强，工作方法越来越多，出现了许多具有个性化的工作风格，让人深受鼓舞。这种个性化工作风格实质就是将心理健康教育与班级实际、个人实际相结合的结果，是教师在心理健康教育工作上的成熟。班主任个性化的工作风格，培养的学生相对就更加有理想，有目标。为此学校多次承办市心理健康教育研讨会和心理剧研讨会，将我们的工作经验介绍给兄弟学校的同时，也学来了很多的宝贵经验，促进了我校德育工作更上一层楼。

现在，三十六中学生的心理健康状况良好，学生的心理能得以正常发展，心理困惑能及时得到疏导，不良心理与行为得到矫治，学生表现出良好的心理素质。其表现就是学校秩序好、学习积极性高、思维活跃，学习上心理负担与压力相对适度，爱学、会学并富有创造性。个性健全发展能够适应学校、社会的要求，完善自我，有信心有兴趣、精神振奋地投入学习中去，提高学习成绩，也就提高了教学质量。我校的高考成绩连续几年来都取得了重大突破。2009年，我校再创高考奇迹，高考成绩在全市84所高中文科位列第五名，理科位列第六名，与初升高成绩比较，进步幅度位列全市84所高中第一名，其中，600分以上17人，一本进线率51%，二本进线率93%，并实现了普通校学子考入清华、北大的梦想。作为一所一般高中，取得如此奇迹，这现象被大连市教育局称为"三十六中现象"，我认为这就是我们心理健康教育的成功之花。

以上是我校德育工作的一些具体工作，还有许多不成熟之处，敬请各位领导给予批评指正。

谢谢！

（本文为2009年在大连市高中教育管理会议上的经验介绍）

教学因研究性学习而精彩

——开展研究性学习实践与思考

苏霍姆林斯基说过，"人的心灵深处，都有一种根深蒂固的需要，这就是希望自己是一个发现者、研究者、探索者"。但是，传统教育基于一个问题只有一个唯一正确答案的认识，把教育的功能体现在学习那些被证明为唯一正确的答案以及对其最好的处理方法的模仿上，并企图将这些答案和方法用于以后的生活。希望"一次教育，终身受用"，这是一种注入式教育，是灌输式学习模式。它阻碍了学生思想的开放和进步。

实施素质教育，培养学生的创新能力，构建民族教育创新体系，是教育改革的基本目标。课堂高效的核心是让学生高效学习，目的是学生的优质发展。研究性学习的目标明确指向激发和培养学生的创新精神，使之产生创新的欲望，初步形成创造性人格倾向，培养学生分析问题、解决问题的能力和创造能力。其本质是在培养学生成为一个发现者、研究者、探索者。

一、对研究性学习的认识

1. 研究性学习是一门课程

（1）研究性学习与其他必修课程不同，它打破了接受式教学模式，突破了时间、空间、学习内容等方面的限制，将学习的权力真正还给了学生。在研究性学习中"学什么"要由学生选择，"怎么学"要由学生们设计，"学到什么程度"要由学生们自己作出预测和规定。

（2）研究性学习是一门追随学习者的课程。学生的兴趣是课程的起点。从根本上说，这也是对学生个体的一种尊重，有利于学生学习中主体作用的发挥，实现个性化学习。

（3）研究性学习是丰富学习体验的课程。它以学生的发展为宗旨，强调学生通过自主参与研究性学习活动，亲历问题探究的实践过程，获得科学研究的初步体验，加深对自然、社会和人生问题的思考与感悟，激发起探索、创新的兴趣和欲望，建立一种主动发现、独立思考并重视实际问题解决的积极的学习方式。

研究性学习是从活动与情境的视角来观察学习的，学习不仅仅是学习者个人头脑中形成特定概念与技能的过程，而且是在向社会开放的系统中，在人与人的相互沟通、对话与合作中发生的社会性过程，是一种情境化的社会实践。学生通过亲身体验加深对学习价值的认识，在思想意识、情感意志、精神境界等方面得到升华。

（4）研究性学习是师生共同建构的课程。它将课程建设与教学实施融为一体，课程内容在师生共同探索新知的发展过程中构建，在师生"对话"中不断生成。

在研究性学习中，师生关系发生了本质的变化：教师不再是知识的权威，将预先组织的知识体系传递给学生，而是学生学习的伙伴，与学生共同开展探究知识的过程；学生也不再作为知识的被动接受者，聆听教师一再重复的事实与理论，而是怀着各自的兴趣、需要和观点，直接与客观世界对话，在教师指导下彼此讨论与学习，共享认识现实的快乐。在这一过程中，学生和教师是平等的，当然，这种平等并不排斥教师的指导作用，在整个学习过程中，教师是"平等中的首席"。

研究性学习创造了一种新的互动的学习文化，教师是学习者、研究者，是学生的合作者。在这种情境中，教师的工作定位也突破了以往单纯传授、灌输的模式，向引导学生创新的方向发展，"能者为师"在更高层面上被师生接受。

2. 研究性学习是一种理念

（1）强调变革学习方式将研究性学习纳入课程计划，着眼点就是为了切实变革长期以来僵硬呆板的教学格局，使学生形成一种对知识主动探究，并重视实际问题解决的积极的学习方式，以回应素质教育"以德育为核心，以创新精神和实践能力为重点"的时代呼唤。

（2）研究性学习的核心活动是实践、创新，以问题为载体，超越严密的学科体系，以研究和设计为中心的实践性学习活动，以学习研究的方法，经历研究过程为主。

（3）特定的育人目标。研究性学习的目标不在于向学生灌输和传授多少知识，而在于塑造学生的完美人格，真正地培养学生具有实事求是的科学精神，以及乐观积极的人文情怀。

二、我校在研究性学习工作上的探索与实践

（一）研究性学习探索期（2006—2008年）

本阶段主要是完成研究性学习工作的程序性工作。

1. 课时有保证，学习有计划

我校开展研究性学习时间安排：

高一高二每学期期末考试后一周和开学后一个月。具体步骤如下：

（1）期末考试前一周统计研究性学习课题（每位教师至少上报一个）。

（2）期末考试后集中利用下午时间进行研究性学习（选题、成立课题小组、开题报告、分工计划）。

（3）开学后一个月为成果展示月，包括：班级评比，学校评奖（初赛、决赛），学分认等。

① 开学后第一周，班级选出1～2个小组参加学校的研究性学习成果评比。

② 第二周，学校进行初选，每个年级选出7～8个小组参加学校决赛。

③ 第三周，成果展示，学校在每个年级参加决赛的小组中，评出一、二、三等奖。评出校级一、二、三等奖，学生证书放入成长记录袋中，优秀小组记录在《辽宁省学生综合素质评价手册》中。

（4）召开研究性学习成果表彰会。

2. 制定研究性学习实施模式和评价体系

根据教育系统论中提出的整体性原则，我校把研究性学习看成管理者、指导教师和学生这三个不同的主体组合起来的全方位的组织系统。所以，我校采用"三层优化、四项循环"这种研究模式。三层优化是管理者、指导教师和学生三个层面整体优化发展；四项循环是动员、选题、实施、评价四项环节。在三个时间段（第一、二学段，第三、四学段，第五、六学段，学分未完成在第七、八学段）周期性循环完成。

（二）研究性学习发展期（2009—2010年）

本阶段主要实现两个结合：研究性学习与课堂教学相结合、研究性学习与学科活动相结合。

1. 研究性学习与课堂教学相结合

（1）教师将研究性学习渗透到课堂中，使学生小组合作、探究促进。如刘世阳教师《抗日战争》一课，打破传统教学模式，利用研究性学习的方式引导学生学习方式的转变，将班级学生按抗日战争不同阶段分成新闻小组，课下通过搜集资料、专家访谈等方式完成本组研究任务，课堂学生以新闻播报的方式完成本节课的知识学习。

（2）班级研究性学习小组的建立，成立了主题研究性学习小组和专题研究性学习小组。主题研究性学习小组（教师设计活动、学生探究活动）包括：确定主题、选择任务、规划过程、提供资源、明确分工、过程设计、实施探究、发表成果。专题研究性学习小组：机器人研究小组、校服研究小组、艺术设计研究小组。如邵明教师打破高三专题复习课的枯燥模式，将学生分成若干研究性学习小组，以不同角度来研究河流开发与利用，并由学生自主合作研究高考命题，课堂上，学生展示自己预测高考命题，这个过程实际上就是学生自己研究高考的过程。

教学因研究性学习而精彩。研究性学习实施过程对教师来说，通过对学生的指导，转变教育观念和教学方式，从单纯的知识传授者、教材的运用者变为学生学习的促进者、组织者和指导者及教材资源的开发者。通过与其他教师合作，加强了学科的交叉和渗透，拓展了学科知识，改善了知识结构，树立了终身学习的观念；动态地观察学生，了解学生，创造轻松的对话环境，帮助学生克服困难，建立起新型的平等的师生关系，使课堂教学因研究性学习而精彩。

2. 研究性学习与学科活动相结合

学科活动的开发出发点：不死学，产生兴趣；走出课堂，学习方式的多元化；丰富学习，更爱学习；提升教师对学科的理解与把握。

学科活动——活动课程化。教研组每学期上报学科活动计划（包括活动意义、活动内容、组织形式、预期效果等），教学处根据上报情况，将学科活动时间进行统一协调，以便达到最佳效果，满足学生全面而有个性的发展需求。我们做到了学科活动课程化、课程活动化和系列化，将学科活动分为五大系列，全力营造多元文化校园。心理剧表演：几年来，全体班主任都参加了心理健康专业培训，均获得了心理健康辅导员培训合格证书。教师和学生做导演，将心理剧表演与班会、团会、家长会相结合，班级根据班情自编自导自演的心理剧受到家长的赞誉，学生乐于接受此种形式的心理健康教育。政治组主办"社会热点论坛"，第一期论坛题目是"索马里护航常态化"，由政治组王士环教师主讲，200多名学生参与。推出"社会热点论坛"，旨在引领学生把视野从课内延伸到课外，从学校延伸到社会。2010年，高校自主招生北京大学面试题，其中就有"如果你是联合国秘书长，如何解决索马里海盗问题？"这恰恰就是我们学校第一期"社会热点论坛"中的一个讨论题目。

（三）研究性学习创新期（2011年至今）

主要突破：整合校内外学术资源，引导学生走进大学，走进实验室。（郑欣桐研究性学习小组）

（1）研究性学习课题实行双向上报，每位教师至少上报一个，每位学生上报一个，同时欢迎家长上报课题。

（2）尽管研究性学习是一种学习，但不是一种研究。

三、研究性学习师生受益

（1）机器人研究性学习小组。2005年至今，指导学生机器人竞赛获省、市级一、二、三等奖，国家级二等奖，20多人次获得自主招生的资格。2010年5月，我校学生参加虚拟机器人比赛，在省级比赛中，两个项目机器人足球与迷宫分别获得进入国家级比赛的资格。在国家级比赛中，在22个代表队中，取得了第五名的好成绩，获国家级二等奖。2011WRO机器人奥林匹克竞赛苏阳在中国区选拔赛中获得冠军，2012NOC虚拟机器人搜救苏阳获省第一名，国家二等奖。NOC虚拟机器人灭火李成帅获省第一名，国家二等奖。

（2）大连市第四届高中研究性学习成果评比。在大连市第四届高中研究性学习成果评比中，我校选送的《中国京剧表演及发展前景》《让茶文化的精髓引领现代高速生活》课题均获得一等奖。

（3）研究性学习课题获校级一等奖。

（4）教师收获。

① 研究性学习小组进课堂，减负增效学习效率高。

② 教学方式新理念，促进教师专业化发展。我校每学期提供给学生的研究性学习课题在90个左右，截至2012年9月，我校研究性学习校级评比展示12次，校级奖励92个研究性学习小组，奖励指导教师70人次。

在开展研究性学习的过程中，我们惊喜地发现，研究性学习无论对教师的教，还是对学生的学，都有很大的促进作用。

第一，研究性学习从根本上改变了过去那种传统的教学模式，变教师讲学生听为真正学生自己学、自己发现问题、自己想办法解决，充分激发了学生的学习热情，在一定程度上培养了学生掌握、运用、分析信息材料的能力，开拓了学生的眼界和思维能力，学到了许多课本上没有学到的知识，拓展了学生的思维方法，形成了良好的思维品质。

第二，研究性学习给我们的教学方式及教师提出了更新的挑战。研究性学习让我们的学生大胆探索，充分发挥学生的主体性、主动性，学生思维不受限制，教师的引导如何发挥作用，这就给我们教师的教学方式提出了新的要求，因此，随着涉及的面越来越广，这就要求教师必须加强学习，不断拓宽自己的知识面。研究性学习呼唤教育教学新理念，要求我们教师深入研究，不断进取，身体力行，做学生的榜样。对于学生来说，研究性学习重视团队精神。

近年来，研究性学习让师生获益匪浅。一是学生自主学习的空间扩大；二是对教师的专业成长有利；三是有效促进学校的课程建设，促进学校特色的形成与发展。

四、研究性学习再思考

（1）研究性学习如何保持研究性学习的生命力；

（2）研究性学习如何更好地服务学生；

（3）研究性学习未来的发展方向。

"纸上得来终觉浅，绝知此事要躬行。""要躬行"：一是学习过程中"要躬行"。学生在课堂上提问、讨论、练习，就是学生的一种研究性学习活动。二是获取知识后还要"躬行"。这个"躬行"就是社会实践，要通过社会实践去检验已学的知识，要通过社会实践把书本知识化为己有，为己所用，还要通过研究性学习去巩固、深化已学的知识。

学生的心灵"不是一个需要填满的罐子，而是一个需要点燃的火种"。让研究性学习那无限的探索伴随学生茁壮成长，点燃学生灿烂的未来。

（本文为2013年1月在大连市第五批高中学生研究性学习成果评比总结大会上的经验介绍）

生活悟语

第六篇

6

心中那盏油灯

从教二十三年，心中对教育的热爱，对学生的关爱从未改变过。虽然有过困苦与彷徨，却从没有过动摇与放弃，这一切都源于心中那盏油灯，它温暖身心，廓清迷雾，指明方向。

那盏油灯在记忆深处摇曳生姿，生动具体。父亲是一位海岛教师，岛上经常会出现连续停电的日子，由于物资的匮乏与经济的窘迫，夏天停电时，海岛人经常是院中静坐，月下闲聊；冬天也就早早地睡下了。晚饭后，时常会有一个或者几个邻家的孩子找父亲问上几道小学或者初中的问题。土炕上，一张饭桌，一盏有些昏暗的油灯，父亲总是不厌其烦地讲解着。那灯火如豆，光晕蛋黄，忽明忽暗。现在，那油灯的样子早已忘却了，但那灯光和那场景画面给我的童年升起了一缕生命的霞光。那时我似乎还没有上学，但炕上、桌边、灯下总会有我的身影，我会静悄悄地看着父亲讲题的样子。我是羡慕的，感觉当教师真好，传道授业解惑；看着邻家哥姐们感激的眼神，那时我也是荣光的，幼小的心田种下了一颗希望的种子。多少年之后，每每回忆那个温馨温暖的画面，总让我激动与感动，特别是跨过不惑之年后，我会时常梦到那有着强大生命力的昏暗灯光，不知不觉，泪会流下。

岁月流逝，淡去了许多记忆，而那盏油灯却不曾昏暗。那幽微的光辉、扑腾的火苗，永久闪耀正在我心底最深处。初三时，我向父亲提出要报考师范学校的愿望，当时父亲只给我讲了一句话，"有梦想，那就去追求更高的目标"。于是，为了更高的梦想，我报考了高中。在高二时，当时市政府为提高师范生的生源质量，提出了一个"高师预备生"的计划，从高中生中提前考试选拔出一批优秀生源，给予一定的助学金，但高考时只允许报考师范院校。于是我没有征求父母的意见，就决绝地毫不犹豫地报了名。后来回忆那时的执着，是因为我心中始终清晰地摇曳的灯光。三载春夏秋冬，每天晚上10点宿舍熄灯后，我都会在走廊昏黄的白炽灯下，苦读到深夜，似乎给我照亮的是那盏油灯，它给了我梦想、勇气与力量。大学毕业，我放弃了我喜欢的新闻专业与当记者的机会，放弃了经商或者从政的可能，我无比欢喜与激动地站在我心中的神圣的讲台之上。二十三年，从管过德育，抓过教学，到今天的党务，一路走来，我始终坚定着自己的职业立场，即使手持调令，仍毫不犹豫地留在三尺讲台，把自己的青春与智慧都奉献给了自己深爱的这方沃土。二十三年来，我努力地去帮助着我的学生，成就着我的学生。为了学生，我可以去调解学生父母的矛盾；为了学生，我可以孤身一人站在社会盲流面前；为了学生，我可以批改备课到夜半；为了学生，我可以十几年没休过一个周六。我始终站在教育这块精神高地上，守望着自己的理想，努力去做一名执着的守望者。年轻时，我的学生会说我"选错行"，认为我"屈才"了，而如今，学生来看望我，在感激我的同时，他们仍在为我不平，他们认为我至今仍在坚持自己的梦想有些傻，"老师，你不后悔吗？"后悔吗？我也会问自己。放弃的，舍弃的，但我心中有一束微弱昏黄却长久不息的灯光，它从遥远的记忆穿透过来。

二十三年，何尝不是一种幸福。天天幸福着学生的幸福，我并没有觉得老去，因为在这片"年少的风景里"，我觉得在收割永久的快乐。而今，"路上春色正好，天上太阳正晴"，尽管容颜老去，华发早生，但只要站在讲台上去挥洒着自己，我就有不尽的力量。我相信，明天，"理想开花，桃李要结甜果；理想抽芽，榆杨会有浓荫"。

时过境迁，几次搬家，油灯早已退身，没了踪迹，消逝于漫漫时光长河中。但那束灯光已羽化成一盏永不泯灭的心灯照我前行。蓦然回首来时路，总是觉得，那束光还在，清晰着我的来路，明晰着我的前路。有时累着，伤了，就会想起那盏油灯，有那点灯光，心才不会害怕，人才不会迷途。

心中那盏油灯激励我履行着厚重的责任，实践着美好的梦想，一路向前！

（2018年）

第六篇 生活悟语

面朝大海，书香沁心

——我的读书故事

　　我出生在偏远的海岛，这里是祖国最东方的海防前哨。童年时感受到的是物质的匮乏，伤得太深，对"吃"的强烈欲望至今未改。少年时感受到的是生活的乏味，海岛自行发电，电力不稳，一台小小的黑白电视竟奢侈地成了摆设的物件。母亲的严加管教，让我与大海只能相望，却不能肌肤相亲，身为男孩子，却对泥土味很浓的玩耍不感兴趣。于是书就成为我成长中不可或缺的伙伴，一直到现在。

　　与大陆隔海不相望，一艘很慢的"老牛船"（早上6点开船，下午4点才能到达大连）是寂寞与希望的唯一连接。人们自然更关注的是用船带回生活的必需品，而我热衷的却不是这些。所幸海岛有驻军。离家几百米处是海军的文化俱乐部。十几岁的我与二十岁的"小当兵的"混得很熟，常去陪那个管理员下象棋，其实我是项庄舞剑，意在沛公。阅览室中各式各样的报纸杂志诱惑着我，有着少年的冲动与渴望。于是我们军民二人有一个很时代的约定：民拥军，我陪他下棋，军爱民，我赢了就可以借一本书。爸爸是海岛象棋高手，每次对弈，他身边就会出现我的身影，在少年的心中，棋是唯一的救命草，棋艺成为我走出精神沙漠的工具，象棋让我看到了绿洲与清泉。似乎是对生存的渴望，我的棋艺陡然提升，我的借阅机会与日俱增。10岁的我畅游《鸭绿江》，感受《春风》的吹拂，贪婪呼吸着《译林》的氧气，《收获》着我的快乐。《千只鹤》《雪国》《西游记》《红楼梦》让我的梦境丰富了内容，多了色彩。现在想想，十几岁的我在暴殄天物，读懂了吗？我经常问自己。一定不懂，但书中的个别片段和那书的样式却深深地扎根在我的脑海，成为我生命的一部分，无法割舍，现在我还清晰地记得手抚摸书皮的激动。

有人说，书非借不能读也。因为借是有期限的。于是我如饥似渴，茶饭不思、通宵达旦。为了省电，我经常是躺在窗台上，一看就是几个小时，傍晚昏暗的夕阳余晖也是我的渴望，时常因为开灯过早而被妈妈训斥。吃饭也曾被我厌烦，每到饭点，妈妈千呼万唤，我稳躺窗台不吭声，或者用"马上来"为托词，现在教女儿背《弟子规》中"父母呼，应勿缓"时，不觉哑然失笑。少年时代的我曾与徐志摩夕阳中共同挥手作别西边的云彩；曾与陶渊明在粗茶淡饭中晤言一室之内，畅叙悠情；和郁达夫沉沦在成长的懵懂与苦闷之中；与川端康成在雪国的温泉旅馆中见证萍水相逢的感情纠葛。借书，也养成了我守时诚信的习惯。有人说，你读了什么样的书，就会变成什么样的人。其实，你怎样读书，何尝不在改变你的人生轨迹呢？

父亲是中学教师。我印象深刻的是我读小学时，每当放假时，我都会迫不及待、快马加鞭跑向学校图书室，满脸腻人的微笑，满嘴的甜言蜜语，央求管理图书的教师借书给我。二三十本用牛皮纸包好捆好，烈日抑或是寒风中，我扛着书，几千米的路并不觉得累、不觉得远、不觉得孤独。在家中，土炕边上就是写字台，有我专门的抽屉，里面很整齐地摆满了书。有时早上醒来，就迫不及待地伸手拿出一本书，看上几页。假期正是我足不出户，闭关研读的大好时机，这样才能读得过瘾。有一个笑话。高中放假回来，我畅游书海，门虽设却常关，足不出户。一墙之隔的邻居问我母亲："你家孩子放假没回来吗，怎么没看到他呢？"其实那时我已经闭关十多天了。暑期过后，邻居大姑大婶看到我时，都会不约而同地说："这孩子白了。"这时母亲就会笑着摇头说："天天在家看书也不出门，捂的。"那后面乡邻称赞的话或许正是母亲的期望与得意。

海离家只有几步之遥。有时我也会坐在海边的礁石上，痴迷地看着书，那夕阳的余晖，海鸥的嬉戏，海浪的追逐，海风的吹拂，让我走入城市后，一生难以忘怀。

读书成为我的生活习惯。现在是享受生活的惬意，一杯香茗，一曲轻柔音乐，一本好书。几十年前的那个海岛少年却是把书当作生存的空气，生活的勇气。

有人说，读书虽不能改变人生的长度，但可以改变人生的宽度和厚度，一个人的阅读史就是他的心灵发育史。我对这句话感同身受，是书给了我走出海岛的信念，是书铺就连接的桥梁。虽然我们无力改变人生的起点，但读书会改变我们的人生终点。

生活里没有书，就好像没有阳光，用心去读书吧。

世情恶衰歇，万事随转烛

　　几年前，当《后宫·甄嬛传》首次播出时，我并没有去看。一则我很少看电视，二则更不喜后宫女人戏。此剧播出后，好像很火，而且现在还在多个卫视播放。我关注《后宫》，却是因为几个朋友。他们劝我看看，或许会学到些东西，会由"简单"到"成熟"。

　　假期，我听从了劝告，找到了广西台。晚上要熬夜看到11点半。我真心不喜欢这部戏，不是因为它集数多，要七十多集。而是它呈现给我们的是女人们的阴冷、阴险、阴狠、阴毒。为了生存去献媚得宠，似也无可厚非，但如若为一己之私而不顾及他人的利益，不顾念他人的故情，不顾虑国法家规，却又是怎一个"阴"字了得？

　　应该同情、喜欢、赞颂甄嬛吗？一个原本温柔善良、简单可爱的弱女人成长为一个阴冷的精于算计的强女人，当真只是世情可恶？路有千万条，无论平坦、泥泞，与路何干？是你自己选错了路。特别是当有真爱，有了爱果，却又这般欺骗，忠贞在哪里？当知道怀了死胎，却又要煞费心机去算计，善良在哪里？

　　其实，还真不应该去斥骂甄嬛，但《甄嬛传》电视剧的编剧和导演却让人不得其解，你要给这个社会传递什么？其实，当我们身受世风日下之苦而痛恨世风日下时，我们是不是也在助长世风日下？这个电视剧要传递给受众的是什么？学会圆滑？学会谄媚？学会陷害？学会阴毒？还是什么——

　　所以，这部电视剧让我感到阴冷。

　　所幸，白天里我一直在看《偷影子的人》。《偷影子的人》是法国作家马克·李维创作的一部小说。故事讲述了一个老是受班上同学欺负的瘦弱小男孩因为拥有一种特殊能力而强大起来：他能"偷别人的影子"，因而能看见他人心事，听见人们心中不愿意说出口的秘密。他开始成为需要帮助者的心灵伙伴，为每个偷来的影子找到点亮生命的小小光芒。而这部小说有催人泪下的亲情、浪漫感人的爱情和不离不弃的友情，清新浪漫的气息和温柔感人的故事相互交织，是一部唤醒童年回忆和内心梦想的温情疗愈小说。流着眼泪读完这本小说，它让我感受到了人间的温暖，而不是阴冷；看完后，我的心情很是愉悦欢快，而不是忧伤压抑。我还向别人推荐过美籍阿富汗裔作家卡勒德·胡赛尼《追风筝的人》，从中我读到了男人的责任与担当。这部小说之所以能够吸引不同民族、国家的读者，撼动读者内心纤细的情感，那就是因为这里有关于人性和人性的拯救问题，这也是现代人类面临的共同话题。其实，人性的救赎是这部小说的核心价值。"为你，千千万万遍。"一句话令多少人感动！

其实，我们的孩子在成长过程中需要温暖和学会担当。

其实，我们的这个世间或许真的需要救赎。

日夕怀空意，人谁感至精？

简单一些更好，何须让甄嬛乱了我们的心志。

（2016年）

如何生活

这个话题是因一个学生而起的。

昨天，在走廊辅导时，一位班主任有些神秘地向我讲述了一个学生的心理情绪问题。大意是这个学生中考时家庭中的一个可能"家破人亡"的问题，悬而未决，又引出祸端。现在这个学生心神不定，甚至想到了轻生，一死了之。

因为学生不想具体说，所以推测是家庭问题。但是与父母又联系不上，怎么办？

几位科任教师的苦口婆心都收效不大，学生的心在崩溃。班主任说那位学生选择了我，要和我谈谈。

于是我来不及思考什么，也没有什么情境，没有备课，就直接开始了特殊的课程。非常高兴的是，四十分钟的交谈，我说服了这名学生。或许这就是教师这个职业让我放弃升官发财，而毫不动摇地坚持的魅力，当你帮助学生走出困境，走向幸福，你就是幸福的。其实，我自私地一直在享受这种幸福。

如何生活？

我对这位学生提出了我的观点：

（1）搁置。当生活中出现了意外的情况而你不知道该怎么办时，或者你没有能力去做时，或者你的情绪明显波动时，先搁置。给自己时间，给自己空间，给自己机会，不要武断，不要盲动。搁置并不是逃避，并不是无限期地放置，而是给自己期限，当约定要解决的时间到了的时候，看看自己能否解决。如果还不能，为什么不能再给自己一次机会呢？

（2）做好自己的事，不要去管他人的事，更不要去奢求控制"老天"的事。要知道自己是谁，自己的当务之急是什么，做好自己的事。你的当务之急是高考。调整心态，做好自己的事，就如考试，答好自己的题，而批卷者怎么批是他的事，你左右不了，而学校是否录取你，那不是自己的事。不要杞人忧天，更不要庸人自扰。其实大人总是要求孩子这样那样按大人的思维去做，当然有为孩子好的因素，但也不排除自私的一面。而如果我们也希望大人、父母也这样那样，按我们的思维去做，那是不是也是一种自私呢？我说，如果父母在一起不幸福，你为什么又要强迫他们在一起呢。或许不在一起，他们各自是快乐的，而现在在一起却是痛苦的，无论他们如何，无法改变的是他们仍然是你的亲人。世间就三件事：自己的事、他人的事、老天的事。只想着别人怎么去做事，那就做不好自己的事。那将是一种遗憾！

（3）外面的天的阴晴是由心决定的。诗歌当中的物象是客观的，但不同的诗人对天气与物象的态度与情感却是不尽相同的，原因是心境的不同。我们要知人论世。同样，我们看待世界的好坏、冷暖由我们的心来决定。其实，当我们在诅咒这个世界时，这个世界是快乐的，只有我们不快乐；当我们厌烦别人时，别人还是幸福的，不幸福的只有我们。如何让自己快乐起来，如何才能幸福？快乐是自己给的，幸福是自己决定的。生活是充满阳光的，我们的心也应该常晒太阳。

（4）调节自己。手的动作是受大脑控制的。手是大脑的外在形式。心情不可能一直饱满快乐，这是自然规律。这就需要我们有一个有效的发泄办法。平衡就在于有入口和出口。办法很多，哪个适合自己，聪明的人会选择一种。要敢于发泄自己，当然不能伤人害己。

（5）珍惜自己。我写过一篇文章《珍惜自己》，我说建议学生看看，你是这个世界上唯一的，不会有第二个你。那你就要活出你自己的。

在谈话的最后，我让那位学生大胆地做了几次深呼吸，第一下，她有些矜持，再来一次，好了一些，第三次，就深深地吸入、呼出。我说："你平时不妨大声地叹口气，这对你也是有好处的。"

她的情绪逐渐平稳，回去上课了。

但还需要我们不断地去引导。

唉，家庭为什么要给孩子那么多不应属于他们的负担呢？

你们不觉得他们已经活得很沉重了吗？

如何生活？

成年人们，好好想想吧。

（2010年3月24日）

走过"百天"，你们将"长大"

——给2009届高三学生的寄语

岁月无痕，时光如逝，

不管你是否高兴，是否期盼，

高考已经真真切切地向你走来。

还有百天，

你将驶出母校温馨的港湾，

你将走出老师博大的情怀，

独自远行。

还有百天，踉跄的脚下，

铺就的是不懈追逐的坚忍，

和成人、成才、成功的渴望。

成功就在再坚持一下的努力之中，

努力就是成功阶梯上的不断攀登。

搏击长空，

结实双翼。

付出自己应有的努力，

考出自己满意的成功，

走出自己无悔的道路，

开出自己成长的天地。

还有百天，

你的心中激动中涌动着"冲动"，

渴望独行，

期待远行，

悬空的心脏，战栗的身体，

会让你们迷失、虚脱，

以平常的心态去面对，

夺知足分数激发不知足的追求。

师者无言的目光中，

充溢着爱的关注，

抚平你心中的波纹。

还有百天，

一桌一椅曾经是你成长的见证，

它将延续你丝丝缕缕的喜悦与温馨；

一桌一椅曾经是你疲惫身心的支撑，

它将伸展你点点滴滴的梦想与憧憬。

轻轻抚摸，

脉脉相依，

这里将孕育新的阳光。

还有百天，

师生情，同学情，

似海深情是你披荆斩棘不竭的动力；

父母恩，母校恩，

如山恩情是你开天辟地不屈的勇气。

还有百天，走好百天，

你将长大。

还有百天，走过百天，

一路阳光。

成都行记之汶川映秀

第二届学校文化与品牌学校建设全国中小学校长论坛的闭幕式计划在汶川一中举行。18日早7：30，与会代表乘车前往。

汶川，一个很敏感的词，心痛不已。

2008年5月12日14：28，

一个让全中国人揪心的时刻。

当汶川映入眼帘时，身在战栗，心似痛裂。

因去往汶川的路危险难行，

于是闭幕式改在了小磨镇的八一小学。

水磨镇，映秀镇，这里一切都是鲜活的新。

全国的援建都在热火朝天地加班加点。

看到的是尘土飞扬，

听到的是机器轰鸣，

感觉到的是温暖温馨，

但尘土中还有伤痛，那河那江流淌的不只是水——

在八一小学，在水磨中学，

轻轻地走，慢慢地看，

柔声细语地问候，

不想惊扰此刻的安宁与温馨。

那些孩子真可爱，

红扑扑的脸上写满着质朴，

珍贵的哈达上注满了感激的温度。

第六篇 生活悟语

看到他们，

感觉到生命的鲜活，

体味到生命的宝贵。

看到他们的那一刻，

心中真的充满着爱怜与祝福。

漩口中学遗址上的手表石雕，

让我的泪不管不顾地飘洒，

久久凝视，

多么希望那刺眼的裂痕能消失，

多么希望心中的那道伤痕痊愈。

只是——

那路边正在播放的撕心裂肺的，

那张张触目惊心的血淋淋的，

让人不忍卒视。

而那一排小贩们的麻木的叫卖声，

让我泪淌心中，

那叫卖声中却夹杂着些得意，

似乎他的东西最真实，最全面。

用痛去换来钱。

我的心在痛，在剧痛。

缅怀已逝的生命，

祝福还在的生命。

祝福汶川。

（2010年11月26日）

垂　柳

每日去看柳，
那几棵在校园一隅
自娱自乐的生命。
风吹过，
摇曳招摇着
嫩绿的恣意与轻狂，
还散发出醉人的芬芳。

时常踱在她们的身旁，
满眼柔情，
凝视她们的娇嫩和逍遥。
忍不住去触碰，
飘逸中带着蓬勃。
叶抚在脸上，
轻柔中宣泄着力量。

今日驻足，
却惊诧于她的垂头丧气，
飘零一地的叹息。
似乎在一夜之间，
不再嫩绿，
干瘪中透着枯黄。

不再轻狂，

风卷起的还有慵懒。

垂下的枯黄中还有娇嫩，

叹息里滋长着期待。

柳还会嫩绿，

还会有恣意的轻狂。

阳光下，

泥土中散发出满满浓烈的叹息。

徐徐清风，

绵长了思念，

挥之不去的还有怅惘。

（2014年）

眺 望

阳光温煦，
风热情地拂过。
笔直地不动，
与咫尺的栅栏平行。
逼仄的空隙，
眺望。

眺望，
聒噪的车行人往，
缥缈的炊烟，
翻转消逝的飞絮。
眺望，
穿过翁郁的浓荫，
透过钢筋水泥的构架，
怔忡，
延续到天边。

阳光温煦，
风带着热情，
温度包裹着我的躯体。
指尖触及斑驳的栅栏，
一直伫立沐浴着阳光，

它并没有接受温度。

清凉，

却又如阳光下，

我尘封里的跳动。

空中留下鸟儿的串串欢韵，

划过后，却又带走。

我的眺望，

却送不走我的怔忡。

收回眺望，

封存心情。

阳光温煦，

风热情地拂过。

（2015年）

玩 雨

（昨夜梦觉中，突感寒意，下雨了，有所感——）

雨，
滴答，滴答，
清脆而绵长，
手中，
凉凉地流过，
心在等候。

雨，
淅淅，沥沥，
轻柔而决绝，
眼中，
冷冷地滑落，
唇在回味。

雨，
晶莹，纯白，
凄迷而茫然，
发际，
肆意地零乱，
肤在承受。

我在雨中——

咫尺，却天涯

走得匆忙，

不曾与学生道一声珍重。

自我的安慰与欺骗，

却阻止不了，

心中思念的滋生蔓延。

只是，

男人要学会坚强，

坚强——

不想让飘飞的眼泪表白我内心的脆弱。

直面，

那是勇士的倔强与勇气，

但，

我真的没有。

血脉中流淌的不变的是真性情，

而没有理性的伪装。

看到了，

周末执意来看望我的同事，

转身后眼中的湿润。

索要的是我欠下的一个拥抱，

因为共同奋斗的日子真的是美好的记忆。

女儿惊诧于我的流泪，

我只是哽咽告诉她，

做个好人，真好。

做个有情感的人，

真的很好。

一个家长，一位同事

转来了，

学生对我思念：

我想徐某人了，

别问我为什么，我也不知道，

我只希望他赶快回来。

这一刻，我又重温了幸福。

十九年，我放弃了自我，

选择了学生，

但我却幸福，幸福——

我只能默默地祝福，我的学生。

我能为他们做的，

只是把"徐某人"这个名词，

永远地专属于他们。

咫尺，却天涯，

但，身天涯，心却咫尺。

（2014年）